国家社科基金"一带一路"研究专项项目"中亚五国研究与数据库建设"（批准号：17VDL003）

2024 年度兰州大学"中央高校基本科研业务费专项资金"重点研究基地项目"俄乌冲突后大国在中亚竞合的新态势"（项目编号：2024jbkyjd001）资助

吉尔吉斯斯坦独立三十年研究

A Study on Kyrgyzstan's Thirty Years after Independence

张玉艳 著

中国社会科学出版社

图书在版编目（CIP）数据

吉尔吉斯斯坦独立三十年研究 / 张玉艳著. -- 北京：中国社会科学出版社, 2024. 8. -- ISBN 978-7-5227-3745-4

Ⅰ. K364

中国国家版本馆 CIP 数据核字第 2024UA3295 号

出 版 人	赵剑英
责任编辑	赵 丽
责任校对	王 晗
责任印制	张雪娇

出　　版	中国社会科学出版社
社　　址	北京鼓楼西大街甲 158 号
邮　　编	100720
网　　址	http://www.csspw.cn
发 行 部	010－84083685
门 市 部	010－84029450
经　　销	新华书店及其他书店
印　　刷	北京君升印刷有限公司
装　　订	廊坊市广阳区广增装订厂
版　　次	2024 年 8 月第 1 版
印　　次	2024 年 8 月第 1 次印刷
开　　本	710×1000　1/16
印　　张	18
插　　页	2
字　　数	286 千字
定　　价	109.00 元

凡购买中国社会科学出版社图书，如有质量问题请与本社营销中心联系调换
电话：010－84083683
版权所有　侵权必究

前　言

自1991年12月苏联解体以来，中亚国家（哈萨克斯坦、吉尔吉斯斯坦、塔吉克斯坦、土库曼斯坦、乌兹别克斯坦）已经走过了三十多个春秋。在此期间，这些国家的方方面面都发生了巨大变化。与此同时，由于中亚国家普遍缺乏民族国家建设的经验，也由于中亚地区是大国博弈的重要场所之一，中亚各国的国家转型进程历经艰难和曲折。其中，吉尔吉斯斯坦的情况尤为突出。

吉尔吉斯斯坦是中亚地区的一个"小国"，其领土面积略大于塔吉克斯坦，但人口数量却是最少的。吉尔吉斯斯坦曾被西方一度标榜为"中亚民主岛"，是西方各种非政府组织活跃度最高的中亚国家，但也是深受"民主"之害的中亚国家，其政治权力的多次非正常更迭就是所谓的西式"民主"产生的"毒瘤"。在经历了苏联解体初期经济衰退的阵痛后，吉尔吉斯斯坦制定了向市场经济过渡的国家发展战略，在经济发展状况日趋稳定之际却遭受了新冠疫情的重击，再次暴露了该国经济发展的脆弱性。吉尔吉斯斯坦是一个穆斯林人口占多数的世俗国家，虽在进行武装力量建设，但特殊的地缘政治状况和脆弱的经济状况给吉尔吉斯斯坦的国家安全带来了一系列威胁，其国家安全保障具有一定的对外依赖性。吉尔吉斯斯坦通过制定和实施本国外交战略，与世界上大多数国家建立了友好关系，较好地融入了国际社会，但受经济发展掣肘，吉尔吉斯斯坦在国际社会上的话语权并不充分。吉尔吉斯斯坦还有很多类似的特点甚至充满矛盾的侧面。这样一个丰富多彩、千变万化的国家，似乎集中了后苏联空间内大多数国家在进行国家转型进程中面临的主要问题。这也是本书试图将吉尔吉斯斯坦作为后苏联空间国家进行国家转型建设的一个案例来进行研究，并将研究内容集中在政治、经济、安全和外交四个领域的基本考虑。

进行这样一个案例研究的想法其实由来已久，但真正撰写而且感觉想法越发迫切和必要是近几年才发生的事。一是苏联解体三十余年来，国内学术界出版过不少关于中亚的专著，但对吉尔吉斯斯坦进行专门研究的专著不仅数量少，而且多为多年前撰写的。二是吉尔吉斯斯坦是中国的西部邻国之一，是上海合作组织的重要成员国，也是最早支持"一带一路"倡议的国家之一。邻国外交的重要性使本书的撰写具有重要的现实意义。三是2017年至2021年参与由兰州大学中亚研究所所长杨恕教授牵头的国家社科基金"一带一路"研究专项项目"中亚五国研究与数据库建设"，为本书的写作提供了很好的机会。四是在教育部、国家民委等部委的推动下，国内高校加大对国别和区域研究的重视和支持，2022年区域国别学更是成为中国研究生教育的一级学科，区域国别研究的兴起使本书应运而生。

本书力图比较深入地展现吉尔吉斯斯坦独立三十余年来的政治、经济、安全和外交发展状况。全书共五章。第一章综述吉尔吉斯斯坦政治体制的建设与变革，以政党制度建设、政治权力交接为重点，探寻影响吉尔吉斯斯坦政治建设的内外因素。第二章对标吉尔吉斯斯坦国家发展战略和经济发展目标，论述其宏观经济发展状况，从对外贸易、外国投资、境外劳务移民和国家外债四个方面分析吉尔吉斯斯坦的对外经济联系，探讨制约吉尔吉斯斯坦经济发展的主要因素。第三章以吉尔吉斯斯坦国家安全构想、军事学说等政策文件为基础，探讨吉尔吉斯斯坦的国家安全观和建军原则，分析吉尔吉斯斯坦面临的安全威胁，并重点介绍吉尔吉斯斯坦特种部队的建设情况。第四章分析吉尔吉斯斯坦的外交战略，对它与主要国家的关系及它在国际组织中的表现和作用进行研究。第五章总结吉尔吉斯斯坦参与"一带一路"建设的内容与成效，分析相关影响因素，探讨中吉推动共建"一带一路"高质量发展的途径。

本书力求采用最新资料，但由于内容涉及面广，加之一些指标数据来源不同而存在一定差距,致使本书某些章节的资料不够理想。囿于能力,本书内容未能很好地呈现对吉尔吉斯斯坦与后苏联空间其他国家,特别是中亚其他国家的对比研究,与本书的最初设想具有一定差距。请读者海涵!本书肯定还存在一些错漏之处,还请读者专家批评并不吝赐教。

目 录

第一章 吉尔吉斯斯坦的政治建设 …………………………… (1)
 第一节 政治体制建设与变革 ………………………………… (2)
 第二节 吉尔吉斯斯坦政党制度的建设与发展 ……………… (19)
 第三节 吉尔吉斯斯坦的政治权力交接 ……………………… (44)
 第四节 吉尔吉斯斯坦政治转型的影响因素 ………………… (77)

第二章 吉尔吉斯斯坦的经济发展 …………………………… (91)
 第一节 吉尔吉斯斯坦的国家发展战略与经济发展
    目标 ……………………………………………………… (92)
 第二节 吉尔吉斯斯坦宏观经济发展状况 …………………… (100)
 第三节 吉尔吉斯斯坦的对外经济联系 ……………………… (114)
 第四节 影响吉尔吉斯斯坦经济发展的要素 ………………… (121)

第三章 吉尔吉斯斯坦的武装力量 …………………………… (129)
 第一节 吉尔吉斯斯坦的安全威胁 …………………………… (129)
 第二节 吉尔吉斯斯坦的武装力量建设 ……………………… (140)
 第三节 特种部队建设 ………………………………………… (149)
 第四节 确保国家安全的阶段性目标与具体措施 …………… (156)

第四章 国际关系中的吉尔吉斯斯坦 ………………………… (160)
 第一节 吉尔吉斯斯坦的外交战略 …………………………… (160)
 第二节 吉尔吉斯斯坦与主要国家关系 ……………………… (166)

第三节　国际组织中的吉尔吉斯斯坦 …………………（200）

第五章　"一带一路"倡议上的吉尔吉斯斯坦 …………………（215）
　　第一节　吉尔吉斯斯坦参与"一带一路"倡议的内容与
　　　　　　成就 ………………………………………………（216）
　　第二节　影响吉尔吉斯斯坦参与"一带一路"的
　　　　　　因素 ………………………………………………（234）
　　第三节　推动共建"一带一路"高质量发展的具体
　　　　　　途径 ………………………………………………（239）

参考文献 ………………………………………………………（248）

本书附件 ………………………………………………………（256）

后　记 …………………………………………………………（279）

第一章

吉尔吉斯斯坦的政治建设

自1991年独立至今,吉尔吉斯斯坦经历了三十多年的政治转型。吉尔吉斯斯坦的政治转型模式与许多原苏联国家一样,具有"混合体制"的特点,即既有形式上的民主成分,同时又不乏专制。建国伊始,吉尔吉斯斯坦政治领导人对民主的追求,以及其所作出的追求民主的努力,使得吉尔吉斯斯坦被誉为"中亚民主岛"或"中亚瑞士"。然而,2005年,吉尔吉斯斯坦爆发的"郁金香革命"使民主的神话突然破灭,吉国时任总统阿斯卡尔·阿卡耶夫也被反对者赶下台。2010年,吉尔吉斯斯坦又发生"4·7"事件,因其暴力与残忍而被称为"血色革命"。事件后,吉国时任总统库尔曼别克·巴基耶夫下台。直至2017年,索隆拜·热恩别科夫接任吉国领导人,总统权力才第一次实现了和平交接。2021年1月,吉国举行总统选举,萨德尔·扎帕罗夫胜出,吉国政治建设再次迎来新变化。

纵观吉尔吉斯斯坦的政治转型,主要经历了四个阶段。第一个阶段是阿卡耶夫启动政治转型,建立总统制,同时又模仿西方建立民主制度,努力以"中亚民主岛"之称来吸引西方以得到西方国家的支持和援助。第二个阶段是2005年"郁金香革命"后,巴基耶夫建立了总统议会制。经过十余年发展,实践证明阿卡耶夫标榜的西方民主制度并不符合吉国国情,不但没有推动吉国经济社会发展,反而造成了一系列政治、社会危机。在这种西方民主制度建设失败的背景下,由于长期受中亚邻国以及俄罗斯威权政治的影响,吉尔吉斯斯坦实质上逐步放弃民主政治转而建立威权主义政体。不过,巴基耶夫的威权政体,是介于极权政体和民主政体之间的较温和的专制政体。第三个阶段是在2010年"4·7"事件后，吉国的政体形式从总统制转变为议会制，吉国又重新回到了民主制度的轨道。在后来的实践中，就吉国议会制度而言，该国政体形式还是模糊不清，其政治制度实际上是以"总统权力最大化、议会职权最大弱化、司法权力最小仲裁化"的特征运行的。第四个阶段是2020年10月因吉国议会选举而引发了权力更迭，并通过2021年1月10日举行的宪法公投，将国家的政治制度从议会制改回了总统制。吉尔吉斯斯坦政治转型频繁反复，是一系列内外因素共同作用的结果，这种现象将对吉尔吉斯斯坦的国家发展产生深远影响。

第一节　政治体制建设与变革

独立后，吉尔吉斯斯坦在曲折发展中逐渐完善国家制度。吉尔吉斯斯坦独立后的第一部宪法是1993年5月5日通过的。首部宪法规定，"吉尔吉斯斯坦是建立在法制、世俗国家基础上的主权单一制民主共和国"。自1991年8月宣布独立到2004年底，吉尔吉斯斯坦的政治局势相对稳定，但2005年和2010年发生的两次政权非正常更迭，加速了吉尔吉斯斯坦的政治体制变革。

一　苏联时期及独立初期：政治转型的启动和总统共和制的确立

对吉尔吉斯斯坦政治体制的变化研究离不开对吉尔吉斯人与俄罗斯人早期关系的研究。因此，这里我们简要梳理一下吉尔吉斯斯坦并入俄罗斯帝国和苏联的历史，以期对展现吉尔吉斯斯坦政治体制的变迁历程有所启示。

现今的吉尔吉斯斯坦地区在19世纪被沙皇俄国军队征服。1876年，浩罕亡国，整个吉尔吉斯地区被沙俄吞并。1916年中亚民族大起义之际，因吉尔吉斯人对沙俄的不满情绪，吉尔吉斯斯坦地区也爆发了一场声势浩大的起义。1917年11月至1918年6月，受俄国十月革命的影响，包括吉尔吉斯斯坦在内的中亚地区纷纷建立起苏维埃政权。1924年，苏联在中亚地区实行民族区域划界。1924年10月成立了卡拉—吉尔吉斯自治州，属俄罗斯苏维埃联邦社会主义共和国。1925年更名为吉尔吉斯自治州。1926年升格为吉尔吉斯苏维埃社会主义自治共和国。1936年12月，吉尔吉斯苏维埃社会主义共和国正式成立，位列苏联加盟共和国。但是，20世纪20年代中期到30年代，苏联的联邦制已经严重变形。1934年联共（布）十七大对党章进行了修改，取消了党的区域组织，从而使原来享有一定自主权的加盟共和国党组织变成了绝对服从联共（布）中央的地方党组织。同时，由于党政合一的政策，加盟共和国的国家领导人既要坚决执行联共（布）中央的决议和服从中央的领导，又要坚决执行联盟中央政府的决议和绝对服从中央政府的领导。加盟共和国的政治、经济自主权完全丧失。①

在沙俄和苏联统治下，吉尔吉斯人发现很难将自己称为一个独立的国家实体。在一段历史时期内，吉尔吉斯人被俄罗斯人错误地标记为"卡拉—吉尔吉斯"，以便将他们与哈萨克人（曾被称为"吉尔吉斯人"）区分开来。在20世纪下半叶，经济进步和全面现代化并没有成功地消除俄罗斯人和吉尔吉斯人之间的紧张关系。在苏联各加盟共和国中，吉尔吉斯斯坦也许是最渴望获得完全独立的一个国家。在苏联解体期间，曾作为联共（布）分支机构的吉尔吉斯共产党，决定组建独立政府，并主导了这一政治进程。②1989年选举中，吉尔吉斯斯坦出现了第一位民选主席，大学教授、计算机科学家阿斯卡尔·阿卡耶夫当选。此后，在诸如"阿沙尔"党、阿萨巴党之类的非正式政治团体的努力下，吉尔吉斯斯坦进一步加快了政治进程。1991年8月31日，吉尔吉斯最高苏维埃通过了独立宣言，正式宣布国家独立，改国名为吉尔吉斯共和国，并在同年12月21日加入独联体。

吉尔吉斯斯坦共产党曾是苏联时期吉尔吉斯斯坦唯一的合法政党，由于戈尔巴乔夫改革失败而于1991年被废除。吉尔吉斯斯坦共产党的继任者是共和国民主党，该党于1992年9月在吉国司法部获准登记。1994年10月，吉尔吉斯斯坦通过全民公投，对1993年宪法进行了修改，把

---

① 邓浩：《苏维埃时期吉尔吉斯斯坦的民族自决问题》，《喀什师范学院学报》（社会科学版）1999年第3期。
② John Pike, "Kyrgyzstan-Political Parties", Global Security. org, March 05, 2013（https://www. globalsecurity. org/military/world/centralasia/kyrgyz-political-parties. htm）.

议会由苏联时期沿袭下来的一院制（最高苏维埃）改为两院制，即立法会议（下院）和人民代表会议（上院），其中，下院共35个席位，上院共70个席位，均在单一席位选区按照多数制原则选举选出。1995年，共和国民主党的2名代表进入吉尔吉斯斯坦下院，分别是前吉尔吉斯斯坦共产党第一书记、共和国前领导人阿萨马特·马萨利耶夫和1964年至1982年间担任吉尔吉斯斯坦共产党领导人和共和国领导人的 T. 乌苏巴里耶夫，另有1名代表进入上院。另一个拥有许多前共产党成员的政党是吉尔吉斯斯坦共产党人党，获得议会中的3个席位。此外，新出现了两个规模较小的共产主义政党，即吉尔吉斯斯坦社会民主党和共和国人民党（各获得3个下院席位），但吉尔吉斯斯坦社会民主党成为议会第一大党，在1995年议会选举中获得14个席位。除了这些政党外，1995年在吉尔吉斯斯坦存在的所有其他政党都是以未经批准的公民运动形式出现的。例如，吉尔吉斯斯坦民主运动主张与原苏联的政策划清界限，采取积极的社会政策，是一个温和的中间派运动，也被认为是阿卡耶夫总统政策的支持者。它在1995年的选举中在上院获得1个席位。在吉尔吉斯斯坦民主运动的作用下，吉尔吉斯斯坦政党和团体的数目不断变化。当时，最具影响力的是埃尔肯吉尔吉斯斯坦党（吉尔吉斯斯坦进步民主党），该党于1992年底分裂为两个政党，一个保留"埃尔金吉尔吉斯斯坦"的名称，另一个则称为阿塔—梅肯党（祖国党）。在1995年的选举中，阿塔—梅肯党获得2个上院席位和1个下院席位。另一个倾向于民主运动的政党是阿萨巴党，它也在上院占有1个席位，下院占有3个席位。值得注意的是，当时有一个团体"自由党"被拒绝注册，因为它的纲领包括在吉尔吉斯斯坦境内建立一个延伸到中国新疆维吾尔自治区的维吾尔自治单元。[①]

如前所述，独立前的吉尔吉斯斯坦是苏联的加盟共和国之一，作为联邦制国家的成员，享有制定加盟共和国宪法的权力。在苏联宪法精神下，吉尔吉斯斯坦先后制定了三部宪法。第一部宪法是1929年吉尔吉斯斯坦颁布的宪法，也是本国历史上的第一部宪法。随着苏维埃制度的建

---

① John Pike, "Kyrgyzstan-Political Parties", Global Security. org, March 05, 2013 (https://www.globalsecurity.org/military/world/centralasia/kyrgyz-political-parties.htm).

立和巩固，吉尔吉斯斯坦进入了跨过资本主义从宗法封建制度向社会主义制度过渡的历史时期。这一历史时期亟须法律制度方面的保障，这部宪法就发挥了这种作用。第二部宪法是 1937 年吉尔吉斯斯坦作为苏联的加盟共和国颁布的宪法。由于这一时期，包括吉尔吉斯斯坦在内的苏联各加盟共和国纷纷进入了社会主义建设时期，为巩固和完成这一时期的建设任务，吉尔吉斯斯坦在联共（布）中央的指示和精神下，制定和颁布了该部宪法。第三部宪法是吉尔吉斯斯坦在 1978 年颁布的宪法。该部宪法的任务是为吉尔吉斯斯坦加强建设发达的社会主义提供法律保障。1978 年宪法对吉尔吉斯斯坦的政权运行机制做了更加具体和清晰的规定，同时又体现出发扬社会主义民主的精神。根据宪法规定，与苏联一样，吉尔吉斯苏维埃社会主义共和国实行议行合一的苏维埃制度。在立法权方面，宪法规定最高苏维埃是吉尔吉斯苏维埃社会主义共和国最高权力机关和唯一立法机关，实行一院制，由选举产生，每届任期 5 年。在行政权方面，宪法规定部长会议是国家权力的行政机关、最高执行机关，由共和国最高苏维埃组建。在司法权方面，宪法规定法院和检察院是共和国的司法机构。共和国最高法院由最高苏维埃选举产生，每届任期 5 年。共和国及其州检察长由苏联总检察长任命，每届任期 5 年。宪法还规定共和国实行一党制，共产党是社会的领导力量和指导力量，是社会政治体制及一切国家机关和社会团体的领导核心。三部宪法的制定和颁布使吉尔吉斯斯坦在不同历史时期的发展有了相应的法律保障，也为吉尔吉斯斯坦在独立后进行法律制度建设和政治建设积累了宝贵的经验。

独立前夕，吉尔吉斯斯坦也跟随苏联政治体制改革的步伐，开启了政治转型。1990 年 10 月，在戈尔巴乔夫推动苏联实行总统制之后，吉尔吉斯斯坦也改行总统制，并首先从法律制度上进行了调整。1990 年 10 月 24 日，吉尔吉斯社会主义共和国最高苏维埃主席签署了《关于设立共和国总统职位和修改、补充 1978 年共和国宪法的法律》。修订后的宪法规定，总统是共和国国家元首，拥有 18 项职责。同年 10 月 27 日，时任吉尔吉斯共和国科学院院长的阿斯卡尔·阿卡耶夫获得共和国最高苏维埃支持，出任吉尔吉斯社会主义共和国总统。实行总统制后，共和国的其他机构也进行了调整。例如，原来的部长会议被改组为总统的下属机构——内阁，总理负责主持内阁的具体工作。随着苏联国内局势的变化，吉尔吉斯斯坦的独立也提上日程。由此出现了1991年8月31日吉尔吉斯斯坦的独立宣言。1991年10月12日，吉尔吉斯斯坦举行了第一次全民总统大选，投票结果是阿卡耶夫当选为吉国独立后的首任总统。吉尔吉斯斯坦进入了阿卡耶夫时代。

阿卡耶夫执政后，吉尔吉斯斯坦很快就于1993年5月5日颁布了独立后的第一部共和国宪法。此后，宪法历经多次修订。1993年宪法明确规定，吉尔吉斯共和国实行一院制，最高苏维埃是国家最高和唯一立法机关；吉尔吉斯共和国按照立法、司法、行政三权分立制度管理国家；吉尔吉斯共和国是建立在法制、世俗国家基础上的主权民主共和国；总统为国家元首。1993年宪法取代了自1978年以来的苏维埃宪法，承认了公民的众多权利和自由。它建立了政府的立法、行政和司法部门，并给予总统通过全民公决实施重要政策或宪法修正案的权力。伴随着1995年和2000年阿卡耶夫两次实现连任，总统制在吉尔吉斯斯坦独立的十余年间获得了加强。

阿卡耶夫在1995年第一次实现总统连任后，立即着手加强总统权力。继1994年10月就修宪举行全民公投后，1996年2月，在阿卡耶夫的推动下，吉尔吉斯斯坦再次举行全民公投，对1993年5月通过的国家宪法进行重大修改和补充。本次修宪的主要内容是进一步扩大总统权力，把议会由苏联时期沿袭下来的一院制改为两院制，同时限制由上院（人民代表会议）和下院（立法会议）组成的最高会议的一些权力，而政府部门的地位则获得提高，对各权力部门的职权进行了更为明确的划分。

随着阿卡耶夫越来越标榜西式"民主"，吉尔吉斯斯坦刮起了一股私有化、自由化、民主化之风，法律制度方面的调整也迫在眉睫。1998年10月，为修改宪法，吉尔吉斯斯坦再次举行全民公投。本次修宪内容主要有：政治改革上，调整议会两院议席，限制议会及议员权力；经济发展上，进行私有化改革，实行土地私有制；社会建设上，加快自由化发展，严禁出台限制新闻自由的法律等。总之，这一时期，总统集权成为吉尔吉斯斯坦政治体制建设的突出特点。

二 两次革命：从总统制到议会制

独立后，吉尔吉斯斯坦实行总统制，总统权力一步步增大。阿卡耶夫在2000年第二次连任总统后，因权力过度集中而受到吉国内亲西方媒体和一些西方国家的批评。为使"中亚民主岛"的旗帜屹立不倒，阿卡耶夫认为在自身权力已经足够强大的基础上，可以对总统制进行适当调整。由此，第四次修宪提上日程。2003年2月2日，吉尔吉斯斯坦再次举行了修改宪法的全民公投。本次修宪的结果是将吉尔吉斯斯坦从总统制改为总统议会制，总统的权力相对减弱；最高会议和政府的职能则有所加强；特别是最高会议（议会）由两院制改为一院制①。从内容来看，本次修宪具有相互矛盾的地方。例如，总统议会制在削弱总统权力、扩大议会权力的同时，又规定取消党派选举制，规定议员全部由单一选区选举产生，从而限制了各党派通过议会挑战总统权力和竞争总统的机会。这可能是阿卡耶夫为了制衡议会而采取的措施。按照新的议会选举办法，2005年3月，吉尔吉斯斯坦进行了议会选举。第二轮投票结果显示，75个席位全部由单一选区选举产生，其中，亲政府阵营的代表获得了69个席位，剩余的6个席位由反对派获得。② 面对如此大的差距，观察此次大选的西方组织指责选举存在舞弊和违规操作行为，而反对派则从南部开始发动大规模的抗议活动，最终引发了一场被称为"郁金香革命"的颜色革命。本次革命最终以阿卡耶夫下台、巴基耶夫上任告终。阿卡耶夫的威权政治没有他自己想得那么牢固，顷刻间就倒台了。

2006年11月9日，时任总统巴基耶夫签署新的宪法修正案，扩大议会权力，最终形成了总统议会制。2010年4月7日，吉国再次发生骚乱事件，反对巴基耶夫的腐败与专制。二次革命期间，抗议者控制了政府大楼，巴基耶夫被迫离国，反对党接任总统。2010年6月27日，吉尔吉斯斯坦再次进行全民公投，对宪法进行了修订，总统权力被削弱，议会获得了更多权力，吉尔吉斯斯坦实现了由总统制向议会制的过渡。

---

① 刘庚岑、徐小云编著：《吉尔吉斯斯坦》，社会科学文献出版社2005年版，第74页。
② Linda Kartawich, Kyrgyzstan: Parliamentary Elections February 2005, *NORDEM Report*, September 2005.

2017年，索隆拜·热恩别科夫当选吉国总统，权力第一次实现了和平交接，议会制政体得到了巩固。经历过由两次革命引发的政治转型后，吉尔吉斯斯坦成为议会制的民主共和国，总统为国家元首，总理为政府首脑，政治上实行司法权、行政权和立法权相对独立的三权分立。

议会制政体在2010年的确立和2017年的巩固，是吉尔吉斯斯坦政治发展进程中的又一个节点，但与中亚其他国家相比，吉尔吉斯斯坦政治共同体的重构面临着更多的挑战。独立以来，吉尔吉斯斯坦深受旧体制和社会窠臼的惯性影响，却又追求在薄弱的民主基础上建设自由化的国家，超越社会承受能力的国家政治建设造成了社会的混乱。时至今日，吉尔吉斯斯坦的政治制度化程度仍处于低水平，议会制赖以生存的民主土壤也较为浅薄，诸多困境无不束缚着吉尔吉斯斯坦在政治转型道路上前行的步伐。可以说，"政党政治发展的低态化、权力分散导致的体制输出能力的下降、宗教极端主义对世俗政权的威胁严重困扰着吉尔吉斯斯坦政治转型"[①]。这些因素也是吉尔吉斯斯坦政治制度在总统制、议会制、总统议会制之间反复的原因，其将长期影响吉尔吉斯斯坦未来的政治转型进程。

三 吉尔吉斯斯坦的现行政治制度

2021年1月10日，吉尔吉斯斯坦举行了修改宪法的全民公投，随后扎帕罗夫政府颁布了宪法修正案，经2021年4月11日全民公投通过后，新修订的宪法于2021年5月5日生效。新版宪法共有5部分116条内容，其中第1部分"宪政体制的基础"共有22条内容，系统阐述了吉尔吉斯斯坦实行宪政体制的政治框架、社会经济基础和精神文化基础；第2部分"个人和公民的权利、自由和义务"共有43条内容，在确定了一般原则的基础上，规定了个人的权利和自由、政治权利、经济和社会权利、公民身份、公民的权利和义务以及对个人和公民权利和自由的保障；第3部分"国家权力机构"共有44条内容，分别介绍了吉尔吉斯共和国的总统、立法权、行政权、司法权以及具有特殊地位的国家权力机

[①] 王林兵、雷琳：《吉尔吉斯斯坦议会制政体建构面临四大困境》，《新疆大学学报》（哲学·人文社会科学版）2014第3期。

构；第4部分"地方自治"共有5条内容，主要规定了地方自治的目标、经费来源、地方自治政府的权力、义务、与中央政府的关系、阿克萨卡尔法庭①；第5部分"通过、修改和补充宪法的程序"共有1条内容，规定了对通过宪法、对其条款进行修改和补充的条件和流程。整体而言，吉尔吉斯斯坦新版宪法的显著变化是取消议会制，重建总统制。

下面我们将以三权分立为切入点，以吉尔吉斯斯坦的议会、总统、总理以及内阁为主要要素，呈现一个较为完整的吉尔吉斯斯坦政治制度现状。在此，为了行文方便，政党情况将在下一章节中进行介绍。

1. 总统

2021年版宪法规定，吉尔吉斯共和国总统是国家元首、最高官员和行政部门负责人，是人民和国家权力统一的保障，是宪法、个人和公民权利和自由的保证人。总统决定国家内外政策的主要方向，确保国家权力的统一、国家机构的协调和互动。在国内和国际关系中，总统代表吉尔吉斯共和国，并采取措施保护吉尔吉斯共和国的主权和领土完整。

宪法规定，年满35周岁、通晓国语吉尔吉斯语、在提名为总统候选人之前已在国内居住15年以上的共和国公民可被选举为总统；每届总统任期5年，连任不得超过两届。总统由本国公民按照普遍、平等和直接选举制度，以无记名投票选举产生。

与此前的宪法相比，2021年版宪法取消了担任总统的最高年龄限制（之前是70周岁），而且总统的权力明显扩大。总统的权力主要包括：决定政府的结构和组成，经议会同意任命内阁主席、副主席及其他成员；根据自己的提议或考虑议会的提议，在法律范围内，罢免政府成员和权力执行机构的负责人；组建总统府，组建并领导安全委员会，任命和罢免国务卿秘书；根据自己的提议或至少30万选民的提议抑或议会议员中

---

① 阿克萨卡尔法庭，即"白胡子法庭""长者法庭"。在突厥语中，"白胡子"指男性长辈、社群的贤明老人，这些长辈在中亚和高加索国家整个部落内起着政治和司法系统的作用，苏联时期在村庄作为顾问或评委。1995年，时任吉尔吉斯斯坦总统的阿卡耶夫宣布法令，规定阿克萨卡尔对财产法、侵权法和家庭法诉讼有管辖权。现在，在吉尔吉斯共和国，公民有权设立阿克萨卡尔法庭，该法庭的活动由地方预算资助。阿克萨卡尔法庭根据法律规定的权力审理案件，目的是调和双方并作出不违反法律的公正裁决。按照法律规定的方式，可以对阿克萨卡尔法庭的裁决提出上诉。

多数人的提议，作出举行全民公投的决定；向议会提交法案，签署和颁布法律，退回反对的法律；每年向议会提交活动信息，如有必要，有权召开议会特别会议；根据司法事务委员会的提议，向议会提出宪法法院和最高法院法官候选人；经议会同意，任命总检察长，在法律规定的情况下，经至少一半议会议员同意，罢免总检察长；根据总检察长的建议，任免副检察长；向议会提交国家银行主席候选人，根据国家银行主席的提议，任命国家银行副主席和主席团成员，在法律规定的情况下，罢免他们的职务；向议会提出选举和罢免中央选举和全民公投委员会半数成员的候选人提案；向议会提出选举和罢免国家审计院三分之一成员的候选人提案；在国内外代表吉尔吉斯共和国；谈判和签署国际条约，并有权将这些权力委托给其他官员；签署国际条约的批准书和加入书；任命吉尔吉斯共和国驻外国使馆大使和国际组织常驻代表，并有权召回他们；接受外国外交使团团长的公证书和召回信；决定接受和放弃吉尔吉斯共和国公民身份的问题；作为吉尔吉斯共和国武装力量总司令，决定、任免吉尔吉斯共和国武装力量最高指挥人员；在宪法规定的情况下，宣布国家进入紧急状态，并在必要时在某些地方启动紧急状态而无需事先通知，但需立即通知议会；宣布总动员或部分动员，在吉尔吉斯共和国受到侵略或侵略威胁迫在眉睫的情况下宣布战争状态，并立即将此问题提交议会审议；为保护国家和公民安全宣布戒严，并立即将此问题提交议会审议；颁发吉尔吉斯共和国国家奖、民族奖和荣誉称号，授予最高军衔、外交军衔和其他特殊军衔；实行大赦；① 等等。

根据新宪法第72条，总统在任职期间出现主动请辞、以本宪法规定的方式被免职、因疾病或死亡而无法行使权力的情形，总统权力可提前终止。总统因疾病无法履行其职责，议会可根据国家医疗委员会的结论，以议会代表总数至少三分之二投票决定提前解雇总统。第74条规定，总统因本宪法规定的理由提前终止其权力时，总统的权力应由议会议长行使，直至选出新总统为止。在议会议长不能履行总统权力时，总统的权力应由内阁主席履行。议会议长和内阁主席均无法行使总统权力时，总

---

① "Конституция Кыргызской Республики", *Министерство Юстиции Кыргызской Республики*, 05 Мая 2021 Года（http://cbd.minjust.gov.kg/act/view/ru-ru/112213？cl=ru-ru）.

统权力的行使应按宪法规定。① 这些规定延续了此前版本的内容。

吉尔吉斯苏维埃社会主义共和国首任总统和独立后的吉尔吉斯共和国首任总统均为阿卡耶夫。现任总统为萨德尔·努尔戈若耶维奇·扎帕罗夫，其1968年12月6日生于伊塞克湖州肯苏村，1991年毕业于吉尔吉斯国立体育学院，2006年以函授形式毕业于吉尔吉斯—俄罗斯叶利钦斯拉夫大学。2005年郁金香革命后，扎帕罗夫的政治生涯开始上升，他当选议会议员，2007—2009年担任巴基耶夫总统的顾问，2009年领导了新成立的国家反腐败局（后更名为国家人事局下属的预防腐败处）。2010年4月骚乱后，扎帕罗夫在新政权里担任了一段时间的国家人事局预防腐败处处长职务，在被法院判决剥夺职权后出国。2012年10月，故乡党议员卡姆奇别克·塔什耶夫、萨德尔·扎帕罗夫和塔兰特·马梅托夫组织支持者，在政府大楼举行集会，警方以企图夺取国家政权为由将三人逮捕。2013年3月9日，法院以吉尔吉斯共和国刑法第295条"强行夺取权力或强行保留权力"罪名，认定卡姆奇别克·塔什耶夫、萨德尔·扎帕罗夫有罪，并判处二人有期徒刑一年零六个月。2013年6月，法院又宣布二人无罪。2013年夏，因政府认为扎帕罗夫是库姆托尔金矿事件和卡拉科尔集会的组织者之一，扎帕罗夫再次离开吉尔吉斯斯坦。2017年3月，扎帕罗夫返回吉尔吉斯斯坦，受到了支持者的欢迎，但很快就被国家安全委员会工作人员逮捕入狱。吉尔吉斯斯坦于2020年10月4日举行的议会选举是爆发大规模骚乱的引燃剂。结果是热恩别克夫辞去总统职务，扎帕罗夫在2021年1月举行的总统大选中获胜。

2. 议会

在吉尔吉斯斯坦，议会是国家立法机构，推行一院制。2021年版宪法削弱了议会的权力。与此前的版本相比，新版宪法的变化主要表现在以下方面：议会由90名议员组成，任期5年（此前为120名代表议员）；在选举日前年满25周岁的吉尔吉斯共和国公民可当选为议会议员（此前是21周岁）；议员选举、罢免程序由宪法规定；议员在一届会期内无正当理由缺席议会会议10个工作日，其权力将被终止（此

---

① "Конституция Кыргызской Республики", *Министерство Юстиции Кыргызской Республики*, 05 Мая 2021 Года（http://cbd.minjust.gov.kg/act/view/ru-ru/112213? cl = ru-ru）.

前为30个工作日);议会听取总统的年度咨文和信息,听取部长内阁关于国家预算的年度报告(此前还包括听取政府总理的年度报告);议会同意任命内阁主席、副主席和内阁成员(新版宪法中没有关于议会批准政府方案、确定政府结构和组成、批准吉尔吉斯共和国国家发展方案的条款);新版宪法中没有关于议会决定对政府的信任或不信任决定的条款,没有关于任何政党都不能在议会中拥有超过65个议席的规定;议会自行解散的倡议可由30名议员提出,该决定须获得至少三分之二的票数(60名议员)方可通过;议会选举中央选举委员会成员:一半由总统提议,另一半由个人提议(此前为三分之一由议会多数派提议,三分之一由议会反对派提议,三分之一由总统提议);1万名选民(人民倡议)、议会议员、部长内阁主席、最高法院(针对专门问题)、人民代表会议、总检察长(针对专门问题)拥有立法提案权(此前只有1万名选民、议会和内阁)。① 此外,议会的职能还有:依照法定程序对宪法进行修改和补充;通过法律;给出法律的官方解释;以法律规定的方式批准和废除国际条约;解决吉尔吉斯斯坦国界变更问题;批准共和国预算;审议吉尔吉斯共和国行政领土布局问题;发布大赦法令;确定总统选举;按照宪法规定的方式向总统提交举行公民投票的提案;根据总统提议罢免共和国宪法法院和最高法院院长;对共和国总检察长、国家银行行长、中央选举和全民公投委员会主席、国家审计院院长的任命表示同意与否;决定战争与和平问题,实行戒严,宣布战争状态,批准或撤销总统关于这些问题的法令;解决必要时在吉尔吉斯共和国境外使用吉尔吉斯共和国武装力量履行国家间条约义务以维护和平与安全的可能性问题;② 等等。

根据新的选举法,议会议员选举采取多数比例代表制和地区代表制的混合制选举,其中54名议员由多数比例代表制选出,36名议员由地区代表制选出。

---

① "Все О Новом Проекте Конституции Кыргызстана—Коротко О Главных Моментах", Sputnik Кыргызстан, 09 Февраля 2021 (https: //ru. sputnik. kg/politics/20210209/1051397731/kyrgyzstan-proekt-konstituciya-prezident-zhogorku-kenesh-pravitelstvo. html).

② "Конституция Кыргызской Республики", *Министерство Юстиции Кыргызской Республики*, 05 Мая 2021 Года (http: //cbd. minjust. gov. kg/act/view/ru-ru/112213? cl = ru-ru).

吉尔吉斯斯坦现任议会议长为努尔兰别克·沙基耶夫。沙基耶夫1977年5月生于贾拉拉巴德州阿克塞区。1999年毕业于农业学院经济与农业经济活动系管理学专业。1996—2006年担任多家媒体的编辑。2006—2010年任总统新闻秘书、总统顾问。2010—2011年出任吉国文化和信息部长。2017年创办NewTV频道。2017—2021年担任"第二频道"有限责任公司总经理。沙基耶夫是吉国的二级国务顾问，并荣获独联体执行委员会荣誉证书、上海合作组织纪念章等。2022年10月5日，在吉尔吉斯斯坦阿塔—朱尔特党、信任党（伊什尼姆党）和联盟党三个派系以及"埃尔迪克"团体议员的提名下，沙基耶夫以80票支持、6票反对、1票无效的结果，当选议会议长。前任议长为塔兰特·马梅托夫。马梅托夫1976年3月14日生于贾拉拉巴德州迈鲁苏，2020年11月4日当选为议会议长。2021年12月29日，马梅托夫再次当选吉尔吉斯斯坦第七届议会议长。2022年10月初，马梅托夫辞去议会议长一职。如表1-1所示，2018年1月1日，吉尔吉斯斯坦立法机关共有工作人员600人，主要是各级议会议员及其辅助工作人员，占国家公务员总数的3.4%，但到2023年1月1日，立法机关工作人员数量减少至500人，在国家公务员总数中的占比降至2.8%。

3. 行政权

2021年版宪法关于行政权的规定也发生了较大变化。一个明显的变化是加强了总统的权力。宪法第89条规定，"（1）吉尔吉斯共和国的行政权由总统行使；（2）部长内阁的结构和组成由总统决定，部长内阁主席是总统府的负责人；（3）总统根据宪法领导行政部门的活动，向内阁及其下属机构发出命令，监督其命令的执行，废除内阁及其下属机构活动，暂时免除内阁成员的职务；总统主持内阁会议；（4）总统对内阁和行政部门的活动结果承担责任；（5）在议会认为关于共和预算执行情况的报告不令人满意的情况下，由总统审议内阁成员的责任"。第90条规定，"（1）内阁由内阁主席、副主席和其他内阁成员组成，内阁主席、副主席和内阁成员由总统在议会同意的情况下任命；（2）内阁主席根据宪法、宪政法律和总统令，组织内阁的活动，在内阁的活动上内阁主席对总统负责"。第92条规定，"（1）总统有权自行罢免现任内阁或内阁成员；（2）内阁成员有权提交辞职信。总统可接受或拒绝辞职。内阁主席的辞职并不意味着整个内阁的辞职"①。在此前版本的宪法中并未如此频繁地使用"内阁",而是使用"政府",其规定是"吉尔吉斯共和国的行政权力由政府、隶属之下的部委、国家委员会、行政部门和地方行政机关行使。政府是吉尔吉斯共和国的最高执行机构。政府由总理、副总理、部长和国家委员会主席组成,由总理领导。政府的结构包括各部委和国家委员会。行政部门由总统和总理共同领导"。"总理经议会同意,由总统任命。根据总理提议的政府由总统确认,并经议会批准。根据总理提名、经由议会同意,由总统任免政府官员。根据总理提名,由总统任免各行政主管部门领导人。"②也就是说,新版宪法将吉尔吉斯斯坦政府转变为部长内阁制。

表1-1　2018年和2023年吉尔吉斯斯坦国家机关中的公务员数量

	2018年1月1日		2023年1月1日	
	千人	占比	千人	占比
国家公务员人数总额	17.8	100	18.1	100
其中,				
立法机关	0.6	3.4	0.5	2.8
执法机关	14.4	80.9	13.6	75.1
司法机关	2.8	15.7	4.0	22.1

注：表中公务员数量不包括负责国防、公共秩序和安全的国家机关和其他政府机关工作人员，2018年和2023年占比数据由笔者计算而来。

资料来源：Национальный Статистический Комитет Кыргызской Республики，*Кыргызстан В Цифрах（Статистический Сборник）*，Бишкек，2018，с. 37；Национальный Статистический Комитет Кыргызской Республики，*Кыргызстан В Цифрах（Статистический Сборник）*，Бишкек，2023，с. 38.

在职责上，新宪法第91条规定，"内阁：（1）保证宪法和法律的实施；（2）贯彻执行国家内外政策的主要方针；（3）采取措施确保法治、

---

① "Конституция Кыргызской Республики"，*Министерство Юстиции Кыргызской Республики*，05 Мая 2021 Года（http：//cbd. minjust. gov. kg/act/view/ru-ru/112213？cl＝ru-ru）.

② Pariona Ameber，"What Type of Government Does Kyrgyzstan Have？" World Atlas，August 01，2017（https：//www.worldatlas.com/articles/what-type-of-government-does-kyrgyzstan-have.htmlcbd. minjust. gov. kg/act/view/ru-ru/112213？cl＝ru-ru）.

公民的权利和自由、保护公共秩序、打击犯罪；（4）确保实施保护国家主权和领土完整、保护宪法秩序以及加强国防能力、国家安全和治安的措施；（5）确保财政、价格、关税、投资和税收政策的执行；（6）制定共和国预算并确保其实施；（7）采取措施确保各种所有制形式的发展及其保护、管理国有财产的平等条件；（8）确保在社会经济和文化领域实施统一的国家政策；（9）制定和实施国家经济、社会、科技、精神和文化发展计划；（10）保证对外经济活动的实施；（11）确保与公民社会的有效互动；（12）行使宪法和法律赋予其管辖的其他权力"[1]。此前版本的宪法规定吉国政府主要负责："确保宪法和法律的实施；执行国家内外政策；保障法律规定的公民权利与自由，维护社会秩序，打击犯罪；维护国家主权和领土完整；维护宪法，加强国防能力，确保国家安全和法治；制定并实施财务、定价、关税、投资和税收政策；制定并向议会提交共和国预算并确保其实施；向议会提交关于共和国预算执行情况的报告；管理国家财产；确保在社会经济和文化领域实施统一的国家政策；制定和实施国家经济、社会、科学、技术和文化发展计划；确保对外经济活动的实施；提供与民间社会互动的空间；行使宪法和法律赋予其权限的其他权力。"[2]

在地方行政权上，2021年版宪法第93条规定，"（1）地方行政机关在相应行政区域单位的领土上行使行政权；（2）地方行政机关的组织和活动由法律规定；（3）地方行政机关根据宪法、法律、总统和内阁的规范性法令运作；（4）地方行政机关在其职权范围内作出的决定对相关领土具有约束力"[3]。在此前版本的宪法中，对中央政府和地方政府的关系是这样规定的："政府指导各部委、国家委员会、行政部门和地方政府机构的活动。政府有权撤销各部委、国家委员会、行政部门的决定；行政区域内的行政权力由地方行政机关行使。地方行政机关负责人的任命

---

[1] "Конституция Кыргызской Республики", *Министерство Юстиции Кыргызской Республики*, 05 Мая 2021 Года（http://cbd.minjust.gov.kg/act/view/ru-ru/112213?cl=ru-ru）.

[2] "Конституция Кыргызской Республики", *Министерство Юстиции Кыргызской Республики*, 27 Июня 2010 Года（http://cbd.minjust.gov.kg/act/view/ru-ru/202913）.

[3] "Конституция Кыргызской Республики", Министерство Юстиции Кыргызской Республики, 05 Мая 2021 Года（http://cbd.minjust.gov.kg/act/view/ru-ru/112213?cl=ru-ru）.

和解雇程序由法律确定；地方行政机关的组织和活动由法律决定；地方行政机关根据宪法、法律和政府的监管法律，采取行动；地方行政机关在其职权范围内通过的决定对相应领土具有约束力。"①

2021年2月吉国家议会通过了决定，任命乌鲁克别克·马里波夫担任部长内阁主席，并任命阿普铁木·诺维科夫担任内阁第一副主席、乌鲁克别克·卡尔梅沙科夫担任部长内阁副主席与经济和财政部长、阿扎马特·德坎巴耶夫担任副总理和数字发展部长、热德兹·巴卡舍娃担任副总理。2021年2月3日至5月4日，乌鲁克别克·马里波夫曾任政府总理。2021年5月5日，扎帕罗夫总统签署法令，批准了新内阁的组成。

2021年10月12日，吉尔吉斯斯坦部长内阁成员再次发生变化。出生于1964年的伊塞克湖州巴雷克奇市人扎帕罗夫·阿基尔别克·乌先别科维奇被任命为内阁主席。他是一位经济学博士、教授，荣获吉国荣誉经济学家称号，是吉国的二级国务顾问。2021年6月1日至10月12日，他曾担任内阁副主席兼经济和财政部长。截至2023年9月19日，其他内阁成员为：第一副主席卡西玛利耶夫·阿德尔别克·阿列绍维奇，副主席拜萨罗夫·埃吉尔，副主席托洛巴耶夫·巴基特，副主席兼国家安全委员会主席塔什耶夫·卡姆其别克，外交部长库卢巴耶夫·热恩别克，司法部长巴耶托夫·阿亚兹，国防部长别克博洛托夫·巴克特别克，财政部长巴克塔耶夫·阿尔马兹，经济和商务部长阿曼戈尔迪耶夫·达尼亚尔，数字发展部长伊曼诺夫·塔兰特别克，内务部长尼亚孜别科夫·乌尔兰，劳动社会保障和移民部长巴扎尔巴耶夫·库岱别尔根，教育和科学部长暂时空缺，卫生部长巴特洛娃·古尔娜拉，交通通信部长铁克巴耶夫·吉列克，能源部长伊布拉耶夫·塔赖别克，农业部长盏内别科夫·阿斯卡尔别克，紧急情况部长阿日克耶夫·波奥别克，文化信息体育和青年政策部长马克苏托夫·阿尔滕别克，自然资源生态和技术监督部长图尔贡巴耶夫·梅里斯。

执法机关是吉尔吉斯斯坦国家系统中工作人员数量最多的机构，但

---

① Карина Разетдинова, "Кто Будет Вместо Сильного Премьера—Проект Конституции О Судьбе Правительства", Sputnik Кыргызстан, 09 Февраля 2021 Года（https://ru.sputnik.kg/politics/20210209/1051395485/konstituciya-proekt-pravitelstvo-kabinet-ministrov.html）.

近年来吉尔吉斯斯坦政府进行了人员精简。如表 1-1 所示，2018 年 1 月 1 日吉尔吉斯斯坦共有 1.44 万名工作人员在各级政府部门工作，占国家公务员总数的 80.9%，而到 2023 年 1 月 1 日，人数减少至 1.36 万，在国家公务员总数中的占比也降至 75.1%。

4. 司法权

与此前相比，2021 年版宪法在司法权方面的规定主要出现了如下变化：将宪法法庭更名为宪法法院，并使其成为一个独立的机构，而此前它是最高法院的一部分；将法官遴选委员会更名为司法事务委员会，其组织和权力由宪法法律确定；司法事务委员会的成员，至少由三分之二的法官组成，总统、议会、人民代表会议和法律界代表各占三分之一；加强了对武装部队法官的要求，规定在法律行业拥有至少 15 年从业经验，其中包括至少 5 年的法官经历，而之前版本的宪法规定是至少 10 年从业经验，没有担任法官工作的要求。

吉尔吉斯共和国的司法系统根据宪法和法律规定建立，由宪法法院、最高法院和地方法院组成，可以依法设立专门法庭，禁止设立特别法庭。宪法法院的法官由年满 40 周岁但不超过 70 周岁、具有高等法律教育和至少 15 年法律专业工作经历的吉尔吉斯共和国公民担任。最高法院的法官由年满 40 周岁但不超过 70 周岁、具有高等法律教育和至少 15 年法律专业工作经历（且担任法官至少 5 年）的吉尔吉斯共和国公民担任。宪法法院和最高法院的院长由总统根据司法事务委员会的提议并经议会同意，从宪法法院和最高法院法官中任命，任期 5 年。宪法法院和最高法院的副院长由总统根据宪法法院院长和最高法院院长的提议任命，任期 5 年。地方法院的法官由年满 30 周岁但不超过 65 周岁、具有高等法律教育和至少 5 年法律专业工作经验的吉尔吉斯共和国公民担任。地方法院法官首次由总统根据司法事务委员会的提议任命，任期 5 年，此后直至达到年龄上限。最高法院首席法官从地方法院的法官中任命地方法院院长及副院长，任期 5 年。

宪法法院是吉尔吉斯斯坦的最高司法机关，通过宪法程序行使宪法监督，以保护宪法秩序的基础、基本人权和公民的权利和自由，确保宪法的至高无上和切实实施。宪法法院负责：（1）对宪法作出官方解释；（2）解决吉尔吉斯共和国法律和其他规范性法律行为是否符合宪法的案件；（3）就吉尔吉斯共和国加入的尚未生效的国际条约的合宪性发表意见；(4) 解决国家权力部门之间关于权限的争议；(5) 对修改和补充本宪法的法律草案提出意见；(6) 就对总统提出指控的既定程序的遵守情况发表意见。任何人如果认为某项法律和其他规范性法律行为侵犯了宪法所承认的权利和自由，都有权质疑这些行为的合宪性。宪法法院的决定是最终决定，不得上诉。

吉尔吉斯斯坦最高法院是民事、刑事、经济、行政等其他案件中的最高司法机构，有权根据法律规定的方式、根据司法程序参与者的要求，对法院的司法行为进行审查。最高法院全体会议有权规定对吉尔吉斯共和国所有法院和法官具有约束力的司法实践问题。最高法院的判决是终审判决，不得上诉。

吉尔吉斯共和国的司法只能由法院执行。在法律规定的案件和方式中，吉尔吉斯共和国公民有权参与司法行政。司法权通过宪法、民事、刑事、行政和其他形式的法律程序行使。吉尔吉斯共和国法院的判决具有法律效力，对所有国家机构、地方自治机构、法律实体、社会组织、官员和个人都具有约束力，并在整个共和国内实施。不执行、不当执行或妨碍司法行为的执行以及干涉法院的行为执行法院判决的，依法承担法律责任。

吉尔吉斯共和国的司法自治机构是法官大会、法官委员会和法官会议。法官大会是司法自治的最高机构。法官委员会是一个民选的司法自治机构，在法官代表大会之间行事，保护法官的权力和合法利益，监督法院预算的形成和执行，组织法官的培训和专业发展。法官会议是司法自治的主要机构。

此外，吉国还设有独立的军事法院，以负责判决所有与军事有关的案件。传统法院（即阿克萨卡尔法庭或白胡子法庭）负责审理财产、轻罪和家庭纠纷等案件，由社区中的长者组成。传统法院在正式司法部门之外处理案件，受当地检察官办公室监督。[①] 根据法律规定，吉国可以设立专门法院，但不能设立紧急法院。

吉尔吉斯斯坦现任宪法法院院长为埃米尔·奥斯孔巴耶夫。奥斯孔

---

① Pariona Ameber, "What Type of Government Does Kyrgyzstan Have?" World Atlas, August 01, 2017 (https：//www. worldatlas. com/articles/what-type-of-government-does-kyrgyzstan-have. html-cbd. minjust. gov. kg/act/view/ru-ru/112213？cl = ru-ru）.

巴耶夫1964年1月生于纳伦市，1986年毕业于莫斯科国立大学法学院法学专业。自1987年起长期从事法律事务工作，历任总统府法律司司法部主任、法律改革司司长、国家议会议长顾问、国际发展法律组织（IDLD）司法改革顾问自2022年2月起，担任宪法法院院长。

吉尔吉斯斯坦现任最高法院院长为扎米尔别克·巴扎尔别科夫。巴扎尔别科夫生于1957年12月，1989年毕业于吉尔吉斯国立大学法学专业。自1990年起，长期从事检察官办公室调查员、司法审判员、律师等职务。2020—2021年，担任吉国总统府司法改革和法律司司长。2022年2月，当选最高法院院长。

近年来，在吉尔吉斯斯坦的国家公务员中，各级司法机关工作人员数量出现了明显的增长。如表1-1所示，2018年1月1日，吉尔吉斯斯坦各级司法机关工作人员共有2.8千人，在国家工作人员总数中占15.7%，到2023年1月1日，人数增长至4千人，占国家工作人员总数的22.1%。

第二节　吉尔吉斯斯坦政党制度的建设与发展

政党是吉尔吉斯斯坦政治生活中的重要内容。现代吉尔吉斯斯坦的政党制度，虽然其形成时间较短，却经历了曲折的发展历程。现在，吉尔吉斯斯坦政党不仅数量多、特点明显，而且面临着内部整合的问题。

一　吉尔吉斯斯坦政党制度的发展

吉尔吉斯斯坦政党制度的发展曲折反复，大体可以分为萌芽、发展、最终确立三个阶段。

第一个阶段是吉尔吉斯斯坦多党制的萌发期。20世纪80年代末，在社会民主化的背景下，吉尔吉斯斯坦政党的出现和政党制度的形成成为可能。当时，戈尔巴乔夫上台后推行"新思维""公开性"改革，受此影响民主化运动在苏联境内初步兴起，随之出现了一些政治团体和运动。刺激党派快速增加的另一个重要因素是1991年苏联出台的《社会团体法》，该法赋予了人民组织、建立政党社团的权利。可以说，苏联末期在政治建设方面出现的新变化既为包括吉尔吉斯斯坦在内的各加盟共和国进行权力建设营造了宽松的环境，也给苏联各民族代表以组织的形式参与政治进程、共享政治权利的机会。政党的成立是因为需要动员公民来解决过渡到民主的复杂问题，这些问题涉及系统性的变革、经济和政治改革。政党被要求在国家和社会之间建立更密切的联系。吉尔吉斯斯坦第一个政党——埃尔肯吉尔吉斯斯坦党——就成立于1991年。独立后，吉尔吉斯斯坦开始尝试建立不同于苏维埃体制的政治体制，其重要内容就是改变共产党一党独大的局面。1993年吉尔吉斯斯坦颁布的第一部宪法为此奠定了宪法法律基础，其中规定吉尔吉斯斯坦实行多党制，遵循政党自由建立和公平竞争的原则，从而为吉尔吉斯斯坦开启了移植西方政党制度的大门。1998年修订后的宪法规定，议会选举采取"多数比例代表制"和"地区代表制"的"混合制"选举；立法会议（下院）为政党设立15个议席，其余45个议席按照地区代表制选举产生；人民代表会议最高会议（上院）的议席从70个减少至45个。1999年，吉尔吉斯斯坦通过了本国首部《政党法》，该法规定10人提议就可以建立政党。建立政党的低门槛使吉尔吉斯斯坦从这一时期开始出现了政党数量快速增长的现象。一时之间，吉尔吉斯斯坦境内陆续出现了多个政党，它们积极参与选举和组建立法机关。自2000年起，吉尔吉斯斯坦政党开始按多数制参与建立议会。截至2001年，在吉尔吉斯斯坦司法部正式登记注册并开展活动的政党有32个。① 在此后的阶段里，吉尔吉斯斯坦政党数量仍在不断增长，多个政党还频繁出现了分化、重组的情况。

第二个阶段是吉尔吉斯斯坦政党制度在"郁金香革命"前后出现的反复。在阿卡耶夫担任总统期间，曾有学者这样评论，"吉尔吉斯斯坦政党现在拥有比该国历史上任何时候都更大的政治权力和竞选自由。在阿卡耶夫政府统治期间，反对党被允许存在，但不拥有获得权力的真正机会。'郁金香革命'给吉尔吉斯斯坦带来了一个真正的多党制"②。当时，随着2005年议会选举的临近，阿卡耶夫形成可控议会、扩大总统权

---

① 杨莉：《吉尔吉斯斯坦：实行议会制后的政局走向》，《当代世界》2018年第8期。
② "List of Political Parties in Kyrgyzstan"，Word Disk，October 2011（https://worddisk.com/wiki/List_of_political_parties_in_Kyrgyzstan/）。

力的意图越来越明显，他对反对派的担忧也越来越明显。为了阻止反对派进入议会，他利用2003年宪法修订案，不仅恢复了议会一院制，而且还取消了政党议席，规定75个议会席位全部按照地区代表制选举产生。此举使吉尔吉斯斯坦多党制遭遇了前所未有的打击。巴基耶夫上台后，把改变议会选举办法作为自己实施不同于阿卡耶夫政策的突破口和标志。2007年宪法和选举法全面否定了2003年宪法修订案，规定政党完全按比例制组建议会，议会选举实现全部由政党代表出任90个议席。巴基耶夫从法律制度上向国内外社会表明，多党制在吉尔吉斯斯坦政治生活中取得了重要地位。但2007年的议会选举结果却打破了这种假象，由巴基耶夫领导的"光明道路"党控制了议会多数席位，使议会成为扩大总统权力、打压反对派的工具，多党制在吉尔吉斯斯坦再一次面临危机。①在"郁金香革命"前后，吉尔吉斯斯坦议会选举制度走了两个极端，从阿卡耶夫取消政党议席到巴基耶夫只采用政党议席，但不管哪一种，多党制都未在吉尔吉斯斯坦获得牢固的制度保障。

　　第三个阶段是吉国多党制的最终确立。2010年6月吉尔吉斯斯坦通过了新版宪法，该宪法明确规定吉尔吉斯斯坦实行议会制，其中议会按政党名单进行比例选举制。2021年5月吉尔吉斯斯坦通过的新宪法规定，"吉尔吉斯共和国境内可以成立政党、工会和其他社会团体，以落实和保护个人和公民的权力、自由和利益。政党有助于不同社会阶层和社会群体的政治意愿的多样化表达。吉尔吉斯共和国禁止：（1）在国家和市政机关、组织中组建和运作党组织；国家和市政工作人员进行公务活动之外的党务工作；（2）军事人员、执法人员和法官在政党中的成员资格，以及他们支持任何政党的表现；（3）在宗教和民族基础上创建政党，宗教团体追求政治目标；（4）由公民团体创建准军事组织；（5）政党、公共团体、宗教团体及其代表机构和分支机构从事旨在强行改变宪法制度，破坏国家安全，煽动社会、种族、民族和宗教仇恨的活动"。"总统在行使职权期间应暂停其政党成员资格，并停止任何与政党活动有关的活动。"② 两部宪法使多党制

---

① 杨莉：《吉尔吉斯斯坦：实行议会制后的政局走向》，《当代世界》2018年第8期。
② "Конституция Кыргызской Республики", Министерство Юстиции Кыргызской Республики, 05 Мая 2021 Года（http：//cbd.minjust.gov.kg/act/view/ru-ru/112213? cl = ru-ru）。

在吉尔吉斯斯坦得到巩固，促进了吉尔吉斯斯坦政党的发展。截至2023年1月1日，吉尔吉斯斯坦司法部登记在册的政党有316个。① 但是，不可否认的是现实中吉尔吉斯斯坦境内的许多政党常常处于改组、联合、重组或解散的状态，这导致吉尔吉斯斯坦政党制度十分脆弱。

吉尔吉斯斯坦独立后奉行政治多元化方针，国家由一党制转为多党制。现在，多党制已成为吉尔吉斯斯坦政治生活中不可缺少的要素。但是，总的来说，吉尔吉斯斯坦的大多数政党机制化程度很低，难以捍卫多数党员的利益，但也存在一些政党，它们有着相对完善的组织机构、明确的意识形态或者独特的活动方式。

二 吉尔吉斯斯坦主要政党简介

在吉尔吉斯斯坦司法部注册的300多个政党中，积极活动的有10余个，主要为社会民主党、共和国—故乡党、阿塔—梅肯党、尊严党、共和国党、吉尔吉斯斯坦民主运动、统一党、同心党等。此外，在历次议会选举前夕，还有一些政党会表现得异常活跃。例如，截至2021年9月3日，报名参加2021年11月28日议会选举的政党多达75个。这里我们主要介绍一些积极活动的政党。

1. 吉尔吉斯斯坦社会民主党

吉尔吉斯斯坦社会民主党于1993年10月1日成立，1994年12月16日于司法部登记注册。该党曾有党员约5万人，曾是吉尔吉斯斯坦最大的政党。

社会民主党总部设在比什凯克，其意识形态是社会民主主义，政治立场为中间偏左。该党的主要目标是在吉尔吉斯斯坦境内创造出强大的经济潜力，在共同的人类价值观、政治和经济自由、民主和团结的基础上加强公民社

---

① Национальный Статистический Комитет Кыргызской Республики, *Кыргызстан В Цифрах（Статистический Сборник）*, Бишкек, 2023, с. 154.

会和法治的地位。该党的战略目标是在共和国建立一个真正民主、法治、具有高生活水平的社会。2018年6月，该党正式加入社会党国际组织。该党参加了2021年11月举行的议会选举，但未进入会议。

社会民主党的首任党主席阿卜迪加内·埃尔克巴耶夫。1999年7月30日，阿尔马兹别克·阿坦巴耶夫接任主席。在该党支持下，2011年阿坦巴耶夫先后出任吉尔吉斯斯坦政府总理和总统。2019年3月，阿坦巴耶夫退出该党。该党现任主席为萨吉宾贝克·阿卜杜拉赫曼诺夫。该党著名人士还包括索隆拜·热恩别科夫（2017—2020年任吉尔吉斯斯坦总统）、萝扎·奥通巴耶娃（2010年5月21日退出该党）、巴基特·别希莫夫（1999—2002年为国家议会议员）、伊萨·奥穆库洛夫、米尔别克·阿萨纳库诺夫（2010—2011年担任伊塞克湖州州长）、阿塞尔·科杜拉诺娃（2015年进入议会）、阿西尔别克·叶延别科夫、库巴内奇别克·卡德罗夫、伊琳娜·卡拉马什基娜（2010—2015年为国家议会议员）、达米拉·尼亚扎利耶娃、巴基特·别希莫夫、图尔松别克夫·阿库诺维奇等。该党的大多数成员都是吉国企业家。

2004年5月20日，吉尔吉斯斯坦社会民主党同意加入"公平选举"选举联盟。2004年10月，由梅利斯·埃希姆卡诺夫领导的人民党自愿并入社会民主党，为2005年2月的议会选举做准备。在这场议会选举中，社会民主党仅赢得了75个席位中的1个席位。选举结果引起了反对派的不满，抗议活动迅速蔓延，并最终导致阿卡耶夫倒台。

2010年吉尔吉斯斯坦南部骚乱后，吉尔吉斯斯坦社会民主党的支持率持续上升，并成为执政党。2010年议会选举中，吉尔吉斯斯坦社会民主党获得8%的选票和120个议席中的26席，在议会五大党派中排名第二。

在2015年10月的议会选举中，吉尔吉斯斯坦社会民主党以27.5%的选票领先，赢得了120个席位中的38个席位。在这次选举中，共有6个政党超过了进入议会的门槛。除了社会民主党外，反对派共和国—故乡党以20%的选票位居第二，吉尔吉斯斯坦党占12.75%，前进党占9.3%，比尔博尔党（共同党）占8.4%，而阿塔—梅肯党（祖国党）占7.76%。时任总统阿坦巴耶夫宣布，该国社会民主党有权在吉尔吉斯斯坦议会中组建一个执政联盟。声明说："10月26日，吉尔吉斯斯坦总统阿马兹别克·阿坦巴耶夫接待了社会民主党议会派别领导人伊萨·奥穆尔库洛夫，并授权他组成议会的多数派同盟。"① 2015年11月2日，社会民主党与进入议会的其他政党达成联盟协议，组成议会多数联盟。但是，2016年10月24日，社会民主党宣布退出执政联盟。两日后，议会多数联盟正式解散。在阿坦巴耶夫签署宣布解散政府法令的同时，议会也批准进行修宪公投的法案。11月3日，经过多次谈判后，社会民主党与吉尔吉斯斯坦党、吉尔吉斯斯坦统一党最终达成一致，组成了新的执政联盟。在120席的议会中，新执政联盟拥有68席，而前进党、祖国党和共和国—故乡党组成了议会中的反对派，共占议席52个。新任总理和联盟主席均是社会民主党党员，这样一来，政府基本处于社会民主党的掌控之下。在本届议会120个议席中，社会民主党拥有38个席位，把持了国家最重要的3个职位：总统为阿坦巴耶夫、总理为热恩别科夫、议会议长为图尔松别科夫。这不仅进一步凸显了社会民主党作为当时吉尔吉斯斯坦第一大党派在政坛的地位，而且充分表明了当时的体制下总统对政府和议会有较大的影响力。

2017年8月22日，索隆拜·热恩别科夫代表社会民主党参加总统竞选因而辞去总理职务。10月，热恩别科夫凭借54.77%的得票率击败其他竞争对手，在总统选举中获胜。11月24日，他宣誓就任吉尔吉斯斯坦第五任总统。

2019年4月3日，吉尔吉斯斯坦社会民主党成员召开了一次替代会议，宣布自己是一个单独的政党，并承认萨吉宾贝克·阿卜杜拉赫曼诺夫为党魁。随后，吉尔吉斯共和国司法部任命萨吉宾贝克·阿卜杜拉赫曼诺夫为社会民主党负责人。

2. 社会民主主义者党

社会民主主义者党是阿坦巴耶夫和热恩别科夫在吉尔吉斯斯坦社会

民主党内部矛盾斗争中的产物。社会民主党成立于1993年，阿坦巴耶夫是发起人。2011年，他成为总统后，辞去了该党的领导职

---

① "Kyrgyz President Mandates SDPK to Form New Ruling Coalition in Parliament", Sputnik, October 26, 2016 (https://sputniknews.com/politics/201610261046752949-kyrgyzstan-coalition-parliament/).

务，但社会民主党仍被视为执政党。2017 年，在阿坦巴耶夫的支持下，社会民主党支持的热恩别科夫在总统选举中获胜。2018 年，前任总统和时任总统之间的关系恶化。阿坦巴耶夫的所有亲信都被撤职，有些成为腐败案件的目标。在这种背景下，社会民主党内部开始分裂。其中支持阿坦巴耶夫的一小部分成员创建了社会民主主义者党，并于 2019 年 6 月 20 日在吉尔吉斯斯坦司法部进行了注册，2019 年 11 月 21 日该党通过了党章。阿坦巴耶夫的两个儿子赛伊德别克和卡德尔别克积极参与了社会民主主义者党的组建工作。赛伊德别克表示，创建社会民主主义者党的决定是由他的父亲作出的，他的父亲"作为一个明智而有远见的政治家，在战略上采取了正确的行动"，他准备参政不是为了保护父亲，而是为了"分享他对吉尔吉斯斯坦未来的愿景"。该党将自己定位为"吉尔吉斯斯坦唯一的反对派政治力量，准备在自己的旗帜下团结全国所有进步力量，并在法律框架内实现真正的、系统的变革，以造福于吉尔吉斯斯坦人民和国家"。热恩别科夫担任总统期间，该党在选举计划中曾提议通过加强议会和削弱国家元首的影响力来恢复国家政府体制的平衡。特别是，该党希望在 2023 年之前完全废除总统职位，或将其权力降至象征性地位。该党还希望国家总理由人民选举产生。①

2021 年 8 月 29 日扎帕罗夫总统宣布将于 2021 年 11 月 28 日举行议会选举后，社会民主主义者党是第一个报名参加选举的政党。但选举结果显示，该党得票率不足 5%，未能进入议会。

3. 吉尔吉斯斯坦党

吉尔吉斯斯坦党成立于 2010 年 4 月 23 日，口号是"吉尔吉斯斯坦的自由！"，2015 年 7 月通过了该党党章。吉国著名商人、慈

---

① "Как Атамбаев Стал Символом Новой Оппозиции И Что Представляют Из Себя «Социал-демократы»", Kloop, 02 Октября 2020 Года（https：//kloop.kg/blog/2020/10/02/kak-atambaev-stal-simvolom-novoj-oppozitsii-i-chto-predstavlyayut-iz-sebya-sotsial-demokraty/）.

善家沙尔申别克·阿布德科利莫夫①当选为该党首任主席。该党骨干成员制订了一系列雄心勃勃的政策，旨在推进改善普通民众生活的改革。2015年吉国议会选举前夕，该党召开了例行会议。来自全国各地的300余名代表通过了新的党章和新的纲领宣言。前议会议员、前楚河州州长卡纳特贝什·伊萨耶夫②当选为新任领袖。该党向自己的选民承诺了"7大步骤"：第1步——"有道德的吉尔吉斯斯坦"（每一个吉尔吉斯斯坦人、每一个村庄和每一个劳动集体要严格遵守道德准则、牢记历史、生活在和平与和谐当中）、第2步——"健康的吉尔吉斯斯坦"（民族的健康源于妇女和儿童的健康，他们需要国家的关照；国家要为每一位公民提供最低的医疗保障）、第3步——"教育的吉尔吉斯斯坦"（知识青年是国家的主要财富，优质的学校、优质的教科书和优质的教育是中等教育的基础，必须提高教师工资及其通货膨胀指数）、第4步——"法治的吉尔吉斯斯坦"（主张法律面前人人平等、媒体自由和言论自由，强化政府在人民和法律面前的责任）、第5步——"忘我的吉尔吉斯斯坦"（要为下一代留下矿产资源、水资源和能源资源）、第6步——"友好的吉尔吉斯斯坦"（吉尔吉斯斯坦自然风光优美、居民热情好客，游客众多。要保障游客安全，要为他们创造条件，改善和提升道路和基础设施）、第7步——"富强的吉尔吉斯斯坦"（加强国家主权、边防建设，构建统一的多民族和多信仰国家）。吉尔吉斯斯坦党努力与境外同胞建立业务联系，与吉国的传统伙伴和可靠伙伴、首先是欧亚经济联盟成员国建立联系。

---

① 沙尔申别克·阿布德科利莫夫，1970年5月19日生于纳伦州阿特—巴什区卡拉苏村，2011年6月由吉尔吉斯斯坦党推选为吉国议会议员，2011年11月当选为吉国斗争联合会主席，2015年5月当选为吉国家奥林匹克委员会主席。

② 卡纳特贝什·伊萨耶夫，1975年2月7日生于楚河州楚河区。1996年毕业于吉尔吉斯国立民族大学。1997—2000年就职于吉国税务机关。2003—2007年当选为楚河区议会议员。2002—2005年任"Тынай-Ата"农场协会主席。2005年被任命为吉尔吉斯斯坦经济和金融部首席专家。2006—2008年先后任楚河州天然气管理局副局长、局长，是总监督团成员。2008—2010年任托克马克市长。2010年当选为吉国第五届议会议员，2010年12月至2012年6月领导议会党"共和国党"，同时还担任"Биримдик жана өнүгүү"和"Биримдик"成立的议会联合党团第一任主席。自2013年5月16日起担任"Ынтымак"议会团体主席。2013—2015年任吉尔吉斯斯坦政府驻楚河州全权代表。2015年10月由吉尔吉斯斯坦党推选为吉国第六届议会成员。任吉尔吉斯斯坦党议会领袖。任吉尔吉斯斯坦"Көк-Бөрү"（意为"赛马"）协会主席，2013年当选为"Көк-Бөрү"国际联合会秘书长。"Тынай"俱乐部创始人兼总裁。

也就是说，吉尔吉斯斯坦党是在 2010 年吉南部民族冲突后出现的一个新型政党，并取得了较快发展。吉尔吉斯斯坦党成员主要由商人构成。在其领导层中，"60 后"人数较少，"70 后"占主导，为中流砥柱，"80 后"崭露头角。领导层均具有高等教育学历，主要出生于吉国南部地区（奥什州、贾拉拉巴德州），大都具有从商经历。有些领导人之前还是其他党派（如共和国党、吉尔吉斯斯坦社会民主党等）成员并受到这些党派提名进入吉国议会。该党注册的地区分支机构有 40 个，其成员主要来自南部地区，在对外交往上倾向于欧亚经济联盟。

2015 年吉尔吉斯斯坦议会选举规定，得票率超过 7% 的政党才能进入议会。选举结果是，吉尔吉斯斯坦党获得了 12.75% 的选票，共赢得了议会中的 18 个席位。① 该党与进入议会的另外 5 个政党（吉尔吉斯斯坦社会民主党 38 个席位、共和国—故乡党 28 个席位、前进党 13 个席位、比尔博尔党 12 个席位、故乡党 11 个席位）形成执政联盟。2016 年吉尔吉斯斯坦执政联盟重组后，该党在议会 120 席中拥有 18 席。

吉尔吉斯斯坦党在 2017 年 1 月 20 日表示赞同吉尔吉斯斯坦加入《马拉喀什协定》，该协定主要是保护知识产权和盲人、视障人士的信息权。

该政党首领为伊萨耶夫，议会内党团领导为 А. Б. 巴阿特尔别科夫②。2019 年 9 月 22 日，在该党第六届大会上，伊萨耶夫再次当选为党魁，任期至 2023 年。

2016 年 12 月 28 日，吉尔吉斯斯坦党成员、时任吉尔吉斯斯坦议会

---

① "Kyrgyzstan（Political Party）"，Word Disk，Октябрь 2017 Года（https：//worddisk.com/wiki/Kyrgyzstan_Party/）.
② А. Б. 巴阿特尔别科夫，1970 年生于纳伦州阿特—巴什区阿特—巴什村，先后毕业于吉尔吉斯国立民族大学会计—商业系和法学系。1995 年 6 月至 12 月担任十月区国税局监察员。1995—2003 年先后任五一区国税局监察员、副局长。2003—2006 年任列宁区国税局局长。2006—2008 年任斯维尔德罗夫斯卡区国税局局长。2008—2009 年任吉尔吉斯斯坦农业、水资源和加工业部酒精和酒精饮料生产、储存和销售司局长。2009—2010 年任吉尔吉斯斯坦经济调控部酒精和酒精饮料生产和流通监督局局长。2010 年 10 月由"共和国党"推选为吉国第五届议会议员。2010—2012 年任吉国议会国际事务委员会主席。自 2013 年起担任吉国议会国防和安全委员会主席。2015 年由吉尔吉斯斯坦党推选为吉国第六届议会议员，兼任吉国议会国际事务、国防和安全委员会主席。国家税务机关三级顾问。

副议长努尔别克·阿里姆别科夫①因 12 月 16—21 日"访问台湾"向议会提出辞职。时任议会议长图尔松别科夫当天表示,"此次访问违背了吉尔吉斯斯坦在台湾地区问题上的官方立场和与中国的友谊,这一立场体现在所有双边关键性文件中。吉尔吉斯斯坦不会与台湾地区建立官方关系,也不支持与台湾地区有任何官方接触"。阿里姆别科夫 28 日在议会表示,他决定辞去副议长职务,但同时强调,他是以私人身份前往台湾地区访问的。他称:"议会委员会并没有就此次议员团访问做出决定,也没有列支此次访问的费用。在与台方人员会面期间,我们没有讨论政治问题或签署任何官方文件。但台湾媒体却报道称,我进行的是官方访问。我不清楚台湾媒体大肆报道此次会面是出于何种目的。"他称,"国家利益高于个人利益。为了避免损害吉中友好关系,我提出辞职。我们必须加强与中国的关系"。

4. 比尔博尔党(共同党)

比尔博尔党(共同党)是吉尔吉斯斯坦的自由主义政党,2010 年 6 月在比什凯克注册成立。该党没有唯一的领导人,其领导是通过合议进行的,党的工作由 19 人组成的政治委员会负责,委员会可从该党成员中选举主席团。2015 年议会选举中,该党获得 8.5% 的选票。2016 年吉尔吉斯斯坦执政联盟重组后,比尔博尔党在议会 120 席中拥有 12 个席位。当时,该政党党魁为 Д. А. 埃先阿利

---

① 努尔别克·阿里姆别科夫,1972 年 4 月 25 日生于吉尔吉斯斯坦奥什州喀拉苏市。1990—1996 年就读于奥什技术大学汽车和汽车业专业,获大学本科学历;2008—2010 年就读于吉尔吉斯斯坦总统管理学院管理学专业,获硕士学位。官衔:国家机关二级顾问。曾荣获"国家干部处荣誉证书""奥什州政府荣誉证书""劳动、移民和就业部荣誉证书"。2001—2002 年任奥什州内务局国家汽车管理局道路岗哨勤务检查员;2005—2007 年任国会议员助手;2008—2010 年任奥什州移民和劳动委员会主席;2010—2012 年任吉尔吉斯斯坦劳动、就业和移民部奥什州管理局局长;2012—2013 年任吉尔吉斯斯坦外交部国外移民司南方和区域管理局局长;2013 年起任吉尔吉斯斯坦劳动、移民和青年部移民政策管理局局长兼南方协调官。自 2015 年 10 月 28 日起由吉尔吉斯斯坦党推选为吉国议会议员。任运输、通信、建筑和建设委员会副主席。2017 年 1 月 19 日当选(104 票支持、3 票反对)为吉国议会副议长。

耶夫，议会内党团领导人为阿提别克·素莱玛诺夫。

5. 前进党

前进党于2012年2月由原共和国党成员托罗巴耶夫在比什凯克建立。该党的口号是"地方强则国家强"，是一个中间派政党，其意识形态属于中心主义、新保守主义、地方主义、重农主义，主张保护私有财产、市场经济，发展政治、政党和经济竞争。该党精英把如何避免用革命方式解决政治问题视为己任，支持稳定既定的社会和经济规则、巩固爱国主义价值观、承认传统的忏悔在公共生活中的作用，支持家庭价值观，要求保护和传承传统。在前进党成员看来，民族传统不应成为社会经济生活创新的障碍，维护传统公共道德是一个优先问题。前进党还特别关注国防、安全、法律与秩序等国家基本职能方面的问题，认可政府干预社会和进行经济管理的必要性，但这种干预应该是有限的和规范的，在外交政策上主张优先加强和发展传统外交关系。前进党在吉尔吉斯斯坦全国各地都设有分支机构，但主要得到来自吉尔吉斯斯坦南部的支持，特别是乌孜别克族人的支持。2013年12月，乌鲁特尔·比瑞迪吉党派与该党合并。2016年吉尔吉斯斯坦执政联盟重组后，该党在议会120席中拥有13席。

2020年议会选举虽然最终被宣布选举结果无效，但托罗巴耶夫本人及其成立的前进党均未参加选举。在2021年地方议会选举中，前进党表现也不突出。

6. 共和国—故乡党、故乡党

共和国—故乡党于2014年10月20日建立，由共和国党和故乡党（阿塔—朱尔特党）合并而成，目的是争取在2015年议会选举中取得佳绩。该党的政治基地位于吉国南部，但该党总部设在吉尔

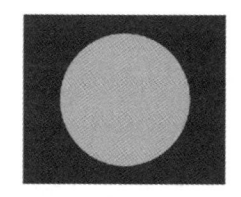

吉斯斯坦首都比什凯克。该党的主要目标是通过旨在增加国家民主和提高官僚机构透明度的改革来发展自由主义，吉尔吉斯民族主义、保守主义是其意识形态。

在备战2015年议会选举时，共和国—故乡党时任领导是卡克别科·塔什耶夫，在他的多次讲话中出现了支持被驱逐的前总统库尔曼贝克·巴基耶夫的内容。当时，塔什耶夫表示将设法恢复巴基耶夫政权，还提出了要通过全民公投使国家回到2010年前的状态，并把总统职位恢复到原来的样子。2015年10月7日，该党总部遭到洗劫，党组织文件遭到示威者破坏。据称，示威者中有2010年4月比什凯克暴力事件受害者家属。由于与另一党派候选人发生争执，塔什耶夫被取消议会候选人资格，他本人最终未能进入议会。尽管如此，共和国—故乡党在2015年议会选举中还是取得了不错的成绩。该党获得了20%的选民投票，成为进入议会的六大党的一员，位居第二位，之后又成为吉国执政联盟的一部分，其选举的A. A. 肯热巴耶夫成为议会议长。在该党的议会代表中，有一些非吉尔吉斯族的代表，包括进入议会的第一个塔吉克族人若沙别克·萨比尔夫、朝鲜族人罗马·辛等。2016年吉尔吉斯斯坦执政联盟重组后，共和国—故乡党在议会120席中拥有28个席位。共和国—故乡党的党魁为肯热巴耶夫，议会内党团领导人为O. T. 巴班诺夫。

由于该党是由两个党合并而来，因此该党一开始就表现出明显的双头领导。在塔什耶夫和巴班诺夫领导该党期间，二人之间的关系微妙。塔什耶夫曾表示巴班诺夫应该辞去总理职务，因为后者的母亲不是吉尔吉斯族人。为了2015年议会选举，巴班诺夫与塔什耶夫和解，巴班诺夫当时解释说"他非常热爱祖国，但不会充分表达爱意"。到了2016年11月，共和国—故乡党议员埃尔特奈·奥姆尔别克娃称，共和国—故乡党已分崩离析，因为塔什耶夫宣布与阿赫马特别科·科尔蒂别科夫和阿达汉·马杜马罗夫结盟。虽然塔什耶夫的政治计划流产了，但此举对共和国—故乡党造成了不小的打击。2019年10月，塔什耶夫再次表示要把故乡党独立出来，他称"我们正在准备选举。我们不是新手，知道何时开始。现在正在筹备中，正在做党内工作。我们希望赢得选举。'故乡党'将与'共和国党'分开，我们将再现 2010 年的辉煌"。①

独立出来后，故乡党先后于 2020 年 10 月和 2021 年 11 月参加了吉尔吉斯斯坦议会选举。在 2021 年的议会选举中，故乡党一举夺魁，成为议会第一大党。

7. 祖国党

祖国党（阿塔—梅肯党）是吉尔吉斯斯坦重要的反对派政党之一。该党创始人兼现任主席是吉议会的前任议长奥穆尔别克·捷克巴耶夫。该党成立于 1992 年 11 月，自称是吉尔吉斯斯坦独立后成立的第一个政党，当年 12 月 16 日该党在与保守党分裂后注册登记。该党的纲领要求国家进行民主、经济改革，促进社会发展进步。该党认为社会民主有利于各种社会部门和政府机构之间的合理妥协，其意识形态属于社会民主类型。在 2000 年总统选举中，该党支持奥穆尔别克·捷克巴耶夫，但投票结果显示，捷克巴耶夫的得票率为 14%，排名第二。为备战 2005 年 2 月的议会选举，2004 年 5 月 20 日，该党参加了公平选举联盟。2005 年第一轮议会选举中，该党赢得了一席之地。在 2010 年议会选举中，该党获得了 10.13% 的投票率，在议会的 120 个席位中占有 18 个。2015 年议会选举中，该党获得了 9.17% 的投票率，在 120 个席位中占有 11 个。2016 年吉尔吉斯斯坦执政联盟重组后，该党在议会 120 席中拥有 11 个席位。该党在社会主义国际②中具有观察员地位。为在 2021 年 11 月举行的议会大选中取得佳绩，阿塔—梅

---

① "О Распаде 'Республики-Ата Журт' Рассказали Политики", Today. kg, 09 Октября 2019 Года（https：//www. today. kg/news/137901/？hl = ru）.

② 社会主义国际是一个国际非政府组织，总部位于伦敦，自称是第二国际和 1923 年至第二次世界大战期间存在的社会主义工人国际的继承者。2009 年，126 个国家的 156 个社会主义性质的政党成为社会主义国际成员，其中 116 个政党是正式成员，有表决权，26 个是协商成员，14 个是观察成员。

肯党与改革党签署了一份关于建立广泛联盟的备忘录，并呼吁所有进步和民主力量加入其中。但该党未能进入本届议会。

奥穆尔别克·捷克巴耶夫1958年12月出生于贾拉拉巴德州，是吉南部伊奇吉利克部族代表。1981—1991年，主要在吉尔吉斯斯坦从事教育工作。1991年开始政治生涯。1991年2月，参与创建艾尔肯吉尔吉斯党并出任党主席。同年4月，出任贾拉拉巴德州反垄断及支持企业经营管理局局长，后成功当选苏联最高苏维埃代表、共和国法律事务咨询委员会成员。1992年，捷克巴耶夫及其支持者脱离艾尔肯吉尔吉斯党，成立了阿塔—梅肯党，捷克巴耶夫出任党主席。

1992年12月至1994年1月，捷克巴耶夫出任贾拉拉巴德州副州长，1995年起连续当选四届议会议员。1995年，捷克巴耶夫参加了总统竞选，但并未胜出。2000年，捷克巴耶夫出任吉议会副议长之职，并于当年参加了总统竞选，获得14%的选票，位列第二。2002年，担任吉制宪会议副主席。2005年4月，"郁金香革命"后形成的新议会中，捷克巴耶夫被推选为新议长并出任制宪会议主席。2006年2月，时任总统巴基耶夫对议会工作提出强烈批评，引起捷克巴耶夫的极大不满，导致捷克巴耶夫辞职。随后，捷克巴耶夫相继于2006年和2007年加入反对派联盟"为了改革"运动和"为了吉尔吉斯美好未来"联合阵线，变成了巴基耶夫政府的坚定反对者。2008年12月，捷克巴耶夫领导的祖国党更是加入"联合人民运动"组织，该运动由吉原11个反对派政党和组织组成，其目的是推翻时任总统巴基耶夫。

2010年"4·7"事件后，吉尔吉斯斯坦建立了以萝扎·奥通巴耶娃为总理的临时政府，奥穆尔别克·捷克巴耶夫出任负责宪法改革的副总理，随后以捷克巴耶夫为首的75人又组成了制宪会议。在奥穆尔别克·捷克巴耶夫等人的努力下，2010年6月底，吉尔吉斯斯坦全民公投通过了新宪法，吉政体从总统制过渡到议会制。捷克巴耶夫因此被形象地称为吉尔吉斯斯坦"议会制之父"。阿坦巴耶夫出任总统后，捷克巴耶夫领导的阿塔—梅肯党仍充当着反对派的角色，曾公开反对阿坦巴耶夫的修宪计划。

2017年捷克巴耶夫因腐败问题被警方逮捕，其副手阿尔马姆别特·奇科马马托夫成为阿塔—梅肯党领导人。捷克巴耶夫在2019年8月获释后，他与奇科马马托夫之间的分歧越来越大，最终奇科马马托夫于2019年12月辞去了阿塔—梅肯党领导人一职，放弃了自己在议会的议员身份。与此同时，另有多名成员也退掉了阿塔—梅肯党成员资格。

8. 吉尔吉斯斯坦民主运动

吉尔吉斯斯坦民主运动曾是吉尔吉斯斯坦非常活跃的一个政党。该党由贾帕·杰克希夫于1990年5月创立。杰克希夫任主席，直到2000年由伊迪尔贝克·萨里巴耶夫接任。

建立初期，吉尔吉斯斯坦民主运动影响力浩大，但很快就开始分裂。1991—1992年，从该党分化出了三个独立的政党，分别为学者出身的巴克尔·吐尔逊拜领导的"艾尔肯"吉尔吉斯党、教授出身的艾尔肯·努苏波夫领导的阿萨巴党、律师出身的奥穆尔别克·捷克巴耶夫领导的阿塔—梅肯党。

2000年，吉尔吉斯斯坦民主运动与前总理费利克斯·库洛夫组建的尊严党的支持者一起组成选举联盟，参加议会选举。后来尊严党成功注册，联盟瓦解。2004年，该运动加入了吉尔吉斯斯坦人民运动选举联盟。在2021年4月比什凯克市议会选举中，吉尔吉斯斯坦民主运动提名了71名代表候选人。

吉尔吉斯斯坦民主运动是一个自由主义、民主主义派别的政党，主张人的权利和自由不受民族、社会和其他属性的限制，支持公民和解与族际和平，要求社会民主发展，形成政治上、经济上称职的人格；主张建立公民社会、法治国家；反对任何形式的政治集权、侵犯公民权利、权力腐败等。其社会基础主要是吉尔吉斯斯坦的科技工作者、知识分子、大学生、退休人员、商人以及普通劳动者。

9. 乌鲁—朱尔特党

乌鲁—朱尔特党（伟大人民党）2018年6月在司法部登记注册，注册地址为比什凯克。该党

由阿纳贝克·伊斯卡科维奇·卡塔加诺夫领导，其主要成员包括前议长梅德特坎·谢利姆库洛夫、前交通部长阿尔金别克·马拉巴耶夫、前奥什市议会副议长克里木·阿坦巴耶夫等。2019年4月，该党第三次代表大会在比什凯克召开，克里木·阿坦巴耶夫被任命为党的主席。

2021年7月，乌鲁—朱尔特党与其他17个政党参加了比什凯克市议会选举，但乌鲁—朱尔特党、图兰党、改革党等政党对选举结果不满，部分党员要求中央选举委员会对选举结果不予承认。

10. 联盟党

联盟党于2021年4月23日通过了该党党章，随后于2021年5月26日在吉尔吉斯斯坦司法部登记注册，注册地点为比什凯克市。该党主席为扎基罗夫·阿齐兹·阿达莫维奇。扎基罗夫·阿齐兹1986年12月8日出生，吉尔吉斯人。2002—2007年，就读于吉尔吉斯—俄罗斯叶利钦斯拉夫大学国际关系学院，获学士学历，主修世界经济。2009—2010年，就读于吉尔吉斯共和国总统管理学院，获得硕士学位，主修国家管理。2008年9月至2010年1月，担任吉尔吉斯共和国金融市场监管国家服务局证券市场监管司、证券发行登记司、经济分析和国际关系司首席专家。2010—2013年8月，担任吉尔吉斯共和国议会议员助理。2013年8月至2015年6月，担任吉尔吉斯共和国议会共和国党秘书处副主任、部门负责人。2015年6月至2018年5月，担任吉尔吉斯共和国议会共和国—故乡党秘书处主任。

在2021年11月的议会选举中，联盟党的得票率为8.33%，作为反对派进入议会，在议会中获得7个席位。

11. 吉尔吉斯斯坦布通党

吉尔吉斯斯坦布通党（吉尔吉斯斯坦统一党）成立于2006年12月1日，是吉尔吉斯斯坦的一个民族主义政党。其最初目的是支持俄罗斯的吉尔吉斯劳务移民。该党主席为阿达罕·马杜马罗夫。该党的支持者主要来自吉尔吉斯斯坦南部地区。阿达罕·马杜马罗夫曾于 2011 年、2017 年两次参加总统选举，得票率分别居第二位和第三位。他坚持民族主义的思想，支持总统制。

在备战 2020 年 10 月议会选举时，统一党提出的选举方案是以确保社会公平和公民福祉为目标，以权力必须受到监控、必须以人民的信任为基础、必须为人民服务为原则，以使生活公平、确保当代人和后代人过上体面的生活为追求。该党提出了"工作的人不应该贫穷"的口号，提出的要求有：公平分配社会收入；保障民众免遭贫困；确保民众不受权力的任意支配；精简机构、提高国家效率；制定山区和偏远地区的发展战略，通过社会保障体系的现代化，确保山区和偏远地区的吸引力和居住的舒适性；审议库姆托尔问题，保护国家财富，并将所有侵犯国家利益的人绳之以法；修订选举法，恢复选民选举国家议会议员的权利。[1] 后来，该党又公布了更加具体的施政计划，涉及新型冠状病毒防控、农业、退休金、青年政策、教育、保健、家庭育儿、住房、军队建设、文化发展、反腐、生态保护等多个领域。

在 2021 年 11 月的议会选举中，统一党得票率为 7.03%，作为反对派进入议会。

12. 伊曼努鲁党

伊曼努鲁党（信仰之光党）成立于 2012 年 4 月 25 日，注册登记日期为 2021 年 6 月 27 日。

信仰之光党提出的口号是"有道德的权力是一种体面的生活"。在备战 2021 年 11 月议会选举时，该党提出了自己的选举方案。主要内容有：公平和个体化地分配国家的

---

[1] "Предвыборная Программа Партии «Бутун Кыргызстан»"，Кабар，16 Сентября 2020 Года（https://kabar.kg/news/predvybornaia-programma-partii-butun-kyrgyzstan/）.

矿产和资源。该党提出，"吉尔吉斯斯坦的矿产和财富属于人民！我们将在法律上修改和加强矿产分配及从中获得资金的详细机制。每个出生在吉尔吉斯斯坦的人都应该从矿产开采中获得资金！来自地下的收入应该由公民获得，而不是寡头。吉尔吉斯斯坦有2700个金矿，超过2000吨黄金。因此，每个公民应分得1.5亿索姆"；为年轻人提供平等的教育机会。该党认为，"年轻人是吉尔吉斯斯坦的财富。在目前的制度下，一个来自贫困家庭的天才数学家是否有机会发挥潜力？答案是否定的！他出生在一个贫穷的家庭，这不是他的错。国家必须为所有人，特别是渔业工人提供受教育的机会。应向年轻人提供15年无息无担保贷款，用于接受本国和世界上最好的大学教育"。改革吉尔吉斯斯坦银行系统。在该党看来，"现在的24家银行全是当铺银行。银行必须成为企业家的投资伙伴，也就是说，同时分担利润和风险。把银行和企业家的利益结合起来，通过证券市场进行投资，符合民族传统和宗教教规"。启动一万个创业投资项目，创造就业机会。该党认为，"吉尔吉斯斯坦的法院已不再是一个人能够寻求正义和保护其权利的机构。需要采取强有力的立法措施来处理这种情况"。所以，"该党将寻求修改和补充《吉尔吉斯共和国宪法》《吉尔吉斯共和国司法委员会纪律理事会法》《吉尔吉斯共和国法官地位法》，将吉尔吉斯共和国议会代表和总统排除在纪律理事会之外，并补充将阿克萨卡尔法庭（白胡子法庭）代表纳入纪律理事会的程序。该党将确保申请法官职位的人在执法机构和法院工作超过10年，拥有完善和最高水平的法律知识和技能"①。

该党是典型的中间派政党，在2021年的议会选举中获得5个

---

① "Основные Положения Предвыборной Программы Политической Партии «Ыйман Нуру»"，Центральная Комиссия По Выборам И Проведению Референдумов Кыргызской Республики，26 Ноября 2021 Года（https：//talapker. shailoo. gov. kg/ru/party/23/25/program）.

席位。

13. 恩蒂马克党

恩蒂马克党（同心党）是吉尔吉斯斯坦的第一个数字政党，以2012年4月开始使用吉尔吉斯语（60%）、乌兹别克语（30%）和俄语（10%）在互联网上进行全天候广播的"恩蒂马克"公共电视广播公司为基础组建，成立于2012年10月4日，注册地址为比什凯克市。该党支持直接民主、公民民族主义、人道主义、社会保守主义、亲俄罗斯主义。整体而言，该党支持扎帕罗夫总统，属于亲总统党。该党党魁为马尔伦·马马塔利耶夫。

2021年议会选举中，该党先参加了比什凯克市议会的选举。提出的口号有："有效利用市政财产"；"比什凯克市的投资计划要具有明确的规则和开放性"；"绿色屋顶——新的潜力"；"市政展馆——价格实惠的可能性"；"公共交通——质量、合理关税、利益平衡"；"优化比什凯克市政厅结构——效率、机动性、合理性和经济性"；"对比什凯克市议会议员和市政雇员采用关键绩效指标"；"COVID-19——我们准备迎接新的挑战！"；"负担得起的市政服务——市民社保的保证"；"更多收入——有效支出"；"1999年前后建成的比什凯克市个人住房建筑合法化"；"住宅和路边土地使用和维护新示范条例"；"比什凯克生活——参与城市管理"；"舒适的停车场——方便、安全"；"商业——比什凯克的支柱"。①

2021年11月的议会选举投票结果显示，该党得票率为10.99%，获得议会9个席位。该党成员塔兰特·马梅托夫后当选为新一届议会议长。

14. 伊什尼姆党

伊什尼姆党（信任党）成立

---

① "Программа Политической Партии «Ынтымак»", *Центральная Комиссия По Выборам И Проведению Референдумов Кыргызской Республики*, 28 Ноября 2021 Года（https://talapker.shailoo.gov.kg/ru/election/14/kenesh_gor/5/party/54/program）.

于 2011 年 10 月 10 日。该党主席米尔兰·伊巴科夫曾任"库姆托尔黄金公司"供应商专家，自 2019 年起担任"Kygyz kompozit"有限责任公司董事长。在 2021 年 11 月议会选举中，该党得票率为 13.62%，获 12 个议会席位。

　　该党的口号是"正确的步骤造就发达的国家"，以此为指引，该党提出了国家发展的七大步骤。"第一步是提高居民收入。发展经济是最重要的目标。必须为公民创造创业就业的一切条件。有富裕的公民才有富裕的国家。国家应为中小企业的发展创造条件；在 7 个州开设 7 家工厂。在 40 个区组织中型生产企业。在 453 个村开设小型企业和生产企业的原材料采购点。应向国外出口吉尔吉斯生产商的产品。我们有足够的能力实现这些目标；吉尔吉斯斯坦由于其地理位置，应成为 9 条公路的交会处。作为过境国，吉尔吉斯斯坦的经济福祉可以大大改善。现在是为了人民而团结工作的时候了。第二步是加强对法官活动的民事监督。在我国，每个公民的权利都应该得到保护。没有司法公正，我们的国家就不可能是一个公正的国家。投资者不会进入不公正的国家，不公正的国家不会提高国际信誉。我们必须努力成为一个每个公民都受到法律保护、享有所有民主权利、言论自由的国家。将为法官的独立性铺平道路，并加强对其活动的民事监督。第三步是让年轻市民家庭更容易获得住房。我们的候选人对缓解住房问题有合理的意见。可以让年轻市民家庭、面临住房问题的工人以优惠条件购买房屋。为此，除了国家的努力外，还可以吸引投资者的资金和赠款。我们会创造条件，让在私营公司工作和从事私营企业的市民、劳务移民也可以优惠条件购买住房。实现这一切的过程不仅仅是言辞，我们将在其他国家经验的基础上实现这一切。第四步是使教育和卫生领域符合世界标准。医学的主要任务是预防和治疗疾病。我们会致力于解决迫切的健康问题，改善市民的生活方式和饮食质量。因此，为了引进现代医疗设备及保持其运行，我们将重点发展对医疗人员的教育。第五步是为残疾人创造创业的机会。向残疾人提供低利率贷款和免税是我们的主要任务之一。如果条件好，我们打算为发展这一类同胞的创造力创造先决条件。第六步是保护我们的自然。环境保护、生态保护和发展是时代的要求。我们应该与科学家一起研究土壤状况，得出结论，并制定综合措施。现在是从无机肥料转向有机肥料的时候了。第七步是打造强军之基。我们党打算用现代技术和方法，按照时代要求实施安全保障。保卫我国和平需要一支强大的军队。毋庸置疑，要做到这一点，首要任务是为祖国保卫者创造更好的条件，提高他们的工资。在给予边境村庄特殊地位的同时，还必须对当地青年进行战斗技能培训，并向这些村庄的居民提供社会保护。引进现代军事装备，未来建设生产这些装备的工厂应成为优先方向之一。军队的住房必须由国家提供。"①

15. 人民监督党

人民监督党成立于2019年10月，注册地址为楚河州阿拉木敦区列别季诺夫卡镇。该党的目标是打击腐败。其领导人为乌马罗夫·卡米尔·萨兹达克巴耶维奇，他还是公共组织"反腐败公共协作"的领导人之一。事实上，人民监督党就是在"反腐败公共协作"的基础上组建的。除了乌马罗夫外，人民监督党的创始人和成员还有阿利库洛夫·玛纳斯、马戈梅多夫·穆萨、科若巴耶夫·塔贝什、泰拉科夫·库班内奇、梅尔扎利耶夫·托克托鲁姆别克、阿什拉利耶夫·阿尔吉玛特。该党不接收前议员、部长和富豪，只向吉国廉洁的公民开放，特别是年轻人，估计党员人数达1.5万至2万人。乌马罗夫称："如果我们进入议会，我们将彻底修改反腐败法，将寻求免费教育和医疗，并将内阁成员精简掉一半。"

三 吉尔吉斯斯坦政党的类型与面临的问题

多党制吉尔吉斯斯坦的发展已有三十余年。在这么短的时间里，吉尔吉斯斯坦境内先后出现的政党却多达300多个。如图1-1所示，2010—2019年，吉尔吉斯斯坦就增加了136个政党。而且，吉尔吉斯斯坦还在不停地出现一些新的政党。如2022年，共有4个政党第一次在吉司法部登记注册。②

吉尔吉斯斯坦政党不仅数量多，而且种类非常丰富。除了按照与现政权的关系可以划分为执政党、亲总统党、反对派政党、在野党外，还可以根据很多标准进行分类。

---

① "Программа Партии Ишеним", Ishenimteam, 02 Декабря 2021 Года（https：//ishenim-team. kg/programma）.

② Национальный Статистический Комитет Кыргызской Республики, *Кыргызстан В Цифрах（Статистический Сборник）*, Бишкек, 2023, c. 154.

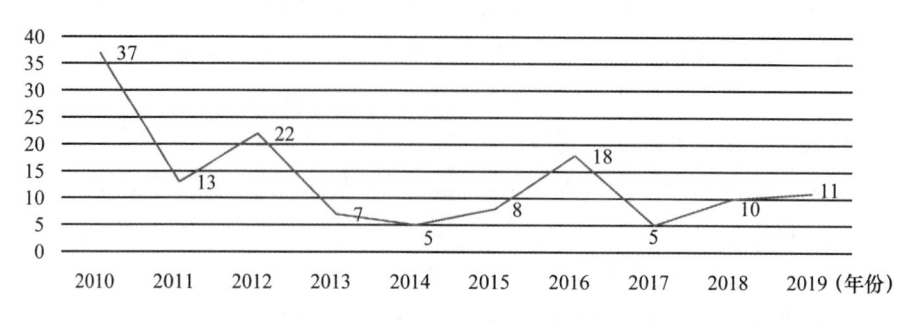

图 1-1 2010—2019 年吉尔吉斯斯坦新增政党数量示意图

资料来源：本表根据吉尔吉斯斯坦司法部官网（http://minjust.gov.kg/ru/）数据制作而成。

按照组织机构，可以分为群众党和精英党。通常而言，群众党主要由工人、农民等社会基层民众组成，党的纲领具有较高的思想理论水平，能够进行群众性的政治动员，从而吸引尽可能多的群众加入自己的组织。党的群众主要团结在基层组织中，而且这些基层组织经常在民众中开展活动，而不仅仅是在竞选期间。通常而言，群众党往往有清晰的意识形态，强调保护意识形态的纯洁。从这种意义上讲，群众党属于理论型政党。在吉尔吉斯斯坦，社会民主党、信任党、阿塔—梅肯党、现代人党以及人民监督党属于此类政党。例如，社会民主党曾提出"干净的选举""反对腐败"等口号。群众党的初级组织特别关注队伍的扩充，这与该政党的存在很大程度上依赖党员交纳的党费有密切关系。例如，人民监督党曾计划参加 2020 年的议会选举，为此其以收缴党费的形式筹资 500 万索姆选举经费。①

精英党是伴随着议会选举的实行而迅速出现并发展的一个政党，其人数往往不多，通常围绕政治领导人建立团体，从有权威的政治人物中挑选精英，特别是议会议员充实自己，以保障能够赢得尽可能多的议会席位。精英党的活动经费通常依靠富裕阶层的支持。值得注意的是，精英党与领导人魅力型政党、务实型政党具有很大的共同性。一方面，相比其他类型的政党，精英党的党员往往不是因某种具有吸引力的思想而

---

① Бакен, "В Кыргызстане Появилась Партия «Народный Контроль»", K-News, 29 Января 2020 Года（https://knews.kg/2020/01/29/v-kyrgyzstane-poyavilas-partiya-narodnyj-kontrol/）.

联合在一起，而是因为有影响力的领导人而联合在一起，因此精英党往往也属于领导人魅力型政党。另一方面，精英党通常以获得议会选举胜利为目标，其活动具有很强的实用性，热衷于在选举时期使用具有吸引力和现实性的思想、口号，因此精英党也属于典型的务实型政党。在吉尔吉斯斯坦，故乡党、联盟党、尊严党、统一党、同心党、共和国党、乌鲁—朱尔特党、信仰之光党等属于精英党。他们虽然建立的时间有长有短，但都把目标定位为进入议会，为此一些政党还会采取合纵连横的战略。

按照意识形态标准，可划分为左派政党、中间派政党、右派政党以及更加具体的中间偏左派政党、中间偏右派政党。按照"左—中—右"对政党进行分类是一种常见的形式。这种划分的基础是政党在支持国家干预经济管理的程度、对经济上没有优势地位的阶层的支持程度、支持国家管控政策的程度等问题上存在差异。"右派"通常主张大幅减少政府对经济的干预，支持市场力量自由发挥作用，反对国家发挥管控作用。"左派"采取相反的立场，主张加强国家在公共生活中的作用。"中间派"在这些问题上的偏好没有定型或论据薄弱。与"左派"和"右派"不同，"中间主义"不是一种理论，而是一种政治路线。"中间派"通常从"右派"那里吸收一些观点，也从"左派"那里吸收一些观点。吉尔吉斯斯坦几乎没有"右派"政党，绝大多数政党都是"中间派"。[①] 例如，社会民主党属于中间偏左的政党，前进党、信仰之光党则是典型的中间派政党。

按照活动的活跃程度，还可划分为积极型政党、消极型政党和注册型政党。积极型政党经常参加选举，在全国议会和地方议会中往往有自己的代表，即使没有进入议会，也会经常通过各种渠道表明自己对社会经济和政治问题的立场，是各类新闻媒体和评论节目中的常客。在吉尔吉斯斯坦司法部和中央选举委员会注册的政党中，积极型政党有十余个。它们主要是社会民主党、信任党、吉尔吉斯斯坦党、信仰之光党、吉尔

---

① Зайнидин Курманов, "Партийные Системы И Типология Партий: Отражение Мирового Опыта В Кыргызстане", *Центр Иолитико-правовых Исследований*, 01 Марта 2018 Года (https://center. kg/article/139).

吉斯斯坦统一党、前进党、联盟党、共和国—故乡党、祖国党、同心党、吉尔吉斯斯坦共产党人党、吉尔吉斯斯坦人民大会党等。消极型政党则与之相反，他们偶尔参加选举，在全国议会和地方议会中基本上没有自己的代表，通常不愿表明自己对社会经济和政治问题的立场。消极型政党通常只有地区的部分居民知道该党的存在。在吉尔吉斯斯坦司法部和中央选举委员会注册的政党中，消极型政党约有30个。它们主要是吉尔吉斯斯坦民主妇女党、强大的吉尔吉斯斯坦党、我的国家行动党、民族团结民主运动、吉尔吉斯斯坦土地劳工党、吉尔吉斯斯坦前进党等。①在吉尔吉斯斯坦司法部注册的300多个政党中，绝大部分属于注册型政党。此类政党具有以下一些特点：在司法部注册，但不参加各种选举，在全国议会和地方议会中没有自己的代表，也不会表明自己对社会经济和政治问题的立场。像阿富汗战争老战士和其他地方军事冲突参加者党、贝伦党、阿拉姆党、阿扎提克党、AK·约尔党、阿尔—纳米党等就属于此类政党。

吉尔吉斯斯坦政党种类繁多，但大多数政党地区分支机构不发达，具有较为明显的南北地区划分，而且政党在民间社会和政府之间的调解作用被证明是无效的。

虽然吉尔吉斯斯坦实行多党制已有三十多年，但在建立有效的政党制度方面，吉尔吉斯斯坦没有明显进展。吉尔吉斯斯坦的选举制度没有加强政党对社会的影响，因为该国缺乏公平竞争的机会。吉尔吉斯斯坦的选举制度虽然不妨碍政党的形成，但也不鼓励这一进程。政党在吉尔吉斯斯坦的作用之所以有限，主要是因为行政部门一直主导着政治进程。政党制度在很大程度上依赖行政权力，并由上层权力机构建立，其主要目的是使政治进程更容易被把控。因此，议会一直且仍然非常政治化，更加依赖权力的垂直性，本质上是苏联制度的残余。

由于各政党存在形式的不稳定和混乱、没有固定和可靠的选民和意识形态，吉尔吉斯斯坦政党制度化程度不强，不能有效发挥代表民间社会政治利益的作用。在社会经济利益尚未形成的社会中，人们看不到党

---

① 《吉尔吉斯斯坦政党情况》，《新疆大学中亚地缘政治研究中心》2018年06月20日（http://regca.xju.edu.cn/info/1027/1360.htm）。

派意识形态的差异。此外，几乎所有的政党纲领都是相似的，都被放到次要地位，取而代之的是如何利用行政资源、贿赂选票等内容。① 这些负面影响导致了2020年10月议会选举的骚乱事件。

多党制在吉尔吉斯斯坦的发展在很大程度上取决于国家及其历史和政治的特点。吉尔吉斯斯坦从一党制向多党制的转变极为困难、复杂和矛盾。该国没有形成稳定的政党政治结构，政治力量也没有明确的划分。相反，这种分化过程变得越来越复杂和混乱，不断出现新的政党和政治潮流，旧的政党面貌和形式总是在发生着巨大变化。② 当前，吉尔吉斯斯坦境内登记的政党有300多个，而且数量还在增加。这些政党的统一和团结是难以实现的。

吉尔吉斯斯坦政党制度面临的危机主要是政党内部的分歧和冲突。一些进入权力机构的政党内部经常出现分裂危机，包括社会民主党、故乡党、尊严党、共和国党等。围绕党的组织机构、政策主张等问题，矛盾往往出现在政党领导人和议会党团领导人或者政党领导人与政党主要成员之间。

吉尔吉斯斯坦政党制度面临的另一个危机是政党本身缺乏透明度和问责制，致使社会对政党存在普遍的不信任感。政党和多党选举在吉尔吉斯斯坦的出现并没有导致政党民主的形成。今天，吉尔吉斯斯坦社会普遍存在着不信任感。根据吉尔吉斯斯坦透明国际的研究，在透明度、问责制和诚实机制指标方面，吉尔吉斯斯坦政党在100分中只得到了25分。例如，"美国国际共和研究所"对吉尔吉斯斯坦开展的一项民调显示，69%的受访者认为政党是腐败政党，49%的受访者对政党持消极态度。③

除上述问题外，吉尔吉斯斯坦政党制度面临的危机还有：存在利益

---

① "Is There a Future for Political Parties in Kyrgyzstan?", *Transparency International Kyrgyzstan*, July 26, 2021（https://en.transparency.kg/news/2/51.html）.

② Зайнидин Курманов, "Партийные Системы И Типология Партий: Отражение Мирового Опыта В Кыргызстане", *Центр Иолитико-правовых Исследований*, 01 Марта 2018 Года（https://center.kg/article/139）.

③ "Is There a Future for Political Parties in Kyrgyzstan?" *Transparency International Kyrgyzstan*, July 26, 2021（https://en.transparency.kg/news/2/51.html）.

各不相同的团体；由于领导人追求个人利益和个人主宰，政党仅专注于积极为获取权力资源而斗争；地区内政党冲突等问题时有发生等。①

第三节　吉尔吉斯斯坦的政治权力交接

在现代国家，选举是国家政治权力交接的重要方式，也是新的领导力量实现权力合法化的重要途径。在吉尔吉斯斯坦，议会选举和总统大选亦发挥着实现国家权力交接和权力合法化的作用，但吉尔吉斯斯坦的政治权力交接具有自己的特点，特别是2005年和2010年两次政权非正常更迭经常使人们担忧暴力"革命"会再次上演。

一　吉尔吉斯斯坦权力交接概况

1990年10月，受苏联政体改革为总统制的影响，吉尔吉斯斯坦也将政体变革为总统制。10月24日，吉国最高苏维埃主席签署了法律，核心内容有二：一是共和国正式设立总统职位；二是为适应改行总统制政体的需要，对1978年颁布的宪法进行修改和补充，修改后的宪法确立总统为国家元首并拥有18项职责。10月27日，共和国科学院院长阿斯卡尔·阿卡耶夫正式当选为首任总统，而原来的部长会议改组为总统领导的内阁，内阁具体事务由总理主持。1991年8月31日，吉尔吉斯斯坦最高苏维埃通过独立宣言，正式宣布吉国为独立且享有内外主权的民主共和国。

随着联共（布）中央的倒台，吉尔吉斯斯坦的国家最高权力落入最高委员会的手中。最高委员会（议会）每年至少举行两次会议。在闭会期间，其职能由最高委员会主席团执行。议会由直接投票选出的350名议员组成。立法、行政、司法职能移交给议会管辖，最高委员会有权审议与国家管辖权有关的决定并解决问题。由此，吉尔吉斯斯坦迈上了建立主权国家的道路，迈出了以议会统治形式独立建国的第一步。正是在

---

① 廖成梅、杨航：《吉尔吉斯斯坦政党制度研究》，《新疆大学学报》（哲学·人文社会科学版）2015年第6期。

这个过渡时期，为破坏苏维埃极权专制政权作出重大贡献的"传奇议会"采取了一系列重要的监管法律行为，成为吉尔吉斯斯坦独立和民主结构的政治、法律和经济基础。

担任总统后，阿卡耶夫与议会内的反对派在议会选举的形式和时间上产生了矛盾。1993年5月5日吉尔吉斯共和国通过的首部宪法的规定，吉尔吉斯共和国是建立在法制和世俗化原则基础上的单一制民主共和国，实行三权分立的总统制政体，总统是国家元首；吉尔吉斯共和国的立法机构是议会，实行一院制，由105名议员组成。与议会通过的宪法不同，阿卡耶夫主张建立以立法会议为中央立法机关、以人民代表会议为地方高级官员代表机构的两院制议会。国家权力分支之间产生的摩擦和分歧导致1994年9月第一届议会提前解散。原定于1994年9月13日举行的下一届议会选举由于缺乏法定人数而未举行。此所造成的局势被视为议会危机，最终导致议会解散。此后，宪法几经修改。

1994年10月22日，吉尔吉斯斯坦举行了修宪全民公投，结果有88.1%的选票赞成实行两院制。按照新的选举办法，1995年2月，选举产生了由立法会议和人民代表会议组成的两院制议会。立法议会的活动是在持续和专业的基础上进行的，由35名代表组成。人民代表会议的活动是在会期的基础上进行的，由70名代表组成。1995年经选举形成的议会被视为吉尔吉斯斯坦历史上第一个民选议会。如表1-2所示，进入议会的党派为社会民主党、阿萨巴党、统一党、阿塔—梅肯党、共和国民主党、共产党人党、共和国人民党、农业党、保护低收入者党、民主运动、妇女民主党，他们按得票比例分配了105个席位中的38个席位，其余67个席位由独立人士获得。随后，吉尔吉斯斯坦提前进入了总统大选时期，在当年12月举行的总统选举中，阿卡耶夫实现连任。

1996年2月10日，吉尔吉斯斯坦再次通过全民公决的方式对1993年5月通过的首部国家宪法进行了重大修改和补充，主要内容有二：第一，扩大总统权力，提高行政部门地位，削弱立法部门即议会的权力；第二，进一步巩固了议会两院制，即议会由作为上院的人民代表会议和作为下院的立法会议组成，合称最高会议。立法会议由60名议员组成，实行比例代表制，而人民代表会议由 45 名议员组成，实行区域代表制。2000 年 2 月吉尔吉斯斯坦首次采用混合选举制度，该国政党第一次真正获得了权力杠杆，因为根据规定，立法会议中的 15 个席位由入选政党分配，由此，他们获得了形成国家立法基础的能力。在参加选举的登记中，共有 27 个政党报名，但 12 个政党因注册期不满一年或纲领中缺少参与选举的规定而未获准参加选举，另有 5 个弱小政党在选举前夕组成了两个选举集团——民主力量联盟和玛纳斯，最终有 9 个政党和 2 个选举集团参加了选举。最终投票结果显示，吉尔吉斯斯坦共产党人党、民主力量联盟（由吉尔吉斯斯坦社会民主党、吉尔吉斯斯坦统一党、经济复兴

表 1-2　　　1991—2023 年 9 月吉尔吉斯斯坦议会、
　　　　　　　总统和总理（部长内阁主席）情况表

政体简况	历届议会	总统	总理（内阁主席）
1991 年至 2003 年实行总统制。1995 年议会为两院制，共 105 个席位（下院 35 个、上院 70 个），采用单一席位选区多数制原则选举产生。2000 年议会为两院制，共 105 个席位（下院有 60 个席位，其中 15 个根据政党名单选出，上院 45 个席位，实行区域代表制），首次采用混合选举制度	1995 年议会选举结果：社会民主党 14 个席位；阿萨巴民族复兴党、吉尔吉斯斯坦统一党各 4 个席位；阿塔—梅肯党、共和国民主党、吉尔吉斯斯坦共产党人党、共和国人民党各 3 个席位；吉尔吉斯共和国农业党、保护低收入者党、吉尔吉斯斯坦民主运动、吉尔吉斯斯坦妇女民主党各 1 个席位；独立人士 67 个席位	阿斯卡尔·阿卡耶夫，1991.10—2005.03，北方，楚河州	纳西尔丁·伊萨诺夫，1991.01—1991.11，南方，奥什州
			图尔松别克·琴格舍夫，1992.10—1993.12，北方，纳伦州
			阿帕斯·朱马古洛夫，1993.12—1998.03，北方，楚河州
			库巴尼奇别克·茹马利耶夫，1998.03—1998.12，南方，贾拉拉巴德州
			朱马别克·伊布赖莫夫，1998.12—1999.04，北方，楚河州
	2000 年议会选举结果：民主力量联盟 12 个席位；吉尔吉斯斯坦共产党人党 6 个席位；行动党 4 个席位；阿富汗战争老战士和其他地方军事冲突参加者党、共和国民主党、阿塔—梅肯党、吉尔吉斯斯坦农业工人党各 2 个席位；吉尔吉斯斯坦妇女民主党、埃尔金党各 1 个席位；独立人士 73 个席位		阿曼格尔德·穆拉利耶夫，1999.04—2000.12，北方，楚河州
			库尔曼别克·巴基耶夫，2000.12—2002.05，南方，贾拉拉巴德州
			尼古拉·塔纳耶夫，2002.05—2005.03，俄罗斯

续表

政体简况	历届议会	总统	总理（内阁主席）
2003年2月至2010年6月实行总统议会制。2005年议会为一院制，共75个席位，采用单一选区制选举产生。2007年议会为一院制，共90个席位，采用政党代表制选举产生	2005年议会选举结果："阿尔加，吉尔吉斯斯坦！"17个席位；反对派联盟"人民团结委员会"6个席位；吉尔吉斯斯坦共产党人党3个席位；吉尔吉斯斯坦人民运动、吉尔吉斯斯坦社会民主党各1个席位；独立人士47个席位	库尔曼别克·巴基耶夫，2005.07—2010.04，南方，贾拉拉巴德州	菲利克斯·库洛夫，2005.08—2007.01，北方，比什凯克
			阿奇姆别克·伊萨别科夫，2007.01—2007.03，北方，楚河州
			阿尔马兹别克·阿坦巴耶夫，2007.03—2007.11，北方，楚河州
	2007年议会选举结果：阿克—若尔党71个席位；吉尔吉斯斯坦社会民主党11个席位；吉尔吉斯斯坦共产党人党8个席位		伊戈尔·丘季诺夫，2007.12—2009.10，北方，比什凯克
			达尼亚尔·乌谢诺夫，2009.10—2010.04，北方，比什凯克
2010年6月至2021年5月，实行议会制。2010年议会和2015年议会均为一院制，有120个席位，采用政党代表制选举产生	2010年议会选举结果：阿塔—朱尔特党（故乡党）28个席位，吉尔吉斯斯坦社会民主党26个席位，尊严党25个席位，共和国党23个席位，阿塔—梅肯党18个席位	萝扎·奥通巴耶娃，2010.07—2011.11，北方，塔拉斯州	萝扎·奥通巴耶娃，2010.04—2010.12，北方，塔拉斯州
			阿尔马兹别克·阿坦巴耶夫，2010.12—2011.11，北方，楚河州
		阿尔马兹别克·阿坦巴耶夫，2011.12—2017.11，北方，楚河州	奥姆尔别克·巴班诺夫，2011.09—2012.09，北方，塔拉斯州
			詹托罗·萨特巴尔季耶夫，2012.09—2014.03，南方，奥什州
			卓奥马尔特·奥托尔巴耶夫，2014.03—2015.05，北方，比什凯克
	2015年议会选举结果：社会民主党38个席位；共和国—故乡党28个席位；吉尔吉斯斯坦党18个席位；前进党13个席位；比尔博尔党12个席位；阿塔—梅肯党11个席位		捷米尔·萨里耶夫，2015.05—2016.04，北方，楚河州
			索隆拜·热恩别科夫，2016.04—2017.08，南方，奥什州

续表

政体简况	历届议会	总统	总理（内阁主席）
		索隆拜·热恩别科夫，2017.11—2020.10，南方，奥什州	萨帕尔·伊萨科夫，2017.08—2018.04，北方，比什凯克
			穆哈梅特卡雷·阿布尔加济耶夫，2018.04—2020.06，北方，比什凯克
			库巴特别克·波洛诺夫，2020.06—2020.10，南方，奥什州
			萨德尔·扎帕罗夫，2020.10—2020.11，北方，伊塞克湖州
自2021年5月起实行总统制。2021年议会为一院制，共有90个席位，采用混合制选举产生，其中54个采用多党比例代表制、36个采用地区代表制选举产生	2021年议会选举结果：故乡党15个席位，信任党12个席位，同心党9个席位，联盟党7个席位，统一党6个席位，信仰之光党5个席位；剩余36个席位从单一选区选出	萨德尔·扎帕罗夫，2021.01至今，北方，伊塞克湖州	阿普铁木·诺维科夫[1]，2020.11—2021.02，北方，比什凯克
			乌鲁克别克·马里波夫，2021.02—2021.10，南方，奥什州
			扎帕罗夫·阿基尔别克，2021.10至今，北方，伊塞克湖州

注：[1] 当时，阿普铁木·诺维科夫是政府第一副总理，被授权履行总理职务，成为代总理。
资料来源：笔者自制。

党联合而成）、吉尔吉斯斯坦妇女民主党、阿富汗战争老战士和其他地方军事冲突参加者党、阿塔—梅肯党、行动党（"我的祖国"党）、共和国民主党、吉尔吉斯斯坦农业工人党、埃尔金党在议会获得了席位。随后，在当年10月举行的总统大选中，阿卡耶夫以74.47%的得票率获胜，再次实现连任。

2003年2月2日，继1996年全民公决修宪后吉尔吉斯斯坦第二次通过全民公决的方式进行第四次修宪，核心是削弱总统职权，而强化议会和政府职能，主要内容为：共和国政体由总统制改革为议会制，议会即最高会议由两院制改为一院制，议员人数由105人减少至75人，且全体议员由单席位选区选举产生，取消比例代表制。

根据2003年宪法改革精神，2005年2月至3月吉尔吉斯斯坦选举成立了一院制议会。2005年2月27日，吉尔吉斯斯坦举行第一轮议会选举。次日，中央选举委员会宣布，吉尔吉斯斯坦75个选区中的32名候选人已经在第一轮中获胜，其中包括吉时任总统的儿子艾达尔·阿卡耶夫以及多位大型市场的拥有者。由于选举采用单席位选区制，因此政党在选举中的重要性下降。2月28日，欧安组织和欧洲议会的欧洲观察员宣称吉尔吉斯斯坦的选举不符合国际标准。他们指出存在总统和反对派向选民施压以及贿赂选民的情况。由吉尔吉斯斯坦的五个反对派运动联合而成的政治力量论坛声称，投票期间投票站存在违规行为。反对派活动家萝扎·奥通巴耶娃、托普楚别克·图尔古纳利耶夫、穆拉特别克·伊马纳利耶夫、伊什古尔·波尔朱洛娃称，在反对派代表所在的选区，记录了大量选民被贿赂、滥用行政资源、为图财而灌醉他人以及其他类型的违反选举法的现象。尽管如此，3月13日，吉尔吉斯斯坦还是进行了第二轮议会选举。结果是总统的支持者赢得了议会的绝对多数席位。新议会75个席位中的17个席位由"阿尔加，吉尔吉斯斯坦！"（"前进，吉尔吉斯斯坦！"）党获得，该党由时任总统的女儿贝尔梅特·阿卡耶娃领导。几名反对派成员也进入了议会：以萝扎·奥通巴耶娃为首的阿塔—朱尔特党（故乡党）有4名代表，即奥穆尔别克·捷克巴耶夫、多伦别克·萨德尔巴耶夫、博洛特别克·谢尔尼亚佐夫、穆拉特别克·穆卡舍夫。共产党人党的领导人之一伊斯哈克·马萨利耶夫、来自吉尔吉斯斯坦人民运动的阿基姆别克·别克纳扎罗夫也进入议会。当时轰动一时的事件是吉尔吉斯斯坦人民运动领导人库尔曼别克·巴基耶夫由于缺乏选票而未进入议会。上述情况使2005年的议会选举被称为"有缺陷的议会选举"。

阿卡耶夫时期，吉尔吉斯斯坦发展了所有现代民主体制，包括公开的新闻界、独立的司法机构和自由选举产生的议会。然而，这个新国家经历了许多挑战。吉尔吉斯斯坦的经济从20世纪90年代中期开始急剧下滑，部分原因是原材料短缺以及许多俄罗斯族和德意志族专家迁离吉尔吉斯斯坦。此外，阿卡耶夫政府被控腐败泛滥、滥用职权，新闻媒体表面上是自由的，实际却受到官方的监控。此外，吉尔吉斯斯坦还面临着大量伊斯兰武装分子从阿富汗和乌兹别克斯坦渗透的威胁。2001年，吉政府授予美国及其盟友在马纳斯建立基地的权利，以便对阿富汗境内的伊斯兰武装分子采取行动。2003年在吉尔吉斯斯坦建立了一个俄罗斯空军基地，以支持独联体旨在打击伊斯兰武装分子的快速反应部队。阿卡耶夫政府在内外政策上的做法引起了越来越多人的不满。2005年1月初，吉尔吉斯斯坦的一些反对派人士围着黄色围巾，在首都比什凯克中心广场集会，要求总统和政府辞职。随后举行的议会选举和对政府腐败的普遍看法又导致了当年3月的大规模示威活动。3月24日，阿卡耶夫逃离吉国，几天后宣布辞职。4月11日，议会表决通过了阿卡耶夫的辞职声明，决定于当年7月10日选举总统。这场革命被称为"郁金香革命"，也称为"黄色革命"。

吉尔吉斯斯坦在2005年7月进行的总统大选在很大程度上被西方观察员认为是自由和公正的，库尔曼别克·巴基耶夫当选为总统。

就任总统后，巴基耶夫采取了一系列维护自己权威的措施，包括削弱反对派、提拔亲信和亲戚担任重要职务等，但他在吉尔吉斯斯坦没有建立起稳固的威权主义政权，政治局势仍然不稳定，特别是2005年在阿卡耶夫领导下成立的议会成为巴基耶夫必须解决的问题。2007年10月，吉尔吉斯斯坦举行了一次全民公投，公投内容包括新的选举法和一系列重要的法律。通过这次公投，总统的权力得到提升，总统享有解散政府的权力；吉尔吉斯斯坦议会的席位数减少至90个，而且规定根据政党名单而不是个人候选人分配席位。这些变化被广泛视为巴基耶夫为巩固自己新组建的阿克—若尔党（光明道路党）、进一步削弱反对派而采取的行动。在巴基耶夫的倡议下，2007年12月，吉尔吉斯斯坦提前举行了议会选举，最终结果是阿克—若尔党获得了71个席位，吉尔吉斯斯坦社会民主党获得了11个席位，吉尔吉斯斯坦共产党人党获得了8个席位。2007年议会选举出来的所有议员均是从党派提名候选人中选出的。要进入议会，政党必须获得至少5%的选票以及在吉国9个一级行政单位中都得获得至少0.5%的选票，这也是当时阿塔—梅肯党未进入议会的原因，尽管阿塔—梅肯党在总得票率上仅次于阿克—若尔党，但它在奥什州、巴特肯州和奥什市的得票率并未达到0.5%。巴基耶夫对2007年议会选举的程序表示赞赏，但当地和国际观察员对普遍存在侵权行为的报告表示关切,包括购买选票和将反对派候选人逐出选举。

随着巴基耶夫任期的推进,反对派人士越来越多地指责他进行恐吓,对不同政见的容忍度越来越低。在2009年总统选举之前,巴基耶夫为寻求连任,对记者的攻击越来越频繁,被观察员批评为企图扼杀不同政见者。总统大选于2009年7月23日举行,但是随着投票的进展,巴基耶夫的主要竞争者声称选举舞弊猖獗,竟在投票结束之前纷纷退出竞选。官方结果显示巴基耶夫以超过3/4的得票率压倒性地获胜,但国际观察员对选举的公平性表示怀疑。

对巴基耶夫日益专制政策的抗议和反对腐败的指控在2010年4月爆发的暴力动乱中发挥了作用。4月7日,数千名抗议者试图冲进比什凯克的主要政府大楼,企图推翻政府。防暴警察使用催泪瓦斯、眩晕手榴弹未能驱散人群,随后使用实弹射击,造成约80人死亡,数百人受伤。吉政府宣布进入紧急状态,以应对骚乱,同时全国多地爆发了更大规模的示威活动。"4·7"事件后,国家议会解散,成立了以萝扎·奥通巴耶娃为总理的临时政府。5月,吉尔吉斯斯坦临时政府公布宪法草案。6月27日通过了"关于制定吉尔吉斯共和国宪法"的法律,举行全民公决通过了新宪法草案,奥通巴耶娃正式获得过渡时期总统职权。根据新宪法,吉政体由总统制改为议会制,议会成为国家管理体系的主导。议会实行一院制,由120名议员组成,每届任期五年。总统权力受到削弱,任期5年,不能连任。政府由议会产生,负责行使行政权。行政权由政府总理负责,在政府任职的官员不得兼任议会议员。2010年"4·7"事件开启了吉尔吉斯斯坦现代史上的新篇章,吉尔吉斯斯坦放弃了总统制,此举被视为有利于避免裙带关系和狭隘的宗族忠诚,并采取了初步的试探性步骤,成为第一个由议会而不是总统掌握大部分决策权的中亚国家。[①] 但是,新旧当局支持者之间的冲突引发该国南部吉尔吉斯族和乌孜别克族在2010年6月爆发的流血

[①] Daisy Sindelar, "With Long Political Winter Ahead, Kyrgyz Parliamentarism Waits to Take Root", *Radio Free Europe / Radio Liberty*, November 16, 2010 (https://www.rferl.org/a/With_ Long_ Political_ Winter_ Ahead_ Kyrgyz_ Parliamentarism_ Waits_ To_ Take_ Root_ /2221029.html).

冲突，致使 276 名乌兹别克人、105 名吉尔吉斯人和 2 名其他民族成员死亡，有 1930 人受伤。① 另有数万乌兹别克人逃往他国。

2010 年 10 月，吉国举行议会选举，结果共有 29 个政党参加，5 个政党获胜。议会 120 个席位分配如下：阿塔—朱尔特党 28 个席位，吉尔吉斯斯坦社会民主党 26 个席位，尊严党 25 个席位，共和国党 23 个席位，阿塔—梅肯党 18 个席位。根据议会的结构，成立了 14 个委员会。② 12 月 16 日，阿塔—朱尔特党、社会民主党和共和国党签署协议，正式组成执政联盟。12 月 17 日，吉新政府成立，经议会投票表决通过，吉社会民主党主席阿尔马兹别克·阿坦巴耶夫出任政府总理一职。

2011 年 10 月 30 日，吉尔吉斯斯坦举行总统选举，在 16 名候选人中，阿坦巴耶夫以 63.24% 的选票当选为吉尔吉斯斯坦总统。他于当年 12 月 1 日宣誓就职。在阿坦巴耶夫总统任期内，该国与俄罗斯联邦建立了更牢固的关系。2015 年 5 月，吉尔吉斯斯坦通过了一项法律，批准加入俄罗斯领导的欧亚关税同盟和欧亚经济联盟。

2015 年 10 月，吉尔吉斯斯坦再一次迎来了议会选举。这次选举首次使用了生物识别身份证来防止选民欺诈。只有将生物特征数据提供给国家注册服务人员才可以使用其生物特征身份证或护照进行投票。在 2015 年登记的潜在 350 万合格选民中，只有 276 万公民登记投票，低于 2010 年登记的 285 万。③ 选举期间，主要政党集中在与经济、腐败和安全有关的问题上进行竞选宣传。投票结果显示，没有任何政党赢得绝对多数席位。时任总统阿尔马兹别克·阿坦巴耶夫亲近的社会民主党在 120 个席位中获得 38 个，位居第一。该党的联盟伙伴尊严党未能赢得议会席位。社会民主党的主要竞争对手是共和国—故乡党。吉尔吉斯斯坦党则是社会民主党的一个亲密的政治盟友。

2017 年 10 月 15 日，吉尔吉斯斯坦举行总统选举，在阿坦巴耶夫和

---

① Kyrgyzstan Inquiry Commission, *Report of the Independent International Commission of Inquiry into the Events in Southern Kyrgyzstan in June 2010*, Bishkek, 2011, p.40.

② "История Кыргызского Парламента", *ЖОГОРКУ КЕНЕШ Кыргызской Республики*, 15 Июня 2016 (http://kenesh.kg/ru/article/show/38/istoriya-kirgizskogo-parlamenta).

③ "Kyrgyzstan Jogorku Kenesh (Supreme Council)", *Inter-parliamentary Union*, 13 Апреля 2019 (http://archive.ipu.org/parline-e/reports/2174.htm).

社会民主党支持下，热恩别科夫从总统选举中胜出，吉首次实现了国家权力的和平交接。热恩别科夫上台时，吉国内情况不容乐观。原因在于：首先，阿坦巴耶夫执政时期吉国经济虽然获得了一定程度的发展甚至增长，但长期存在的制约经济持续健康发展的结构性问题不但没有解决且日益突出；其次，政治上长期存在的腐败问题、制度不健全问题、政党恶性权力斗争问题仍然极为突出，将极大制约吉国政治民主化和政治健康化的实现；最后，虽然吉国形式上实现了国家权力的首次和平交接，但卸任的前总统阿坦巴耶夫仍然试图干预国家政治甚至希冀充当政权的幕后领导者[①]。也就是说，作为北方氏族代表的阿坦巴耶夫，之所以选择南方氏族代表热恩别科夫为自己的继任者，更大程度上是用此举实现南北部族之间的权力平衡。历史和现实都使热恩别科夫把巩固自身权力作为其执政后的首要任务，而其中一个重要问题就是如何处理与前任总统阿坦巴耶夫及其势力的关系。2018年2月至2019年6月，新旧总统之间先是开始出现摩擦，然后公开冲突，最终导致关系破裂，然后完全对立，结果是热恩别科夫剥夺了宪法赋予阿坦巴耶夫的不可侵犯性，武力逮捕了他并判处他11年徒刑。在重创了北方重要对手阿坦巴耶夫后，热恩别科夫开始在南方部族的基础上建立越来越强大的垄断权，这种做法无疑破坏了吉政权的内部平衡，从而为其执政带来了风险。特别是在抗击COVID-19的情况下，吉经济形势严重恶化，出现了失业率上升、大量中小企业破产以及其他不利的经济后果，这使吉大部分人的生活下降至很低水平，社会层面对热恩别科夫的执政压力也迅速增长。

2020年10月，吉议会选举引发大规模抗议，尽管中央选举委员会宣布议会选举结果无效，但政权还是再次发生更迭，热恩别科夫在重压之下辞去总统职务，经2021年1月大选，扎帕罗夫当选总统。与此同时，吉政治体制又从议会制改回了总统制。

2020年10月吉尔吉斯斯坦第七届议会选举引发大规模骚乱，导致热恩别科夫辞去总统职务，选举委员会取消了投票结果。2021年11月，吉尔吉斯斯坦再次举行了第七届议会选举。本次选举采用混合选举制，

---

① Е. Ионова, "О Смене Власти в Киргизии", *Россия И Новые Государства Евразии*, № 4 (49), 2020.

90名议员中的54名由进入议会的政党按得票率分配，剩余36名议员从单一选区选出。根据中央选举委员会的数据，有六个政党进入议会。其中，阿塔—朱尔特党（故乡党）排在第一位，得票率为17.3%，其次是伊什尼姆党（信任党），得票率为13.62%，然后是恩蒂马克党（同心党），得票率为10.99%。接下来是两个反对党：联盟党的得票率为8.33%，吉尔吉斯斯坦布通党（吉尔吉斯斯坦统一党）的得票率为7.03%。第六个是中间派政党伊曼努鲁党（信仰之光党），得票率为6.15%。① 最著名的反对党阿塔—梅肯党和社会民主党未能通过得票率不得低于5%的门槛进入议会。

综上所述，吉尔吉斯斯坦独立后，其政治进程中一直充满了混乱与变革，尤其是2005年和2010年国家权力以"革命"方式实现转移，是该国政治发展史上的特殊现象。下文主要从"革命"爆发的经过、结果、原因等方面分析这两起事件所引发的政治转型，并对2021年第三次政治转型做简要介绍。

二 第一次转型：2005年"郁金香革命"

郁金香革命（亦称"黄色革命""第一次吉尔吉斯斯坦革命"）指2005年2月27日至3月13日吉尔吉斯斯坦议会选举之后，于吉国首都比什凯克爆发的一场"革命"。有缺陷的议会选举以及吉国人民对政府腐败、总统专制的不满导致了这次大规模示威游行，人民要求结束阿卡耶夫及其家族和盟友的统治。这场革命的直接结果是吉尔吉斯共和国总统阿卡耶夫及其政府的倒台以及巴基耶夫当选总统。究其实质而言，"郁金香革命"可谓是吉尔吉斯斯坦十余年政治转型的集中写照和总检验。"郁金香革命"击碎了开国总统阿卡耶夫的"民主"神话，却并未开启新一轮成功的转型。"郁金香革命"之后，吉尔吉斯斯坦并未出现民主的回归，而且依然走不出政治危机的困惑，结果再度发生了将第二位民选总统巴基耶夫赶下台的"血色革命"。

---

① "Подведены Окончательные Итоги Парламентских Выборов В Кыргызстане", *Интернет газета ЗонаКз*, 07 Декабря 2021 Года（https://zonakz.net/2021/12/07/podvedeny-okonchatelnye-itogi-parlamentskix-vyborov-v-kyrgyzstane/）.

第一章　吉尔吉斯斯坦的政治建设

1. "郁金香革命"的爆发

"郁金香革命"始于 2005 年议会选举后,吉尔吉斯斯坦民众对阿卡耶夫总统腐败、偏狭和独裁政权的不满。吉尔吉斯斯坦于 2005 年 2 月 27 日和 3 月 13 日举行了两轮议会选举。选举的结果是阿斯卡尔·阿卡耶夫总统派的胜利。亲政府阵营的代表获得了 75 个议席中的 69 个,反对派仅获得 6 个议席。① 阿卡耶夫的儿子艾达尔·阿卡耶夫和女儿贝尔梅特·阿卡耶娃是 2005 年立法会议选举的候选人,而且他们都赢得了议会席位。监督、观摩此次大选的西方组织指责选举存在舞弊和违规操作行为。批评接踵而至,该国出现动乱。虽然阿卡耶夫曾多次声明任期结束时他将引退,但是人们担心,阿卡耶夫会在原定当年 10 月举行的总统选举中再次谋求连任,或是把权力交给其亲属,通过安排亲密支持者或亲属的选举来保留事实上的权力,甚至废除宪法中的期限限制条款并亲自掌权,使吉尔吉斯斯坦政治成为阿卡耶夫的"家族生意"。

2005 年 3 月 3 日,在反对派领袖萝扎·奥通巴耶娃的公寓里发生了一起炸弹爆炸事件,阿卡耶夫及其政府拒绝对此负责。由此,奥什和贾拉拉巴德爆发了严重的抗议活动,抗议者占领了行政大楼和奥什机场。抗议活动从南部开始,很快到达首都。政府宣布准备与示威者进行谈判。但是,反对派领导人要求阿卡耶夫亲自参加谈判。阿卡耶夫拒绝辞职,但承诺不使用武力结束抗议活动。他将抗议活动归因于外国利益集团策划的激进的大规模行动。

2005 年 3 月 10 日,吉尔吉斯斯坦人民运动领导人库尔曼别克·巴基耶夫加入了抗议队伍,与代理总理兼外交部长萝扎·奥通巴耶娃一起领导抗议活动。当时,示威者在比什凯克国会大厦外露营。巴基耶夫和 22 名反对派议员对阿卡耶夫政府发表了象征性的"不信任"投票。3 月 19 日,比什凯克的三千人和贾拉拉巴德的五万人参加了公开抗议活动。3 月 20 日,当抗议者占领政府大楼时,吉尔吉斯斯坦政府在贾拉拉巴德和奥什部署了内务部部队。当时,抗议者控制了该国南部的所有大城市,并要求阿卡耶夫辞职。3 月 21 日,在贾拉拉巴德的抗议活动中,反对派

---

① Linda Kartawich, Kyrgyzstan: Parliamentary Elections February 2005, *NORDEM Report*, September 2005.

最大程度团结起来。奥通巴耶娃说："包括高级官员在内的警察脱下制服，换上便服，加入我们的行列。因此，我们得到了大力支持。" 3月22日，反对派领导人在比什凯克会面，成立了临时政府。吉尔吉斯斯坦最高法院裁定，先前的议会是合法和正当的裁决机构，但在3月24日，它又承认了临时政府。巴基耶夫被任命为代理总理，计划于2005年7月举行新的总统选举。

尽管发生了大规模的抗议活动，阿卡耶夫在2005年3月22日还是拒绝与抗议者谈判。3月23日，阿卡耶夫宣布罢免内务部长巴基尔丁·苏巴别科夫和总检察长米克蒂别克·阿卜杜勒耶特耶夫的职务，因为他们在应对日益增加的抗议活动方面"工作不力"。与此同时，阿卡耶夫部署了防暴警察，并逮捕了30名抗议者。

2005年3月24日，抗议者在一次大规模的反对派集会中与防暴警察发生冲突，后冲进比什凯克中央广场的总统大院，夺取了国家权力所在地的控制权。反对派支持者还控制了南部主要城镇，要求阿卡耶夫下台。

2. "郁金香革命"的结果：阿卡耶夫的下台

"郁金香革命"给吉尔吉斯斯坦带来了政权更替。它迫使总统阿斯卡尔·阿卡耶夫辞职，结束了欧安组织所说的"独裁和腐败的政府"。

2005年3月24日，阿卡耶夫和家人一起逃往了哈萨克斯坦。3月26日，阿卡耶夫的武装支持者进行了一次失败的尝试，他们在基内什·杜谢巴耶夫和杰米尔别克·阿克马塔利耶夫的领导下进入比什凯克，但在比什凯克的行动被警方制止。后来，阿卡耶夫又逃到了俄罗斯。

阿卡耶夫逃亡后，总理尼古拉·塔纳耶夫辞职。反对派控制了关键的国家服务机构，例如电视广播公司。大量警察加入示威者的队伍。包括费利克斯·库洛夫在内的被囚禁的反对派领导人被释放。由前副总统费利克斯·库洛夫、前外交部长萝扎·奥通巴耶娃和前总理库尔曼别克·巴基耶夫等人组成的民主党反对派迅速巩固权力，成立了临时政府，库尔曼别克·巴基耶夫被任命为代总理和代总统。

为平息抗议，吉尔吉斯斯坦最高法院曾宣布2005年议会选举结果无效，但2005年3月28日，新老议会在议会大楼内举行了一场关门会议，双方达成了妥协。新议会选举奥穆尔别克·捷克巴耶夫为议长。他获得

63张选票中的56张。而老议会议长伊申拜·卡德尔别科夫则在会后向媒体宣布，老议会决定退出权力之争。他说："作出这一决定是为维护局势稳定和国家利益，而且代总统也不用面对两个对立的立法机构。"①新议会选举巴基耶夫为总理。4月3日，阿卡耶夫递交了辞呈。②4月4日，在吉议会代表团出席的情况下，阿卡耶夫在驻莫斯科大使馆中签署了辞职声明。4月11日，吉尔吉斯斯坦临时议会批准了阿卡耶夫的辞职。随着政治逐步趋于稳定，临时政府宣布将于2005年7月10日举行总统选举。

在2005年7月10日举行的总统选举中，巴基耶夫赢得了88.72%的选票，正式当选吉尔吉斯斯坦总统。9月1日，吉尔吉斯斯坦议会以88.7%的多数票通过了对库洛夫的总理任命。同时，任命阿达汗·马杜马罗夫担任第四副总理职位，但此举引发很大争议，因为自从他为总统候选人以来，就被视为与巴基耶夫存在利益冲突。巴基耶夫还因在临时政府中重新使用阿卡耶夫的一些内阁成员而受到批评。

西方观察员和独联体观察员对吉尔吉斯斯坦2005年总统选举表达了不同的观点。欧安组织派出了60名观察员监督本次选举流程。该组织在初步评估中称，第二轮投票显示"与第一轮相比有一些技术改进"，但选举存在"重大缺陷"。独立国家联合体（独联体）的选举观察员称赞这次选举组织良好，是自由和公正的。独联体观察员还称赞地方当局在处理几个地区的政治动荡方面表现出的克制和能力。俄罗斯支持独联体的报告，并谴责欧安组织的调查结果。

3．"郁金香革命"的原因分析

肯尼思·华尔兹的《人、国家与战争：一种理论分析》一书是国际关系理论对战争和冲突问题研究的一部经典著作。华尔兹在书中先后从三个层次，即个体行为、国家内部结构和国际体系对冲突和战争进行了深刻的阐释与分析。人性的邪恶、国家内部的弊端是导致战争的直接原因，而国际社会的无政府状态则是战争爆发的根本原因。华尔兹的理论

---

① 黄恒：《吉尔吉斯"三方争霸"》，《合肥报业》网2005年04月29日（http：//news.sohu.com/20050429/n225388360.shtml）。

② Gilbert Kimutai, "What Was the Tulip Revolution?" World Atlas, August 01, 2017 (https://www.worldatlas.com/articles/what-was-the-tulip-revolution.html).

对于战争起源做了极其富有启发性的研究,其理论到今天仍有一定的现实指导意义。这里,我们将结合华尔兹的这一理论范式,对吉尔吉斯斯坦郁金香革命做一个相应的分析。

(1) 个体行为的视角:阿卡耶夫与吉尔吉斯人的性格特点

在行为主义学派看来,领袖个体的个性和人民大众的一般特性会成为爆发冲突与战争的根源之一。"人性的邪恶,抑或人类错误的行为,导致了战争的爆发,而个人的美德,如果能够得到广泛的普及,则将意味着和平。"①

"郁金香革命"揭露了阿卡耶夫政权期间发生的腐败。2005年3月24日,非政府组织与公务员和银行家一起对阿卡耶夫的腐败指控进行了调查。4月21日,调查委员会发布了有关阿卡耶夫家族企业的报告,②其腐败的程度是惊人的。阿卡耶夫领导下的吉尔吉斯共和国政权体制腐败严重,十分脆弱,以至于无法应对由"合法"竞争导致的政权更迭。这种脆弱性的形成与作为总统的阿卡耶夫紧密相关,具体表现为其在以下四个方面的"无能":第一,面对"郁金香革命"这一危机,阿卡耶夫没有尽力做出本可以做出的有效国家决策,而是选择无所作为;第二,阿卡耶夫笃信甚至迷信一切问题都可以通过私下谈判、收买、财权交易来摆平,而置国家制度于不顾、置政治斗争的现实于不顾;第三,阿卡耶夫始终沉湎于吉国第一位民选总统的光环而不能自拔,将西方对自己的评价作为重要甚至最高的行为判定标准,竭力向鼓吹自由民主人权价值观的西方国家靠拢,而置本国利益于不顾,不敢也不愿违背西方国家的意志以维护本国的政权稳定;第四,面对"郁金香革命"的深入和危机的加剧,阿卡耶夫置人民和国家于不顾,仓皇逃离吉尔吉斯斯坦以求个人安全,没有尽到国家元首应尽的政治责任。

同样,普通大众的特性也会导致冲突和战争的爆发。吉尔吉斯斯坦的一些抗议者曾承认他们为获得报酬而参加示威。

吉尔吉斯斯坦前总统阿卡耶夫及吉尔吉斯人的性格同此次"郁金香

---

① [美]肯尼思·华尔兹:《人、国家与战争:一种理论分析》,信强译,上海人民出版社2012年版,第30页。

② Gilbert Kimutai, "What Was the Tulip Revolution?" World Atlas, August 01, 2017 (https://www.worldatlas.com/articles/what-was-the-tulip-revolution.html)。

革命"有着内在联系。但是因为人性的复杂性与不可捉摸性，致使我们仅仅从人性的视角解释冲突与战争，往往会偏向极端，导致解释力的下降。正如肯尼思·华尔兹所言，"我们必须在人性本身之外，去寻找其他能够解释人类行为的原因。人性如果被假定为亘古不变，并成为理解一切问题的依据，这一假设本身就有助于我们将注意力从本性转向其他地方。因为根据这一假设，人性无法被改变，但是社会政治制度却是可变的"。所以说，人性固然对冲突与战争的爆发有影响，但总体上却不可能是冲突与战争的重要根源，因为个人还组成了社会与国家。

（2）国家内部结构：吉尔吉斯斯坦的国家体制因素

首先，社会经济问题是"郁金香革命"爆发的根源所在。社会经济问题虽然不是导致"郁金香革命"的唯一因素，却是其根本原因，其中贫困问题是推动这场政治危机的原动力。持续的经济衰退不仅导致贫困，还滋生了腐败，加之裙带体制，共同侵蚀了整个国家，这是"郁金香革命"的根源。

吉尔吉斯斯坦独立后，政府雄心勃勃地引入市场经济，但因不能完全摆脱计划经济模式，经济难以摆脱困境，南北之间的贫富差距逐步拉大，民族矛盾日益凸显。尽管吉尔吉斯斯坦进行了市场改革，如建立完善的监管体系、实行私有化和土地改革，但治理低效和腐败严重阻碍了国家加快发展。在过渡初期，由于失去了苏联的市场和补贴，吉尔吉斯斯坦国内生产总值下降，1995年仅达到1991年水平的55%左右，陷入历史最低水平。[①] 贫穷、日益严重的社会不平等、腐败和管理不善是大规模抗议威权政权的重要决定因素。人民希望通过政治变革改善公共服务，减少贪污和刺激经济增长。尽管吉政府宣称要整治贪污腐败，但是他们并没有采取任何有效措施。改革的缺乏减少了改善经济状况的机会。群众因对旧政权的不满而集合起来建立新政权，希望以此改善自身经济状况。

在这次发生一系列反政府抗议活动最为激烈的南部城市贾拉拉巴德和奥什，更多的人是因为贫困、改善生活的机会很少，才走上街头进行抗议。

---

① European Training Foundation, *Country Analysis 2005: Kyrgyzstan*, 2005, p. 2.

其次，两极分化的社会结构促使反对派与民众在"郁金香革命"中实现联合。与普遍存在于其他国家的"金字塔式"社会结构不同，吉尔吉斯斯坦的社会结构是"哑铃式"的。这种特殊社会结构的形成可以追溯到吉独立初期。1991年苏联解体，各加盟共和国纷纷独立。在独立后对权力和财富进行再分配的过程中，社会出现了两种明显的分化趋势。一种分化趋势是整个社会的两极分化，另一种分化趋势是上层精英之间的分野。社会两极分化的结果是国家权力和社会财富分布与人口比例分布的失衡，吉尔吉斯斯坦形成了由精英、中产阶层、平民三大阶层组成的哑铃式的社会结构。精英处于哑铃较小的一端，人数最少，但占有了最多的人均社会财富和国家权力，并且不断通过权力和财富之间的相互促进获取更多的权力和财富；平民处于哑铃较大的一端，人数最多，但只占有最少的人均社会财富和国家权力，由于缺乏权力和财富而不断遭到精英阶层的剥削；哑铃的中部是中产阶层，包括教师、技术人员、中小企业主、公务员等，人数、占有的国家权力和社会财富均处于精英和平民之间，流动性较强，既可能成为精英也可能沦为平民。① 随着整个社会的分化，在上层精英之间也出现了重组。这种分化在刚独立的时候并不明显，其结果直到21世纪初才开始显现。

导致上层精英之间出现分野的原因同样是由于权力和财富分配不均。一部分上层精英通过执掌国家机器而获得了权力资源，这一部分上层精英以阿卡耶夫为代表；而另一部分上层精英则是权力和财富分配中的失意者，以库洛夫和巴基耶夫为代表。后一部分上层精英虽然在"革命"过程中旗帜鲜明地反对阿卡耶夫的统治，可在此之前，他们中的很多人曾在吉政府中身居要职，只是由于与阿卡耶夫政见不合或者受到当局的排挤、打击而出局，遂组成反对派，挑战阿卡耶夫的统治。这一部分上层精英代表的仍然是社会上层的利益，他们反对阿卡耶夫的目的不过是为了实现国家权力和社会财富在上层精英之间的重新分配。

吉尔吉斯斯坦这种"哑铃式"的社会结构导致的双重两极化长期以来没有得到有效解决，最终催生了"郁金香革命"。就整个社会的两极

---

① 曹春艳：《吉尔吉斯斯坦政治稳定问题研究——基于政治制度化的视角》，硕士学位论文，兰州大学，2012年，第38—39页。

分化而言，上层精英和社会平民之间的贫富差距导致了社会平民对上层精英的严重不满，只不过这种不满在"革命"前一直处于酝酿和蛰伏状态。在社会平民内部滋生不满的主要原因是阿卡耶夫政府在解决贫困和腐败问题上的无所作为，而反对派为实现权力和财富在上层精英间重新分配而掀起的抗议活动恰好又为社会平民表达他们的不满提供了一个契机。这就是反对派登高一呼，应者云集的根本原因。

最后，反对派崛起是"郁金香革命"的直接原因。独联体国家的类似革命都是反对派精心组织策划、直接参与并成功翻盘的结果，同样，吉尔吉斯斯坦阿卡耶夫政权也是在这场由反对派掀起的来势凶猛的所谓的"革命"中土崩瓦解的。虽然阿卡耶夫在吉尔吉斯斯坦打造起了自己的威权主义政权，但并不牢固。一旦威权政治领导人被大部分统治精英抛弃，他将不得不面对民众普遍的不满以及公民社会的严厉批评，由此造成了威权主义政权的垮台。

（3）历史文化背景：南北矛盾和部族对立

南北矛盾和部族对立，是"郁金香革命"的历史文化背景。由于部族观念、贫富差距等问题，吉尔吉斯斯坦南方地区与北方地区的隔阂一向深重，"郁金香革命"很大程度上是南北两大政治势力的一次直接冲突。

苏联时期，吉尔吉斯人不但在现实生活中保留了部落关系，而且在内心中将基于部落差异基础之上的部落认同作为个体对集体认同的核心形式。苏联解体之后，吉尔吉斯斯坦顺应了这种心理认同需求，在事实上复活了半封建的部落社会关系制度，而这导致了无论是在合法性的政治竞争还是非法的政治暴乱中，骨干分子基本上都是由反对派领袖们的直系亲属构成。对于吉尔吉斯人而言，这是被几个世纪的成功斗争经验所证明了的组织反抗的最有效手段。

部族的最高首长具有凝聚部族成员的作用，其统一并强化着全体部族成员的立场。部族最高首长与部族之间是"一荣俱荣，一损俱损"的关系，他的成功会提高全部族的地位，而失败则会降低全部族的地位。这种关系使得部族领袖可以轻易调动数百上千的具有血缘关系的部族成员，将他们聚集在权力金字塔周围，同时，部族领袖则需承担"庇护"部族成员的责任。与传统部族不同，新的吉尔吉斯部族并不是某种有影响的家族或者家族集团，而是地区联合体，他们基于自身利益以及政策偏好开展活动,参与政治斗争并争夺政权。在吉尔吉斯斯坦,这种从血缘绑定到利益绑定的新型部族变得越来越重要。

最活跃、人数最多的反对派是在许多方面已经乌兹别克化了的南方奥什部族和贾拉拉巴德部族。南方地区的代表分为两个自称为伊奇吉利克和奥土祖乌尔的集团(北方人称他们为阿尔卡雷克人)。伊奇吉利克人生活在奥什州和巴特肯州,一部分生活在贾拉拉巴德州,奥土祖乌尔人主要生活在贾拉拉巴德州,一部分生活在奥什州。1990 年代末到 2000 年代初,阿卡耶夫的反对派领袖大多数是伊奇吉利克人。南方部族通过散布各种版本的消息制造了自己是最谦卑又最能干的形象。当时,"南方反抗组织"活动最猖獗的部分是吉尔吉斯斯坦南方和乌兹别克斯坦费尔甘纳地区的有组织犯罪集团同盟,它们为从吉尔吉斯斯坦北部经济空间排挤吉尔吉斯北方和哈萨克斯坦的有组织犯罪集团而联合采取行动。南方部族是最伊斯兰化的部族。在整个事件过程中,在南部以及后来在比什凯克,"伊扎布特"(伊斯兰解放党)的活动都更加频繁。①

(4)国际环境:非政府组织和外部势力的干涉加快了"郁金香革命"的爆发

首先,美国及其他一些国家和国际的非政府组织在吉尔吉斯斯坦政治动荡中扮演了重要角色,它们造就了社会舆论,加快促使吉国形成了抗议所必要的社会气氛。

2002 年 8 月 20 日,美国国务院提出,美国对乌兹别克斯坦和吉尔吉斯斯坦的政策需做出实质性改变,乌国和吉国应罢黜卡里莫夫和阿卡耶夫,并任命亲美领导人。同年 11 月 22 日,美国表示"支持中亚的长期稳定",其再次暗含了控制中亚国家的决心。为实现上述目的,美国政府开展了以下项目:其一,在保护公民与其政治权利方面,每年向非政府组织提供数百项小额资助,并为记者以及维权积极分子提供法律援助;其二,在支持媒体与非政府组织发展方面,向媒体提供电子与印刷设备,为非政府组织提供训练;其三,在规范政治权力方面,支持议会与政党发展,促进立法权发展,训练地方政权机关人员,促进地方分权,

---

① 杨心宇:《吉尔吉斯"郁金香革命"的若干问题》,《俄罗斯研究》2006 年第 4 期。

培养法官并出版法律汇编,促进司法独立。①

美国国际开发署、"自由之家"、"美国国际共和研究所"、国家民主研究所、东欧民主中心②、"考特巴尔特银团"与"和平队"是美国逐步渗透并控制吉国的重要抓手,它们与"新闻网"、战争与和平研究所、"欧亚基金会"、"开放社会研究所"(索罗斯基金会)、"西麦拉"(瑞士)等联系密切,在吉国民众当中发挥着重要作用。其中,美国国家民主研究所的重要工作就是培养并训练吉国政党和非政府组织,该研究所事实上对吉国所有反对派政党和组织都提供过经济、技术和方法上的帮助。2005年初,它在吉尔吉斯斯坦全国已经建立了18个"民主信息中心",在居民中广泛地传播反对派的新闻报道,利用自己这个政治平台为反对派开展竞选活动。多年来,吉各类社会组织实际上以各种名义获得美国的资助,如维权、慈善、教育、文化、与艾滋病作斗争和妇女问题等。依靠资助,吉尔吉斯斯坦出现了越来越多的非政府组织。它们活动的基本形式是给予资金、培训和教育青年,采用细水长流、潜移默化的方式进行意识形态渗透。③

这些组织的建立与活动形成了网络结构,唤起了大批参与抗议的反对者。在信息层面,他们激化局势,使民众集中于现存问题,使他们保持最激进的观点。在认识层面,使人们形成"不能再这样下去""不堪忍受地活着"的心理。在社会层面,使社会、地区、宗教和其他因素活跃化,动员人们在即将发生的混乱中采取极端方法。④

其次,以美国为首的西方势力的频繁介入是"郁金香革命"爆发的主要外部原因。冷战结束之后,美国取得全球性霸权的主要阶段性目标

---

① "Поддержка Долгосрочной Стабильности В Центральной Азии (Справка, Подготовленная Отделом Ио Дела Центральной Азии Государственного Департамента)", *Офис международных Информационных программ Государственного Департамента США*, 22 Ноября 2002 Года (http://usinfo.state.gov/russki/).

② 东欧民主中心的前身是1994年东欧民主研究所设立的白俄罗斯项目。该中心收集和分析东欧和后苏联空间内国家的政治局势信息,寻找和培训反对派人士,主要目标是为青年人夺取国家权力提供助力。有资料称,该中心自21世纪以来已在乌克兰、俄罗斯、吉尔吉斯斯坦等国开展多次针对记者、教师、地区新闻出版机构、非政府组织的教育培训活动。

③ Александр Князев, *Государственный Переворот 24 Марта 2005 г В Киргизии*, Бишкек, 2007, с. 16 – 18.

④ 杨心宇:《吉尔吉斯"郁金香革命"的若干问题》,《俄罗斯研究》2006年第4期。

之一就是通过在原苏联加盟共和国发动颜色革命，培养亲美反俄政府以不断挤压俄罗斯的战略生存空间。由于吉国首任总统在外交政策上的亲俄和相对独立，使得美国强硬派将其视为眼中钉，并通过扶植亲美反俄的反对派和为反对派提供政治庇护达到逐步推翻阿卡耶夫统治的目的。

《纽约时报》报道说，美国政府和非政府机构提供的资金和支持，通过提供印刷文献的手段，为反阿卡耶夫示威游行铺平了道路。美国中亚问题研究者奥尔科特也承认，"美国人长期支持吉尔吉斯斯坦的非政府公民组织，在2005年3月愤怒的人民驱逐阿斯卡尔·阿卡耶夫的行动中，正是它们起了很大作用。通过这些非政府组织，美国国际开发署的资金被分发下去。在与它们合作的这些当地组织中，大部分是政治中立组织，也有一些组织是现行制度公开的反对派"。①

这一时期，美国公开干涉吉尔吉斯斯坦内部政治进程，在后苏联国家是史无前例的。美国从两个方面参与发动吉国政变：一是从外部向吉政府施加政治外交压力；二是从内部向吉反对派集团、媒体和政党提供政治、金融支持。在2005年3月24日比什凯克动乱最严重的时刻，美国大使斯蒂芬·杨格在CNN通讯社的报道中宣称："我和许多以前的反对派同事谈话，他们希望干预并对稳定局势发挥一定的作用。我为能够很早就与他们一起工作感到荣幸。"他说，"所发生的一切事关吉尔吉斯人民及其选择，但是令美国骄傲的是，能够在其中起到推进作用"。② 有资料显示，早在2003年2月底到3月初，巴基耶夫等人作为吉尔吉斯反对派代表应美国国务院的邀请访问华盛顿期间，就达成了在吉实施政权更迭的计划。他们会见了美国国务院中亚和高加索国家处的处长约翰·福克斯、吉尔吉斯问题专家马丁·奥马尔和美国国务卿助理帮办林·巴斯克。后者在会见结束时公开宣布了在吉尔吉斯进行政权更迭的必要性。③

---

① Олкотт М. Б., *Второй Шанс Центральной Азии*, Москва, Вашингтон, 2005, с. 165 – 166.

② Георгиев А., "Грузия, Украина, Молдавия, Киргизия… Зона Влияния России На Постсоветском Пространстве Сжимается Как Шагреневая Кожа", *Военнопромышленный Курьер*, №11, 2005.

③ 杨心宇：《吉尔吉斯"郁金香革命"的若干问题》，《俄罗斯研究》2006年第4期。

此外，美国投入大量资金，以期对吉国选举法、选举程序方面的选举制度改革施加影响，并通过公民教育计划进行意识形态渗透。2001年，吉尔吉斯境内存在着360个活跃的"和平队"的志愿者，他们通过鼓吹美国的生活和思维方式、经济成就和军事力量、社会的多元主义和信仰自由等，加强对吉国民众的意识形态影响和控制。

4．"郁金香革命"的定义与评价

"郁金香革命"给吉尔吉斯斯坦政坛带来的动荡，在国际社会和邻国也引起了一系列的反应。当时，科菲·安南说："作为联合国秘书长，我反对使用暴力和恐吓来解决选举和政治争端。"安南在联合国网站上表态，"呼吁各方保持克制"。2005年3月25日，白俄罗斯近千名群众上街游行，要求总统卢卡申科下台。示威者表示，他们受到了吉尔吉斯斯坦政治风波的启示。乌兹别克斯坦外交部代表称："作为吉尔吉斯斯坦的近邻，乌兹别克斯坦人民对吉尔吉斯斯坦，特别是其南部地区发生的事件感到关切。"乌兹别克斯坦、哈萨克斯坦等中亚国家的反对派也对吉尔吉斯斯坦反对派夺权成功表示羡慕。吉尔吉斯斯坦的南面是伊朗、阿富汗和巴基斯坦。一些专家警告，如果中亚地区政局动荡，民族矛盾被激化，将为活跃于该地区的伊斯兰极端势力提供更适宜的生存土壤，使其进一步发展壮大。

对吉尔吉斯斯坦和周边国家乃至全世界而言，以"郁金香革命"为代表的颜色革命，其影响是巨大的。时至今日，应该如何定义和评价这种革命仍是一个值得思考的问题。在我们看来，"革命"不应仅在其壮观而直接的后果下加以考察。相反，应该采用中期观点，以便正确评估变化的性质和深度。如果新政权重现了上一政权的太多观点、态度和做法，那么显然没有发生真正的革命。

（1）"郁金香革命"与原苏联其他国家颜色革命的异同分析

21世纪初，民主起义的浪潮席卷了多个原苏联国家。吉尔吉斯斯坦爆发了"郁金香革命"，格鲁吉亚发生了"玫瑰革命"，乌克兰出现了"橙色革命"。尽管"郁金香革命"与"玫瑰革命"、"橙色革命"都属于颜色革命的范畴，但是三者之间也存在一些差别，主要表现在以下方面。

第一，抗议运动的领导者。吉尔吉斯反对派没有一位公认的领导人，而当时乌克兰有维克多·尤先科，格鲁吉亚有米哈伊尔·萨卡什维利。①尽管反对派声称获得了对吉尔吉斯斯坦的控制权，但它遭受了内部分裂，缺乏明显的领导人。这与乌克兰和格鲁吉亚的革命力量形成了统一战线明显不同。

第二，抗议运动的参与者。首先，在"郁金香革命"的早期阶段，几乎完全没有青年人。在贾拉拉巴德，年轻人没有发挥任何重要作用。这种情况在比什凯克发生了变化，他们在反对派集会上聚集了群众，并冲进了政府大楼。但是，与非正式的青年团体相比，即使是正式的青年组织也只发挥了很小的作用。最重要的学生群体，"科尔科尔"（Kerker）青年运动在抗议期间虽然受到了新闻界的广泛关注，但它只有300名成员，并且仅在首都活跃，只是负责在3月24日将50—200名学生带到抗议活动地点。其次，非政府组织在"郁金香革命"中发挥了作用，却是次要作用。吉尔吉斯斯坦与其他中亚共和国一样，城市人口少，显然缺乏强大的公民社会。这就是为什么大多数在比什凯克的示威者来自农村，而不是民间社会团体或政党成员的原因。也就是说，部族因素可能发挥作用更大。与之不同，城市青年人在格鲁吉亚和乌克兰参加颜色革命并发挥作用的情况更加明显。

第三，革命实现的要素和结果。"玫瑰革命"、"橙色革命"和"郁金香革命"通过五个结构性因素得以实现，其中包括：适度的专制政权的存在，专制政权（尤其是其领导人）的非合法化，公民社会的发展，统治精英内部的重大分歧，由社会经济因素引起的民众不满。这些共同因素导致了几乎相同的轨迹，其起点是欺诈性的全国大选。大规模抗议活动决定了专制领导人被非暴力推翻和被"革命"政府取代。但是，格鲁吉亚、乌克兰和吉尔吉斯斯坦公民社会的软弱使专制政权的前政治精英发起、领导、控制并最终屈服于抗议运动。一旦掌权，他们很快就会恢复先前政权的非民主模式。法治、国家改革和反腐败不过是官方话语的装饰。幻灭的公民见证了他们的新领导人建立波拿巴式的专制政权（如格鲁吉亚），与前革命同盟发生公开冲突（如吉尔吉斯斯坦）或被迫接受与前专制政权领导人共事（如乌克兰）。最后，事实证明，所谓的

---

① Ariel Cohen, "Kyrgyzstan's Tulip Revolution", *The Washington Times*, March 27, 2005.

民主革命只不过是非民主政治体系中执政精英的有限轮换。①

（2）"郁金香革命"：不成功的转型

对于"郁金香革命"的评价，不同政治家和学者给出了不同的答案。2005年3月28日，吉国卡巴尔通讯社收到一份来自阿卡耶夫署名的声明，怒斥巴基耶夫等人，称未来吉国经济将变得更加不稳定。美国政治家阿里尔·科恩认为，由于阿卡耶夫不是被民间社会的动员推翻，所以变革非常有限。上届政权的大多数主要参与者都保持了自己的立场，而没有对体制结构进行任何改革。这使某些分析家对"郁金香革命"表达了极为消极的看法，常常否认它的革命性，他们认为吉尔吉斯斯坦进行了一次推定的"革命"，实际上它更具有连续性，而不是改变性，旧的模式正在自我再现，并阻碍了在诸如腐败和资源公平分配等重大问题上进行真正改革的努力。吉尔吉斯斯坦没有真正的革命（意味着整个社会政治秩序的转变或推翻），甚至没有政权更迭。从表面上看，这个国家所拥有的东西显然是更为有限的，即权力的转移。② 但也有人认为"郁金香革命"是吉尔吉斯斯坦的重要转折点，因为这导致了阿卡耶夫总统腐败和不容忍的统治的终结，同时也为亚洲其他国家树立了榜样。③

究其实质而言，"郁金香革命"可谓是吉尔吉斯斯坦十余年政治转型的集中写照和总检验。"郁金香革命"击碎了开国总统阿卡耶夫的"民主"神话，却并未开启新一轮成功的转型。所谓的民主革命被证明是非民主政治体系中统治精英的有限轮换。

"郁金香革命"之后，吉尔吉斯斯坦并未出现民主的回归，而且依然走不出政治危机的困惑，结果2010年再度发生了将第二位民选总统巴基耶夫赶下台的"血色革命"。首先，就政治方面而言，"郁金香革命"并没有解决吉国内社会的基本矛盾，只是暂时缓和了精英阶层内部权力和财富分配的矛盾。其次，就经济发展而言，"郁金香革命"并未使吉国走向繁荣。相反，新领导人面临的最严峻的挑战是在经济领域。在中

---

① Theodor Tudoroiu, "Rose, Orange, and Tulip: The Failed Post-soviet Revolutions", *Communist and Post-communist Studies*, Volume 40, Issue 3, September 2007.

② Ariel Cohen, "Kyrgyzstan's Tulip Revolution", *The Washington Times*, March 27, 2005.

③ Gilbert Kimutai, "What Was the Tulip Revolution?" World Atlas, August 01, 2017 (https://www.worldatlas.com/articles/what-was-the-tulip-revolution.html).

亚地区,吉国的社会经济状况是最糟的。最后,"郁金香革命"并没有改变吉国"哑铃式"的社会结构。"郁金香革命"后,贫困、腐败、精英的急剧分化所导致的政局不稳等一系列重大社会政治问题,依然深深困扰着吉尔吉斯斯坦,并对新政权构成了极大的挑战。就这三个方面来看,"郁金香革命"所导致的权力交接从其产生的结果来看显然算不上是一次成功的转型。①

总而言之,由于吉尔吉斯斯坦社会的自身弱点,公民社会无法在"郁金香革命"中发挥领导作用。"郁金香革命"的早期阶段几乎由抗议政客的亲戚、朋友和亲密伙伴组成。"郁金香革命"是统治精英内部争夺权力的表现。统治精英内部的分裂和反对派领导人先前与威权政权的联系在很大程度上促成了后者的垮台。一旦执政,前独裁者的门生就无法充当真正的民主政治家。他们的威权传统是新政权采取非民主路线的决定性因素。公民社会的软弱和随之而来的次要角色助长了这一趋势,公民激进主义无法对新政府施加民主约束。因此,专制领导人的推翻只不过导致了不民主的政治体制内执政精英的有限轮换。尽管存在着一些真正的革命参与者参与的革命进程,吉尔吉斯斯坦在民主化方面停了下来,介于不稳定和专制之间。只要其公民社会不成熟,这就不会改变。短期外国资金和专有技术支持可以帮助发展非政府组织,并以非暴力抗议方式培训公民活动家,但这还不足以确保民主价值观在人口中的大规模传播以及公民社会的快速发展。

三 第二次转型:2010年"二次革命"

2010年吉尔吉斯斯坦发生骚乱事件致使政权再次发生更迭,这被称为吉尔吉斯斯坦的"二次革命",也被称为"甜瓜革命"②、"人民四月革命"(吉尔吉斯斯坦官方的称谓)、"血色革命"、"无色革命"等。吉尔吉斯斯坦二次革命始于2010年4月,群众在首都比什凯克推翻了巴基耶夫政权。随后,该国南部的吉尔吉斯人和乌兹别克人的族群关系愈加

---

① 焦一强:《吉尔吉斯斯坦政治转型研究》,博士学位论文,华东师范大学,2009年,第152—154页。

② Борис Акимович Исаев, Политическая История: Революции, ЛитРес, 2019, с. 278.

紧张，矛盾于2010年6月升级，并演变成一场流血冲突。到2020年南部民族冲突十周年之际，吉官方和各种独立、国际组织先后公布了近10份调查报告①，但对事件的过程和起因却各执一词，对伤亡人数和财产损失情况也有不同的版本，这给事件的研究分析造成了不小的困难。曾任过渡政府首脑的萝扎·奥通巴耶娃表示，死亡人数是以前报告的十倍，死者人数达到2000人。但是从另一方面来看，"二次革命"却使得吉尔吉斯斯坦的议会制得到了巩固。

1. 二次革命的背景

2007年10月，吉尔吉斯斯坦通过全民公决通过了一项新的选举法并对宪法进行了修正。法案增加了议会席位数量，并确立在议会选举中实施党派比例代表制。公投还授予总统解散政府的权力。巴基耶夫在宣布全民公决结果后立即呼吁在12月提前举行议会选举。但在这次选举中，由巴基耶夫领导的阿克—若尔党（光明道路党）赢得了议会大部分席位，控制了新扩大的吉尔吉斯斯坦议会近五分之四的席位。事实证明，这次选举存在诸多问题，包括购买选票和从选举中除名反对派候选人等一系列违规行为。其结果是，巴基耶夫的总统权力扩大，反对派遭到打压，多党制面临危机。

随着总统任期的推进，巴基耶夫对持有异议的人士的容忍程度逐渐

---

① 这些报告主要有：Human Rights Watch, *Where Is the Justice? Interethnic Violence in Southern Kyrgyzstan and Its Aftermath*, August 2010（http：//www.hrw.org/sites/default/files/reports/kyrgyzstan0810webwcover_1.pdf）；International Crisis Group, *The Pogroms in Kyrgyzstan*, August 2010（http：//www.crisisgroup.org/~/media/Files/asia/centralasia/kyrgyzstan/193%20The%20Pogroms%20in%20Kyrgyzstan.pdf）；Ошская Инициатива, *Доклад По Результатам Независимого Общественного Расследования Июньских（2010）Событий В Кыргызстане*, Январь 2011 г.（http：//news.fergananews.com/archive/2011/oshini.doc）；*Справка Независимой Комиссии Омбудсмена（Акыйкатчы）Кыргызской Республики По Изучению Трагических Июньских Событий 2010 Года, Произошедших В Ошской, Жалал Абадской Областях И г Ош*, Январь 2011 г.（http：//news.fergananews.com/archive/2011/akuna.html）；*Заключение Национальной Комиссии По Трагическим Событиям, Произошедшим На Юге Республики В Июне 2010 Года*, Январь 2011 г.（http：//www.fergananews.com/article.php？id=6871）；*Отчет О Работе Временной Депутатской Комиссии Жогорку Кенеша Кыргызской Республики По Выявлению И Расследованию Обстоятельств и Условий, Приведших К Трагическим Событиям, Произошедшим В Республике В Апреле июне 2010 Года, И Даче Им Политической Оценки*, Июнь 2011 г.（http：//news.fergananews.com/photos/2011/06/otchetMamytov.doc）等。

减弱。为确保在 2009 年总统大选中实现连任,巴基耶夫对记者的攻击频率越来越高,这一现象被观察者批评是巴基耶夫扼杀异议的行为。总统选举于 2009 年 7 月 23 日举行,巴基耶夫的主要挑战者因涉嫌大规模选举舞弊而退出竞选,巴基耶夫获得超过四分之三票数的压倒性胜利。

2. 二次革命的经过

2010 年 4 月初,成千上万的抗议者试图闯入比什凯克政府大楼,抗议巴基耶夫日益专制的政策和腐败,企图推翻巴基耶夫政权。为了镇压反抗,防暴警察用实弹射击,造成数百人伤亡。同时,在纳伦、托克马克和塔拉斯等地,抗议者占领了政府办公室。到 4 月 8 日凌晨,巴基耶夫乘飞机逃离首都,反对派宣布成立临时政府。

2010 年 4 月 6 日,反对派领导人在塔拉斯举行示威游行,抗议政府腐败、行政开支不断增加。抗议活动逐渐变成暴力行为,并在全国范围内蔓延。4 月 7 日,吉尔吉斯斯坦时任总统库尔曼别克·巴基耶夫宣布国家进入紧急状态。警察和特别部门逮捕了许多反对派领导人。作为回应,抗议者控制了内部安全总部(前克格勃总部)和首都比什凯克的国家电视台。吉尔吉斯斯坦政府官员的报告显示,在首都与警察发生的流血冲突中,有 88 人丧生,其中 458 人住院。

4 月 6 日,在西部城市塔拉斯,大约 1000 名抗议者冲进政府总部,并短暂劫持了政府工作人员。安全部队虽在当天傍晚重新短暂占领了这座大楼,但很快被示威者再次赶出。反对派领导人奥穆尔别克·捷克巴耶夫和阿尔马兹别克·阿坦巴耶夫被吉尔吉斯斯坦当局逮捕。在比什凯克,大约 500 名抗议者聚集在工业区的一个公共汽车站附近,几名发言人就塔拉斯事件发表了讲话。防暴警察手持警棍、盾牌和警犬以矩形阵型向人群移动。警察围捕抗议者,并将他们推向公共汽车。随后,一大批抗议者冲破警察围堵,跑过马路,抓起石头,袭击警察,引发了大规模的冲突。

4 月 7 日上午,一小批示威者在比什凯克的社会民主党总部外被捕。随后,数百名抗议者聚集在一起。警察试图用催泪瓦斯和眩晕手榴弹阻止他们,但示威者在人数上压倒了警察,他们控制了两辆装甲车和大量自动武器。当时,抗议者人数在 3000 人至 5000 人之间,并逐渐朝市中心移动,进入阿拉图广场,那里传出了枪声和眩晕手榴弹的爆炸声。比什凯克的抗议者逐渐挤满了阿拉图广场并包围了吉尔吉斯斯坦总统府。

警察开始使用催泪瓦斯、橡皮子弹和眩晕手榴弹驱散示威者。示威者为了进入总统府，将两辆卡车开进了总统府大门。之后，反对派领导人和示威者冲进了由反对派领导人奥穆尔别克·捷克巴耶夫领导的议会大楼。吉尔吉斯斯坦主要电视台 KTR 的总部也被抗议者接管。4月7日，吉国宣布进入紧急状态。

4月8日，反对派领导人宣布成立以萝扎·奥通巴耶娃为首的临时政府，此后不久，有报道称巴基耶夫总统已离开比什凯克，飞往吉尔吉斯斯坦南部的奥什。吉尔吉斯斯坦国防部报告称时任总统巴基耶夫承认，"尽管他拒绝辞职，但他目前没有能力控制该国的事件"。除比什凯克和塔拉斯外，该国其他地区也有集会和抗议活动，包括纳伦州、托克莫克和伊塞克湖州。

4月9日至12日，巴基耶夫在奥什宣称他不会辞职，并呼吁联合国向该国派遣军队以恢复秩序。4月13日，在临时政府内政部长说会下令逮捕自己，而且自己的豁免权已被剥夺的情况下，巴基耶夫表示，如果他、他的家人和随行人员的安全得到保证，他将辞职。他说："在什么情况下我会辞职？首先，他们应保证在吉尔吉斯斯坦不再有携带武器走动的人，也不会扣押或重新分配财产。此外，我需要确认我自己、我家人以及与我亲近的人的安全将得到保证。"临时政府表示，只有他辞职并离开该国，才能保证他的安全。4月14日，临时政府领导人奥通巴耶娃宣布巴基耶夫及其国防部长、政府和政治盟友将因抗议者死亡而面临审判。吉尔吉斯法院发出了对巴基耶夫的兄弟贾尼别克·巴基耶夫、长子马拉特·巴基耶夫、前总理丹尼尔·塞诺弗的逮捕令。

4月15日，在支持巴基耶夫的一次集会上，1000多名支持者的人群中发生了枪击事件，当时巴基耶夫提前安全地离开了现场。之后，巴基耶夫流亡到哈萨克斯坦的塔拉兹。作为欧洲安全与合作组织轮值主席国，哈萨克斯坦证实了巴基耶夫的离任，称这是迈向防止内战的重要一步，并表示他们与德米特里·梅德韦杰夫和巴拉克·奥巴马之间的共同努力促成了这样的协议。后来，巴基耶夫提交了一封手写的辞职信，信中说："由于我知道我对吉尔吉斯人民未来的全部责任，因此我在这悲惨的日子里辞职。"4月19日，临时政府公布了选举和改革计划，4月21日宣布将于6月27日进行新宪法的全民公投。

4月20日，白俄罗斯总统亚历山大·卢卡申科说，白俄罗斯向巴基耶夫及其三位家人提供了保护。4月21日，巴基耶夫在明斯克发表的一份声明中说，他仍然认为自己是吉国总统，并承诺尽其所能使该国重返"宪政轨道"。然后他对记者说："我不承认我的辞职。九个月前，吉尔吉斯斯坦人民选举我为总统，没有力量可以阻止我。只有死亡才能阻止我。"然后他呼吁国际社会不要支持临时政府。"每个人都必须知道，试图掌权的土匪是外力的执行者，没有合法性。我呼吁国际社会的领导人：不要树立先例，不要承认这个团伙是合法当局。"俄罗斯驳回了这一主张，巴基耶夫则指责俄罗斯此举是对他此前行为的恼火与报复，因为他允许马纳斯空军基地继续为美国和北约提供进行阿富汗战争的力量。4月23日，巴基耶夫发誓要重新上台，并声称他的辞职是无效的，因为新政府未能按照承诺保护自己的家人。

3. 二次革命的结果

南部骚乱是二次革命的一个遗留后果，其直接表现是吉尔吉斯人与乌兹别克人之间的冲突，实质上却是吉尔吉斯斯坦权力斗争的继续。尽管巴基耶夫最初坚称他拥有民众支持并且不会下台，但反对派声称他已经辞职，2010年4月15日巴基耶夫离开吉尔吉斯斯坦，将该国交给临时政府，奥通巴耶娃担任过渡时期总统。然而，几天后，在白俄罗斯流亡期间，巴基耶夫否认辞职，并坚称他仍然是吉国的合法总统。5月13日，巴基耶夫的支持者占领了巴特肯、奥什和贾拉拉巴德的政府大楼。5月14日临时政府的支持者再次控制贾拉拉巴德的政府大楼。一群吉尔吉斯人和乌兹别克人前往巴基耶夫的家乡捷伊特村，双方开始出现冲突。6月10日夜间，奥什市一赌场附近发生冲突，此次冲突导致费拉尔摩尼亚宿舍区和该市各个地区人们情绪的白热化，而当局无法控制人群。很快，关于在宿舍区发生了吉尔吉斯族女学生被乌兹别克人强奸这一毫无根据的谣言以惊人的速度在农村的吉尔吉斯人当中传播开来。6月11日凌晨，临时政府宣布进入紧急状态并实行宵禁。与此同时，在奥什市中央的伏龙芝市场附近发生纵火和抢劫事件。尽管临时政府代表团抵达了奥什市，但乌兹别克人与吉尔吉斯人之间的冲突并未停止。纳里曼的乌兹别克族村民在一条主干线上设障，该路线连接着奥什市与机场和比什凯克。吉尔吉斯人开始大规模地从农村向奥什市的西部和东部移动。在福尔卡特有不明身份者开始向吉尔吉斯族平民和士兵发放武器。乌孜别克人的路障被毁之后,爆发了大规模的纵火和杀人事件。到了下午,在装甲车的掩护下,吉尔吉斯武装分子进入切列穆什基马哈利亚。在他们的扫射下,很多乌兹别克人被打死,妇女被强奸,房屋被烧毁。在装甲车的掩护下,还有一伙吉尔吉斯人进入货物市场旁边的阿尔—哈基姆马哈利亚,那里的房屋被烧毁,许多人因此丧生。与此同时,贾拉拉巴德市的紧张局势在加剧。乌兹别克人开始为自己的马哈利亚设防,吉尔吉斯人则聚集在赛马场。6月12日,有人散布谣言,说乌兹别克斯坦的军队将进行干涉。吉尔吉斯人开始迁离奥什的马哈利亚。一群吉尔吉斯人借装甲车突破障碍进入马日利穆塔尔,那里的房屋遭到抢劫和焚烧。在切列穆什基和福尔卡特,抢劫和焚烧房屋的行为仍在继续。一伙吉尔吉斯人袭击了纳沃伊街,随后那里发生了大规模的抢劫、杀人和纵火。当天,贾拉拉巴德市也突发暴力事件。乌兹别克人在苏扎克设置路障并朝吉尔吉斯人的汽车开枪。吉尔吉斯—乌兹别克人民友谊大学遭到抢劫、焚烧。6月13日在奥什暴力行为的规模和强度降低,虽然马哈利亚仍在遭受袭击。整个上午,几伙吉尔吉斯人一直在贾拉拉巴德州警察和军队所在的数个地点抢占武器和弹药。乌兹别克人在萨姆巴十字路口设置路障。他们焚烧汽车并向吉尔吉斯人开枪。下午,一伙吉尔吉斯人从赛马场向贾拉拉巴德市移动。塔什—布拉克和苏扎克马哈利亚先后遭到袭击,楼房和房屋被烧毁。卡拉苏区的警察局长及其司机在纳里曼被打死。随后,临时政府宣布贾拉拉巴德州进入紧急状态并实行宵禁。6月14日奥什的局势稳定了下来。随后的几天偶然会发生一些暴力案件,包括抢劫、强奸和劫持人质。在贾拉拉巴德,白天发生冲突,夜间则进行抢劫。6月15日,南部局势才最终得以稳定。

在权力移交近两个月后,吉尔吉斯人和乌兹别克人之间的族群冲突在该国南部越演越烈,特别是在奥什及其周围地区。由于临时政府无法控制南部地区,这种族群暴力导致了大规模的流血伤亡和社会混乱,临时政府授权使用致命武力恢复秩序。有报道称吉尔吉斯斯坦军队犯下了暴行,这表明军方并未完全受临时政府控制。临时政府没有立即回应这些指控,而是指责巴基耶夫煽动骚乱。与此同时,部分乌兹别克人声称南部地区拥有自治区,拒绝向中央政府负责。在南部骚乱期间,数以千计的乌兹别克人从吉尔吉斯斯坦南部逃离边境，进入了乌兹别克斯坦耶尔济什罗克村附近的难民营。

尽管南部骚乱事件使临时政府疲于应对国内稳定问题，但在6月底，仍按计划进行了新宪法的全民公投。新宪法得到了大约90%的选民的支持，其最重要的一项改革是将国家从总统制转变为议会制。新宪法允许议会选举总理，并在组建新政府中发挥关键作用。国际观察员普遍认为，这些公投是自由和公平的。

2010年10月，吉尔吉斯斯坦举行议会选举，这是吉尔吉斯斯坦第一次没有发生暴力或重大投票违规行为的议会选举，被誉为中亚民主的一个进步。结果是阿塔—朱尔特党（故乡党）、社会民主党、尊严党、共和国党和阿塔—梅肯党5个政党超过了5%的最低得票率进入议会，但没有一个党获得议会多数席位。在这种情况下，吉尔吉斯斯坦形成了联合政府，由社会民主党的阿尔马兹别克·阿坦巴耶夫担任总理。阿坦巴耶夫2011年9月辞职，以参加即将举行的总统大选。

在临时政府主持下，2011年10月吉尔吉斯斯坦举行总统大选，阿坦巴耶夫获得了超过60%的得票率，比第二名候选人的得票率高出15个百分点。这一次和平选举被誉为吉尔吉斯斯坦的一项重要成就。为了保证权力顺利过渡，奥通巴耶娃继续担任总统直到2011年12月31日。

4. 二次革命的原因分析

首先，吉尔吉斯斯坦政治的腐败与民主的缺失是二次革命的重要原因。[①] 巴基耶夫担任总统时期，吉尔吉斯斯坦的政治并不稳定。虽然巴基耶夫采取了一些专制措施来巩固他的权力，包括破坏反对派和任命亲属和支持者担任重要职务，但他既没有取得全部权力，也没有将吉尔吉斯政治牢固地转变为专制主义。巴基耶夫在一些关键问题上不断面临着批评，其中包括腐败现象的增加，这是导致反对他当选的示威活动的核心因素。此外，在2005年有缺陷的选举中形成的受阿卡耶夫操控的议会仍然是政治不稳定的中心，巴基耶夫未能举行新的议会选举亦受到广泛批评。例如，埃迪尔·拜萨洛夫是2005年3月"郁金香革命"的积极参

---

① Mark Tran, "Kyrgyzstan Conflict Background", The Guardian News Channel, June 14, 2010 (https://www.theguardian.com/world/2010/jun/14/kyrgyzstan-conflict-background).

与者,他清楚地记得新任总统巴基耶夫是如何快速地巩固自己的个人力量的,这就是为什么拜萨洛夫会支持2010年的第二场革命。①

其次,吉尔吉斯斯坦南北矛盾由来已久且根深蒂固,一直未得到解决。吉尔吉斯斯坦国土被天山山脉分为南北两部分,由于交通不便,南北处于相对隔绝的状态,导致南北发展不均衡。其中,北部地区经济发展相对较快,而南部地区经济发展相对缓慢,且由于邻近阿富汗,毒品走私与恐怖主义猖獗,这种不安全的状态更是制约了南部地区的发展。2005年吉国爆发的"郁金香革命",就是从南部地区发起的,巴基耶夫也来自南部地区。而巴基耶夫上台执政之后,并未解决南北矛盾,反而加剧了北方地区的不满,从而导致了此次骚乱的发生。

再次,吉尔吉斯斯坦经济长期低迷,人民生活水平得不到改善。在此次革命中,反对派要求政府降低物价、减少税收,这不仅是反对派的诉求,更是吉国民众的愿望,是此次革命的经济原因。吉国经济结构单一,这也导致了其经济的脆弱性,经金融危机冲击后,吉国成为中亚五国中经济形势最差的国家,通货膨胀严重,物价上涨,人民生活水平下降。

最后,私有化过程中的财产利益分配不公亦是革命爆发的原因之一。吉国国有资源在私有化后,资本家不顾民生而大幅提价,这一举措提高了吉国民众的生活成本,降低了人民的生活水平。因此,在这次革命中,反对派要求能源、通信、网络企业重新收归国有。

5. 对二次革命的评价

吉尔吉斯斯坦的地缘战略位置至关重要,因为它通过马纳斯空军基地为阿富汗反恐战争提供了物资,而且当时它还是唯一同时拥有美国和俄罗斯基地的中亚国家。2010年吉尔吉斯斯坦的政治发展令美国感到高兴,但令俄罗斯感到烦恼。当时,美国在马纳斯空军基地租期临近结束,吉尔吉斯斯坦临时政府为维持国家稳定,作出了有利于美国的决定,将与美国就马纳斯过境中心达成协议的谈判期延长了一年。彼时出任俄罗斯总理的普京对巴基耶夫这一亲西方政权的垮台十分高兴,普京表示,

---

① Alexander Tokmakov, "Kyrgyzstan: Two Revolutions, But Still No Prosperity", Deutsche Welle, March 31, 2015 (https://www.dw.com/en/kyrgyzstan-two-revolutions-but-still-no-prosperity/a-18352547).

巴基耶夫在上台前曾批评阿卡耶夫执政时期以权谋私，让亲属控制吉国经济，然而在巴基耶夫上台后，其行为与阿卡耶夫别无二致。但是，吉尔吉斯斯坦通过了全民公投的结果，俄罗斯又表示担忧，称中亚首个议会民主制可能对吉尔吉斯斯坦造成灾难性影响。正如埃迪尔·拜萨洛夫所言，当时的吉尔吉斯斯坦并没有实施议会制的条件。在接受德国之声广播电台采访时，他说："草率组建的政治运动改名为政党（指社会民主党），参加竞选，但最终他们却解散了。"即使在阿坦巴耶夫担任总统期间，社会民主党也不是真正的政党，他们只是在那里支持总统，就像前总统的政党一样，因此，不能称吉尔吉斯斯坦为议会民主制。阿坦巴耶夫获得了政治权力后，议会制、多党制和多元化社会的思想都变成了一句空话。拜萨洛夫声称："阿坦巴耶夫可以在欧洲旅行时畅谈自己对人权的承诺，但这仅仅是个空话。"①

四 第三次转型：总统制的复兴

2020年10月，吉议会选举引发大规模抗议，开启了吉尔吉斯斯坦的第三次政治转型。选举结果显示，在16个政党中，只有4个政党达到了7%的最低得票率进入吉尔吉斯斯坦一院制立法机构。其中3个政党以南方部族代表为主，而且这些政党是在选举前夕成立的。2个获胜政党尤其引起反对派的不满：一个是赢得了24.5%选票的"团结一致党"，它是现任总统的兄弟党；另一个是赢得了23.9%选票的"吉尔吉斯斯坦祖国党"，其背后人物是海关局前副局长P.马特拉伊莫夫，他被认为是吉尔吉斯斯坦最重要的腐败分子（后来，根据官方统计，他向国外转移资金达7亿美元）。这种选举结果引起了反对派特别是北方部族代表的抗议。10月6日，在抗议者的压力下，吉中央选举委员会宣布议会选举结果无效，并准备重新选举，但大规模抗议仍在继续。与此同时，在比什凯克抗议者轰击政府大楼的同时，一些企业和基础设施也开始被攻占。在骚乱过程中，有影响的政治人物被释放，其中包括前总统阿坦巴耶夫（后来又被送回监狱）、前总理伊萨科夫（之后逃离出境）以及扎帕罗夫。10月13日，在扎帕罗

---

① Alexander Tokmakov, "Kyrgyzstan: Two Revolutions, But Still No Prosperity", Deutsche Welle, March 31, 2015 (https://www.dw.com/en/kyrgyzstan-two-revolutions-but-still-no-prosperity/a-18352547).

夫支持者的包围下，吉议会议员一致投票支持扎帕罗夫的总理候选人资格、新政府的组成及其方案。10月16日，热恩别科夫辞去总统职务。根据宪法规定，时任议会议长伊萨耶夫将在提前举行总统选举之前担任临时总统。但是，伊萨耶夫提出了辞职，扎帕罗夫接任议会议长。11月4日，扎帕罗夫的亲信马梅托夫当选议会议长。11月14日，扎帕罗夫辞去了临时总统职务，以便有权参加2021年1月10日举行的总统选举。竞选期间，临时总统职务由马梅托夫接管。在2021年1月10日举行的总统选举中，扎帕罗夫以79.23%的得票率获胜。

此次权力更迭虽然始于一场混乱与动荡，也可以看到北方和南方政治精英之间传统的对抗，甚至外部势力的介入，但权力交接过程是基本平稳可控的，并且构建起扎帕罗夫执政的合法性基础。主要原因是热恩别科夫与扎帕罗夫通过谈判达成了协议，即热恩别科夫辞去总统职务、承认扎帕罗夫的继任者身份，扎帕罗夫签署法令，授予热恩别科夫前总统地位、享受特权和豁免权。在这次权力交接中，热恩别科夫处于明显的被动地位，他对继任者的选择空间和考察时间非常有限，可能的结果就是他不会像阿坦巴耶夫那样继续谋求对国家事务的管控。一个明显的例子是，在扎帕罗夫推动下，2021年1月10日吉举行了宪法公投，将国家的政治制度从议会制改回了总统制。这表明吉多数民众渴望强势总统的回归，但也意味着扎帕罗夫能够更方便地加强自身权力，北方氏族在权力机构中的力量很有可能获得更快发展。在扎帕罗夫推动下，2021年1月10日吉举行了宪法公投，将国家的政治制度从议会制改回了总统制。公投结果显示，84.11%的投票人支持总统制，11.27%的人支持议会制，4.61%的人既不支持总统制，也不支持议会制。① 这表明吉多数民众渴望强势总统的回归。

第四节　吉尔吉斯斯坦政治转型的影响因素

吉尔吉斯斯坦政治转型的启动在一定程度上讲，是与戈尔巴乔夫执

---

① 时事概览：《吉尔吉斯斯坦选举机构确认扎帕罗夫当选总统》，《世界知识》2021年第3期。

政时期苏联加盟共和国的政治改革同步进行的。戈尔巴乔夫启用人民代表制度、实施总统制、划分部门管理权限等西方三权分立模式的尝试，为吉尔吉斯斯坦独立后政治转型奠定了方向。由于吉尔吉斯斯坦在漫长的历史上没有建立过现代意义上的民族国家，因此其政治转型与民族国家建构可谓是同步进行的。独立主权国家身份的确立既是吉国启动政治转型的一项重要内容，更是其政治转型依托的基本政治要素和重要前提条件。在吉尔吉斯斯坦独立后，阿卡耶夫当选为吉国总统，吉国参照西方民主模式建立国家政治制度，实行总统制。在"郁金香革命"后，巴基耶夫上任，吉国开始了由总统制向议会制的转型。吉尔吉斯斯坦在2010年二次革命后确立了议会制度，实现了又一次政治转型。2021年1月10日，吉尔吉斯斯坦举行了宪法公投，将国家的政治制度又从议会制改回了总统制。

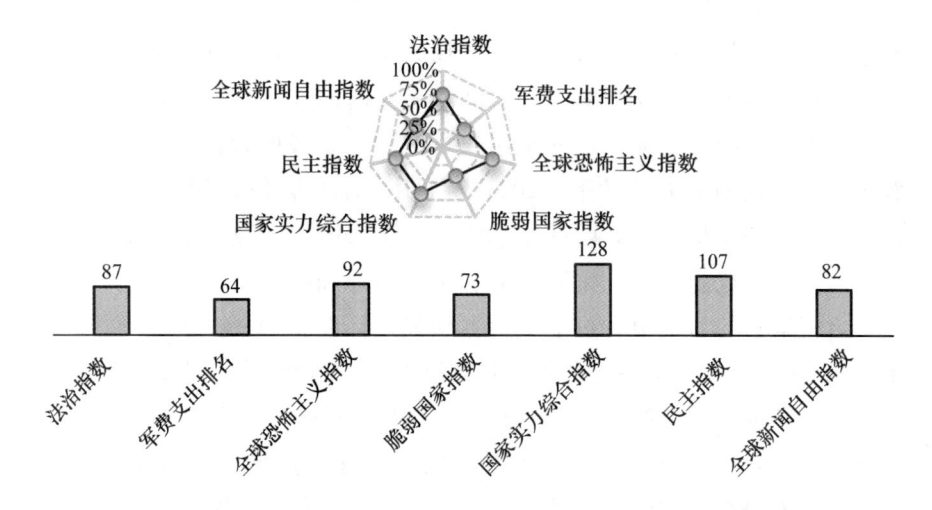

图 1-2 2020 年吉尔吉斯斯坦相关政治指标在世界上的排名情况

独立三十余年来，吉尔吉斯斯坦的政治发展可谓一波三折。政治建设的复杂与混乱影响了吉尔吉斯斯坦在国际社会的形象。从主要政治指标在世界上的排名来看，吉尔吉斯斯坦的排名都比较差。在2020年全球法治指数排名中，吉尔吉斯斯坦在128个国家中居第87位，排名占比为68%；在和平基金会的脆弱国家指数中，吉尔吉斯斯坦在178个国家中居第73位，排名占比41%；在无国界记者的全球新闻自由指数中，吉尔吉斯斯坦在180个国家中居第82位，排名占比46%。就算在曾经标榜的"民主"方面，吉尔吉斯斯坦近年来的排名也不理想，甚至出现了下降。在2020年经济学人智库的民主指数排名上，吉尔吉斯斯坦在167个国家中居第107位，比2012年时降低了1位，排名占比64%。

影响吉尔吉斯斯坦政治转型的因素有很多，其中社会经济因素是根本因素，政治文化、民族关系、宗教、国际环境在其转型中也有着不可忽视的重要影响。

一 社会经济因素

经济是任何一个社会政治赖以生存和发展的基础，经济与政治相辅相成、相互作用，政治发展取决于经济发展，政治是经济的集中反映。吉尔吉斯斯坦社会经济可以用以下关键词形容：贫困、通货膨胀、巨额外债、失业和人口流失、南北经济发展失衡、腐败、精英阶层分化、缺乏中产阶级、社会流通渠道阻塞等。吉国人民的贫穷、日益严重的社会不平等、腐败和管理不善是大规模抗议威权政权的重要决定因素。

吉尔吉斯斯坦脆弱的经济已难以为本国提供民主生存的土壤，吉国缺乏支撑西方民主制度和机制所必需的相应的社会经济基础，从而导致了其民主化中劣质因素的产生。而且吉尔吉斯斯坦缺乏市民社会和民主化的历史传统。

吉尔吉斯斯坦是一个贫穷的山区国家。独立初期，吉国由于失去了苏联的市场和补贴，国内生产总值严重下降。1995年下降至1991年水平的55%左右。[1] 2005年，巴基耶夫政府和国际金融机构启动了一项全面的中期减贫和经济增长战略。政府在控制其庞大的财政赤字方面迈出了稳步的步伐，在2007—2008年将支出增加超过20%之前，几乎弥合了2006年收支差额。2007—2008年度GDP每年增长约8%，部分原因是国际金价上涨，但在2009年降至2.9%。2010年4月推翻巴基耶夫总统以及随后的族裔冲突导致数百人丧生和基础设施受损。贸易和农业生产萎缩，以及政府更迭引起的政治动荡，导致GDP在2010年萎缩0.5%。2010

---

[1] European Training Foundation, *Country Analysis 2005：Kyrgyzstan*, 2005, p.2.

年，财政赤字扩大至 GDP 的 11%，与二次革命相关的支出大幅增加，危机支出主要包括修复受损的基础设施和银行注资。吉经济在 2011 年增长了 5.7%，但在 2012 年放缓至 1% 左右。[①] 此后几年，吉经济时增时降，整体发展较慢，直至 2020 年 GDP 才首次突破了 100 亿美元。

此外，除了经济发展的低迷与不稳定外，吉尔吉斯斯坦的社会结构也存在很大问题。吉尔吉斯斯坦"哑铃式"的社会结构对吉国政治变迁也发挥了很大影响。就吉国整个社会的两极分化而言，上层精英和社会平民之间的贫富差距导致了社会平民对上层精英的严重不满，由此促成了一次次抗议的爆发。

二 政治文化因素

部族主义深深地影响了吉尔吉斯斯坦的政治转型，虽然吉尔吉斯斯坦在一直努力提倡民主理念，但部族主义的残余影响依然留存在大部分领袖人物和普通民众心灵深处，民众对权威人物的崇拜心理并未完全丢弃。

"部落"一词可以定义为具有共同祖先的亲属团体即氏族，或者也可以描述为具有共同兴趣、生活方式和习惯的群体。部落主义被定义为一种"主体性"或"存在方式"的社会框架。部落主义意味着拥有强大的文化或族群认同，并以这种方式将一个群体的成员与另一个群体的成员区分开。基于紧密的亲缘关系，部落成员拥有强烈的认同感。尽管部族主义在一定意义上具有积极作用，例如部族主义有助于个人对社会团体的忠诚，有助于个人身份、利益的确定和维护，但是其消极作用日益凸显。在现代民族国家中，部族主义将个人对部落的忠诚始终置于个人对国家的忠诚之上，这大大削弱了国家的中央权威。并且有时部落为了维护其自身利益，不惜以损害国家利益为代价。

从部族结构状况来看，吉尔吉斯斯坦目前的部族主要分为三大集团，即左翼、右翼以及伊奇基利克（吉尔吉斯语意为"内部的"或"平原的"）。左翼部族位于吉北部和西部的平原地区。该集团主要包括萨雷巴

[①] "Kyrgyzstan. 2014", The World Factbook, September 22, 2016（https：//cia_world_factbook_ 2014. enacademic. com/131/Kyrgyzstan）.

噶什、库什丘、索尔托、特纳伊、萨雅克、布库、萨鲁七个大的部族。其中，萨雷巴噶什和布库两个部族对吉国家政治生活曾产生过重大影响。① 右翼部族位居吉南部山地地区，只包含一个部族，即埃迪基内。该部族认为他们是纯正的吉尔吉斯人，是吉民族文化遗产的主要保护者。独立以来，吉尔吉斯斯坦的反对派大多来自右翼部族。伊奇基利克是位于吉南部地区既不属于左翼又不属于右翼的一个中间部族集团。构成该系的众多部族并非吉尔吉斯族出身，但他们习惯认为自己是吉尔吉斯人，该部族集团与南方有着紧密的联系。②

需要重点说明的是，随着社会发展尤其是生产方式、经贸关系、民族心理的发展，吉部族之间的地域观念日益强化，存在着强烈的地区主义色彩。主要分为在费尔干那盆地形成的北方居民和楚河谷地形成的南方居民，而习惯上吉国所有的部族都可以以这两者为主要代表，分为北方部族和南方部族。③

如本章表1-2所示，吉独立以来，总统和总理在南北部族之间交替掌权的现象十分明显。阿卡耶夫执政时期，吉国的政治经济大权总体上都被北方的部族掌握，而南方的部族往往只能扮演反对派的角色。但"郁金香革命"之后，巴基耶夫执政时期的国家政治经济大权基本上都被南方部族垄断，而北方部族只能充当反对派。"二次革命"后，国家大权又落入以阿坦巴耶夫为代表的北方部族手中。热恩别科夫和扎帕罗夫分别是南方部族和北方部族的代表。

三 宗教因素

众所周知，"三股恶势力"（民族分裂主义、宗教极端主义、国际恐怖主义）是影响和困扰当今中亚地区安全和社会发展的三大毒瘤。吉尔

---

① 苏维埃政权在吉确立初期的国家领导人大都出自布库部族，1930年代斯大林"大清洗"之后布库部族开始衰落，其主要地位随即被萨雷巴噶什部族所取代。斯大林之后的吉尔吉斯共和国领导人（包括阿卡耶夫）大多出自萨雷巴噶什部族。阿卡耶夫1990年战胜南方部族出身的马萨利耶夫出任总统，部族支持在很大程度上发挥了关键的作用。
② 焦一强：《影响吉尔吉斯斯坦政治转型的部族主义因素分析》，《俄罗斯中亚东欧研究》2010年第3期。
③ 焦一强：《影响吉尔吉斯斯坦政治转型的部族主义因素分析》，《俄罗斯中亚东欧研究》2010年第3期。

吉斯斯坦本来就是个多宗教的国家，但其选择宪政民主制度，而不是政教合一。但是，自20世纪90年代以来，宗教极端势力开始向吉国渗透，扰乱社会秩序、破坏安定团结，给吉国政治转型的进程造成了极大的困难。

根据吉国家统计委员会的数据，截至2020年1月1日，吉国国内的清真寺数量已经高达2688座，而1990年时，该国只有39座清真寺。21世纪头二十年吉国清真寺的增长速度显然是极为惊人的，伊斯兰社团组织的增长也非常快。截至2018年12月，在吉司法部登记注册的伊斯兰社团组织共有2910个，而到2022年12月，这一数据就增长到了3288个。① 上述清真寺分属于这些形形色色的伊斯兰社团组织，其中67.8%的清真寺位于吉国南部的奥什、贾拉拉巴德、巴肯特三州。吉清真寺之所以实现爆炸式增长，很大的一个原因是土耳其、沙特阿拉伯、卡塔尔等外部资金的大力支持。有资料显示，除了在吉境内设立伊斯兰生态银行、伊斯兰金融中心等组织外，沙特阿拉伯还为吉尔吉斯人赴麦加朝觐提供配额。2018年分配了5485个名额，每个名额的配套费用为1890美元；2019年分配了5510个名额，每组50人，每次旅途费用为3000美元。② 清真寺实现爆炸式增长、赴麦加朝觐风气兴起，使得吉国国内的伊斯兰教氛围日益浓厚，但这也使得宗教极端思想扩散屡禁不绝，社会伊斯兰化的风险也日益凸显。

2016年，吉尔吉斯斯坦境内确认具有严重宗教极端倾向的人数多达1700，其中81.5%（1386人）属"伊扎布特"分子，主要分布在奥什州、贾拉拉巴德州和巴特肯州；其中7%（约120人）为妇女。其中90%是乌孜别克族；其中47%位于吉南部的贾拉拉巴德州。吉国境内有四类人群最易被极端思想影响：一是女性，已抓获的极端分子中，女性比重2005年为1%，2016年达到23%，主要受丈夫或男友影响而接受极端思想并参加暴恐活动；二是在境外打工的劳动力移民，主要是孤独

---

① Национальный Статистический Комитет Кыргызской Республики, *Кыргызстан В Цифрах（Статистический Сборник）*, Бишкек, 2023, с. 155.

② Дарья Сапрынская, "Кыргызстан Под Угрозой Исламизации: Исламская Идентичность 'Перебивает' Гражданскую?", Ia-centr. ru, 15 Февраля 2021 Года (https://ia-centr.ru/experts/darya-saprynskaya/kyrgyzstan-pod-ugrozoy-islamizatsii-islamskaya-identichnost-perebivaet-grazhdanskuyu/).

和边缘化心理；三是边境交界地带、飞地、跨境民族聚居区等边境地区，主要是中央控制力和边境管控薄弱；四是"有力量"的人，如清理部门工作人员、犯罪集团、运动员等，主要是有"怀才不遇"心理。暴恐和极端分子的年龄主要集中在 25—35 岁，其中大部分有极端主义倾向分子的年龄为 30—35 岁，其收入水平大都高于吉国内居民平均收入。大部分真正赴中东和阿富汗作战的极端分子的年龄是 25—29 岁。这在一定程度上说明，30 岁以下的年轻人容易冲动，30 岁以上的年轻人虽心理相对成熟，但缺乏社会成就感。境外极端势力招募的中亚对象主要是在俄罗斯和哈萨克斯坦的中亚劳动力移民。移民因远离家乡，年轻的打工者在陌生环境容易产生孤独、受挫、自卑等心理，有抱团取暖需求，喜欢聚堆，形成封闭小团体，还喜欢上网。[①]

吉尔吉斯斯坦民众的伊斯兰化已成为社会政治生活中日益重要的一个方面。类似于"在国家机构的墙壁上开放祈祷室""批准一夫多妻制""拒绝庆祝世俗节日"等这样的倡议经常在吉国社会引起极大反响。根据哈萨克斯坦学者 A. B. 列什特尼亚克对 300 名吉尔吉斯斯坦大学生做的调查问卷，只有 10% 的受访者认为宗教极端主义是个紧迫的问题，不少受访者认为有必要采取更加温和的手段（47.5%——开展宣传活动、19%——形成国家意识形态、19%——提高居民生活水平）来打击恐怖主义。[②]

四 民族关系因素

吉尔吉斯斯坦是一个多民族国家，该国有大约 80 多个民族，其中吉尔吉斯族是主体民族。根据 2022 年人口普查数据，吉尔吉斯斯坦人口已达到 693.62 万人，其中吉尔吉斯族人口达 537.9 万人，乌孜别克族人口达 98.7 万人，分别占总人口的比例为 77.6% 和 14.2%。吉尔吉斯斯坦的乌兹别克人绝大部分分布于该国南部地区，该国南部的人口分布情况如下：在奥什州，吉尔吉斯人有 98.8 万，占 68.7%，乌兹别克人有

[①] 吉内务部反恐局：《吉尔吉斯斯坦宗教极端形势》（截至 2017 年初），中亚国情网 2022 年 01 月 21 日（http://blog.sina.com）。

[②] Решетняк А. В., *Терроризм И Религиозный Экстремизм В Центральной Азии: Проблемы Восприятия Кейс Казахстана И Кыргызстана*, Астана：КИСИ При Президенте РК, 2016, c. 86.

41.7万，占29%；在奥什市，吉尔吉斯人有20.8万，占59%，乌兹别克人有13.5万，占38.2%；在贾拉拉巴德州，吉尔吉斯人94.9万，占73.4%，乌兹别克人有32.1万，占24.9%。①

吉尔吉斯斯坦2010年南部民族冲突是该国独立三十余年来发生的最严重的一次民族冲突，其发生蔓延的原因相当复杂，既有历史上的民族恩怨、苏联的民族政策的影响，也有现实中吉乌两国之间的矛盾、有组织犯罪集团和极端势力的介入、临时政府的失误等因素的影响。这里重点分析民族关系因素。

吉尔吉斯斯坦独立后实行的"吉尔吉斯人优先"的政策加剧了吉乌两族的现实利益冲突，这也影响到吉尔吉斯斯坦和乌兹别克斯坦两国关系的和睦，两国关系的恶化反过来又进一步刺激了吉国内部吉乌两族民族关系的恶化。

吉尔吉斯斯坦独立以后，在构建民族国家的过程中，通过政治、经济、文化等方面的政策不断强化吉尔吉斯人的主体地位和主导权，使乌兹别克、俄罗斯等其他非主体民族的利益受到不同程度的损害，引起了他们的强烈不满。许多俄罗斯族民众还因此迁离吉尔吉斯斯坦，这造成大量技术人才的流失，对吉尔吉斯斯坦社会经济的发展是严重打击。俄罗斯人和其他欧洲民族（乌克兰人、白俄罗斯人、德意志人）的外迁，在吉尔吉斯斯坦一些地区和行业形成了岗位空置。

在语言文化方面，独立后吉尔吉斯斯坦的宪法不仅规定吉尔吉斯语为国语，而且还规定只有通晓国语的人才有资格参加总统选举。1995年8月，吉尔吉斯斯坦在全国范围内隆重举行纪念吉尔吉斯民族史诗《玛纳斯》创作一千周年的大型活动，邀请世界各国研究玛纳斯的学者和学术单位参加，阿卡耶夫总统和其他政府官员联名签发了《玛纳斯宣言》。乌族人一直谋求吉政府将乌孜别克族语言设为官方语言，并保护乌族人的生活工作权利和文化传统，但是他们的要求并未完全获得满足。

在政治方面，吉尔吉斯斯坦的总统、总理、议会两院议长以及外

---

① Национальный Статистический Комитет Кыргызской Республики, *Перепись Населения И Жилищного Фонда Кыргызской Республики 2022 Года（Книга II）*，Бишкек，2023，с. 92 – 98.

交部长、国防部长等国家重要职能部门的领导,都由吉尔吉斯人担任。1995年2月,在吉新议会前两轮选出的78名议员中,吉族议员占近90%(而当时吉族在全国总人口中只占52.4%)①。乌兹别克人在中央和地方政权机关中的代表率和他们在人口总数中的占比不符。乌兹别克人在军队、安全机构、内务部门、税务机关、财政部门、检察机关和司法部门职员中所占的比例最低。② 2010年临时政府成立后,一位乌族领袖表示,要在吉新议会赢得10个席位。而临时政府却迅速任命亲新政权的吉族人出任奥什州、贾拉拉巴德州长,引发当地乌族群体的强烈不满。

吉尔吉斯斯坦经济发展不平衡,南北经济发展不平衡,北方经济水平要高于南方,行业差距也很突出。从全国来看,吉尔吉斯人占多数的北方地区较为发达,北部重镇比什凯克(第一首都)早在苏联时期就是经济文化中心,吉国的工业区也大多分布在北方,而南方主要以农牧业为主。在行业差异方面,乌兹别克人主要从事餐饮、酒店、运输、通信、建筑、商贸、服装等行业,且多处于雇主地位,而吉尔吉斯人则在国家政府机构、执法机构、安全机构中占有优势。近年来,随着吉尔吉斯斯坦城市化的发展,大批农民进城务工,加剧了就业竞争。这是社会经济发展过程中出现的正常问题,却以民族矛盾的形式表现出来。从事商贸业的乌族人往往成为政府官员敲诈勒索的盘剥对象,他们的经济权益得不到政府的有效保护,这使得他们对政府有严重的不满情绪。

中亚各国独立以后,由于苏联时期划界时遗留的边界问题、水资源分配问题成为影响吉尔吉斯斯坦和乌兹别克斯坦两国关系的重要障碍,并不时刺激着吉国南部吉乌两族的民族关系。乌兹别克人一直认为奥什市应该划归乌兹别克斯坦,乌兹别克斯坦半官方和民间多次提出对奥什的领土要求,吉尔吉斯斯坦政府为了回应,在2000年宣布奥什市为它的第二首都,总统和政府在当地也设立了办公厅,以强化奥什市是吉尔吉

---

① 中央统战部研究室四处:《吉尔吉斯斯坦因民族问题引发骚乱对我国做好民族工作的启示》,《重庆社会主义学院学报》2010年第6期。

② *Заключение Национальной Комиссии По Трагическим Событиям, Происшедшим На Юге Республики В Июне 2010 Года*, Январь 2011 г. (http: //www. ferganenews. com/article. php? id = 6871)。

斯斯坦领土的概念。而吉国南部的乌兹别克人凭借背靠乌兹别克斯坦的地缘条件，与吉尔吉斯人对着干，对吉尔吉斯斯坦政府的调解和有关的政令、法规不予理会。特别是在乌兹别克斯坦与吉尔吉斯斯坦两国间关系出现障碍时，这两个州几乎处于半失控状态。此外，吉乌两国在锡尔河水资源的分配问题上也存在严重的争端，甚至一度兵戎相见。吉尔吉斯斯坦是乌兹别克斯坦主要河流锡尔河等的上游国家，它对水资源的利用主要是发电，峰值用水量在冬季，而乌用水主要是灌溉，峰值用水期是春夏季，两者之间严重错位，经常发生矛盾。最严重的一件事情发生在2000年春天。当时，乌兹别克斯坦在边界附近组织了军事演习，动用了武装直升机，声言演习目标是夺取水坝。作为回应，吉尔吉斯也放出话来说，只要乌兹别克斯坦动手，它就自己把水坝炸掉，让乌兹别克斯坦陷入洪水之灾。尽管双方没有真正动手，但这种强硬的姿态反映双方关系的紧张程度。

多年前，乌兹别克斯坦在吉乌边界的多处地段埋设地雷，名义上是为了控制恐怖分子及其他人员非法越境，但实际上反映了两国关系恶化的严重程度。后来又在边界上挖深2米宽3米的壕沟，竖铁丝网，加强戒备，实际上是做出一种姿态来。乌知道不可能发动战争，也不可能用这种战争威胁的手段取得什么实质性的结果，但是这一行为严重地影响了两国关系的发展。两国关系直接影响了两个国家内的两个民族之间的关系，这是很自然的事情。乌吉两国的争议，使吉尔吉斯境内的乌兹别克人和吉尔吉斯人之间的矛盾扩大，在乌兹别克斯坦境内的这两个民族之间的矛盾也不断加深。

五 国际环境因素

1. 地区周边环境因素

由于中亚地区在历史上大部分时间都未建立独立国家，其始终以地区身份载入史册，因此现代中亚国家有着相似的历史文化传统。独立后，阿卡耶夫总统曾热衷于追求民主，但后期却出于巩固政权的需要转而成为民主的反对者，不断加强总统权威，这很大程度上与中亚其他国家领导人实施铁腕统治却能维护国家秩序的示范效应有关。

与吉尔吉斯斯坦不同，哈萨克斯坦独立后逐渐确立了以威权政治制度为主的管理模式。根据哈萨克斯坦宪法，总统具有任免总理、解散议会的权力，议会三分之一的上议院议员和哈国人民代表会议领导人都需要由总统任命。诸如此类的总统权力不一一列举，可见哈国总统掌管着国家的绝对权力。而哈国议会的权力相较于总统的权力受到了极大的限制与削弱，议会仅仅具有起草和通过总理和政府提出的草案的权力，几乎没有制定政策的权力。① 此外，哈首任总统努尔苏丹·纳扎尔巴耶夫从1991年开始第一任期，2015年4月以获得97.75%的票数第五次连任，在哈国统治近30年，被誉为"政坛常青树"。哈民众甚至认为，"没有纳扎尔巴耶夫，就没有哈萨克斯坦的未来"。在纳扎尔巴耶夫威权政治体系及其带领下，哈萨克斯坦实现了国家顺利转型和快速发展，取得了令世界各国瞩目的成就。托卡耶夫就任总统后，纳扎尔巴耶夫仍在哈萨克斯坦保持着较高的地位和一定的影响力。

除哈萨克斯坦外，土库曼斯坦、乌兹别克斯坦、塔吉克斯坦和俄罗斯也实行威权政治。因此，在吉尔吉斯斯坦总统阿卡耶夫模仿建立西方民主制度，企图以"中亚民主岛"之称来吸引西方以得到西方国家的支持和援助，但经过十余年发展，西方民主制度被证明并不符合吉国国情，不但没有推动吉经济社会发展，反而造成了一系列政治、社会危机。在这种西方民主制度建设失败的背景下，受中亚邻国以及俄罗斯威权政治的影响，吉尔吉斯斯坦实质上也逐步放弃民主政治转而建立了威权主义政体。

2. 外部大国势力因素

19世纪时英国地理学家与地缘政治学家哈尔福德·约翰·麦金德发表了《历史的地理枢纽》，说出了震惊世界的名言："谁统治东欧，谁就能主宰心脏地带；谁统治心脏地带，谁就能主宰世界岛；谁统治世界岛，谁就能主宰全世界。"② 而麦金德的"陆心说"中"心脏地带"的核心位置就是地处欧亚大陆腹地的中亚。兹比格纽·布热津斯基在1997年出版的《大棋局：美国的首要地位及其地缘战略》一书中称中亚为"欧亚

---

① 孙铭：《哈萨克斯坦构建威权政治制度研究》，《俄罗斯学刊》2017年第1期。
② [英]哈·麦金德：《历史的地理枢纽》，林尔蔚、陈江译，商务印书馆2010年版，第14页。

大陆的巴尔干"①,是"种族的大熔炉"。② 布热津斯基认为该地区战略位置重要,蕴藏大量石油和天然气,种族和宗教冲突激烈,是大国角逐之地。从地缘位置来看,中亚地处欧亚大陆的心脏位置,北接俄罗斯,东邻中国,南邻印度、巴基斯坦、伊朗等地区性大国,西靠中东热点区域,且越过地中海地区可以到达欧洲,因此中亚是名副其实的欧亚大陆的交通枢纽,是任何欧亚大陆的边缘国家东进西出、南下北上的必经之地。在古代,中亚地区是古丝绸路最重要的一段,而到了冷战结束后的今天,中亚仍然由于战略缓冲带的作用而具有非凡的地缘战略意义。

吉尔吉斯斯坦是中亚五国之一,北与哈萨克斯坦接壤,西和西南与乌兹别克斯坦接壤,西南与塔吉克斯坦接壤,东与中国接壤。吉尔吉斯斯坦的地缘政治环境一开始就是复杂的。以美国为首的西方势力借阿富汗反恐战争的契机向中亚渗透,使得吉尔吉斯斯坦的局势更为复杂。吉尔吉斯斯坦作为经济落后的地区小国,奉行大国平衡的多元外交战略模式始终是其对外战略的指导思想,但这也导致吉国政治的转型极容易受到外部大国势力的影响甚至沦为大国地缘政治博弈的牺牲品,尤其深受美国、俄罗斯、中亚邻国的影响。吉尔吉斯斯坦政局频繁动荡,其实是"心脏地带"下的大国博弈的一种结果。这种政治现实导致吉国政治转型必然会带有模仿性、反复性、游离性的特征,并进一步导致吉国政局的不稳定。因此,吉尔吉斯斯坦地缘政治格局中的大小博弈,是影响吉国政治转型的不可忽视的外部因素。

外部大国对吉尔吉斯斯坦政治转型的影响可以追溯到苏联解体、吉尔吉斯斯坦独立时。苏联解体后,为填补因苏联解体而造成的地区地缘政治的真空,各大外部势力竞相进入中亚,成为影响中亚各国政治和社会转型的一个重要因素。吉尔吉斯斯坦虽然是一个领土面积不足20万平方公里的小国,却处于这一地缘战略的中心地位。从20世纪90年代末

---

① 兹比格纽·布热津斯基在1997年出版的《大棋局》一书中,把"大黑海沿岸地区"称为"欧亚大陆的巴尔干"。从现实地理上说,黑海沿岸国家只有六个,即俄罗斯、乌克兰、罗马尼亚、保加利亚、土耳其和格鲁吉亚。但除高加索、巴尔干外,布热津斯基还把中亚、南亚部分地区、波斯湾和中东地区也归入"大黑海沿岸地区"。

② [美] 兹比格纽·布热津斯基:《大棋局:美国的首要地位及其地缘战略》,中国国际问题研究所译,上海人民出版社2007年版,第101—111页。

起，该国就因为恐怖主义活动猖獗而被世界所关注。2001年"9·11"事件的发生和美国随后发动的全球反恐战争、阿富汗反恐战争使包括吉尔吉斯斯坦在内的中亚国家的战略地位骤然上升，但同时这一地区也面临外来势力纷纷渗入的危机。

美国和俄罗斯先后在吉尔吉斯斯坦建立军事基地。2001年，为支持美国正在进行的阿富汗战争，美国在吉尔吉斯斯坦首都比什凯克马纳斯国际机场附近建立马纳斯空军基地①。马纳斯转运中心也驻扎有国际安全援助部队其他成员国的军队，如法国、澳大利亚、丹麦、荷兰、挪威、西班牙和韩国等，因此，马纳斯转运中心一时间被誉为"国际部队的大本营"。直至2014年6月，美国军队撤离马纳斯空军基地，其控制权才移交给了吉尔吉斯斯坦当局。

俄罗斯在吉尔吉斯斯坦建有四个军事基地，分别是坎特空军基地、查尔多瓦尔镇附近俄罗斯海军舰队的通信点、卡拉科尔的鱼雷试验场和迈利苏镇附近的地震台。这四个军事基地分别隶属于武装空军、海军舰队和国防部12号行政首长（核部门）。其中俄罗斯坎特军事基地距美国马纳斯军事基地只有30多公里。2010年9月23日，四个军事基地合并。俄罗斯与吉尔吉斯斯坦达成双边协议，决定俄罗斯军事基地将继续在吉尔吉斯斯坦运转至少15年，协议于2017年1月29日生效。

曾经有媒体指出，吉尔吉斯斯坦创造了一个在同一国土上部署两个对立国家的军队和军事基地的世界神话。这一表述，实质上反映出美俄两国为了实现自身排他性的中亚利益而不断竞争冲突的政治现实。冷战结束之后，美国短暂确立起了单极霸权的国家政治秩序，但为了巩固和强化全球霸权，美国将其中亚战略确定为排挤中俄影响力、孤立伊朗，实现美国的中亚霸权。一旦美国控制了中亚地区这一欧亚大陆的心脏地带，美国就可以将欧亚大陆东南西三面边缘地带的军事力量和军事部署连接起来，实现从海洋强权到海陆强权的转变，真正获取包括内陆地区在内的全球霸权地位。为了实现这一目标，美国通过政治、经济、军事

---

① 马纳斯空军基地是美国在吉尔吉斯斯坦建设的军事基地，2009年6月根据美国和吉尔吉斯斯坦政府签署的新协议，该设施被更名为"马纳斯转运中心"，但是人们常称之为马纳斯空军基地。

并举，援助、侵略、意识形态渗透并用的方针不断增强在中亚地区的存在。①

在2020年吉尔吉斯斯坦议会选举引发的骚乱中，也能看到美国等外部势力的身影，至少是通过向反对派提供咨询支持，参与其中。早在2019年5月，美国国际开发署就曾宣布打算为吉尔吉斯斯坦议会选举提供250万美元的支持。"将这些资金提供给参与选举的地方组织，由它们对选举过程进行观察，特别要注意候选人的财政资源使用情况、媒体对投票情况的报道和社会网络的影响。""投票完成后，获得资金的组织应该继续帮助公民和议会建立信任关系。""共同事业"基金会是利用美国资金在2020年吉议会选举前建立的组织之一。在收到美国国际开发署的120万美元之后，它积极进行了竞选、培训和社会动员，组建了选举进程公共观察员小组，并成为"下一次颜色革命的集体组织者和宣传者"。此外，英国人特别是英国大使加雷塔在吉境内的活动有所增加，如加雷塔与反对党领导人举行了一系列会谈。②

---

① 陈柯旭：《美国中亚战略研究——基于地缘政治视角》，博士学位论文，华东师范大学，2012年，第1页。

② 详见："США Выделят 2，5 Млн Долл. На Поддержку Парламентских Выборов В Кыргызстане"，K-News，May 13，2020（https：//knews.kg/2019/05/13/sshavydelyat-2-5-mln-na-podderzhku-parlamentskih-vyborov-v-kyrgyzstane-...）；"Кто Дирижирует Попыткой Переворота В Киргизии？" Военно-политическая Аналитика，October 07，2020（https：//vpoanalytics.com/2020/10/07/kto-dirizhiruet-popytkoy-perevorota-vkirgizii/）.

第二章

吉尔吉斯斯坦的经济发展

吉尔吉斯斯坦是中亚地区乃至整个独联体地区最贫穷的国家之一，经济发展既面临着历史性因素的制约，也受到客观地理状况和现实政治因素的影响。吉尔吉斯斯坦超过94%的领土海拔在1000米以上，大型山脉把吉尔吉斯斯坦传统上划分成了南部和北部。吉尔吉斯斯坦拥有多种矿产资源，特别是以黄金为代表的有色金属较丰富，具有较大的潜在经济价值。山地之国的地形条件则赋予了吉尔吉斯丰富的水力资源，但由于基础设施建设不足，水电资源开发仍十分不充分。

进行自由化改革、实行自由经济区、简化小型企业税收制度，在一定程度上缓解了吉尔吉斯斯坦独立后第一个十年里发展国民经济的客观困难。在独联体国家中，吉尔吉斯斯坦是第一个在1993年退出卢布区并发行本国货币的国家，也是第一个在1998年就加入了世界贸易组织的国家。但是，在消除贫困，建立能源、交通运输等基础设施方面，吉尔吉斯并未取得成果。2005年和2010年两次革命导致的政权和外交政策变化、政治动荡、高贫困率、非工业化、农业退化、大量对外移民、外债增多、与邻国关系等，所有这些与对企业的高度开放一起构成了吉尔吉斯斯坦发展经济的内外环境。

独立以来，吉尔吉斯斯坦逐渐形成了一种多样化程度较低但中间商贸易明显的小型开放经济模型。由于本国市场狭小，经济发展高度依赖外源性因素成为吉尔吉斯斯坦不可避免的一个问题。

第一节 吉尔吉斯斯坦的国家发展战略与经济发展目标

苏联解体后，吉尔吉斯斯坦就大张旗鼓地开始进行经济改革和政治改革。它选了激进式的经济改革方式，采取了不少超前的措施。1998年吉尔吉斯斯坦就加入了世界贸易组织，2000年在中亚国家中率先推行议会总统制。在这些因素的刺激下，吉尔吉斯斯坦在私有化、中小企业的发展上取得较快进展，经济的活跃度得到提高。然而，吉尔吉斯斯坦的政治和经济基础都比较薄弱，对于外部环境的依赖比较高，政治精英走马灯似的变化致使政策变动性较大，国家治理体系也相对较弱，再加上客观的自然地理状况和人口增长趋势，吉尔吉斯斯坦的经济发展更加需要宏观战略的支撑。

一 《2001—2010年吉尔吉斯斯坦综合发展纲要》

2001年5月29日，吉尔吉斯斯坦通过了《2001—2010年吉尔吉斯斯坦综合发展纲要》，提出七项优先任务：保持宏观经济稳定和促进国内生产总值继续增长；加大国内投资力度，逐渐改变融资结构和渠道；增加财政收入，减少预算赤字；扩大出口，缩小外贸逆差；进一步调整产业结构；发展中小企业；发展边远落后地区。2012年12月，吉时任总统阿坦巴耶夫在首次召开的稳定经济发展国家理事会会议上，宣布了《2013—2017年吉尔吉斯斯坦稳定发展战略》，提出未来五年主要依靠自力更生、依法治国以及社会和谐统一达到维持国家稳定、经济稳定、社会稳定和人民生活稳定的目标。经济发展的优先方向包括：交通、电力、采矿、农业、轻工业、服务业等。文件规定，到2017年吉政府计划将人均国民生产总值从2011年的1200美元提高到2500美元，将国民生产总值从2011年的59.2亿美元提高到135亿美元，平均每年增长逾7%。此外，还计划将贫困率从37%降低到25%，将月平均工资从193美元提高到553美元。[①] 从现在来看，这些战略里的多个发展目标并未实现。

---

① 赵会荣：《中亚国家发展历程研究》，社会科学文献出版社2016年版，第84页。

二 《吉尔吉斯共和国2018—2040年国家发展战略》

2018年11月1日，吉尔吉斯斯坦时任总统热恩别科夫签署了《吉尔吉斯共和国2018—2040年国家发展战略》[①]。该战略共有八部分内容，分别描绘了2040年前吉尔吉斯斯坦在社会、经济、国家管理方面的发展目标，并就2023年前中期发展方向和阶段性发展步骤做出了具体要求。

战略第三部分"经济福利与发展环境质量"分别从经济发展要素、形成可持续的发展环境、优先发展部门三个方面进行了规划。

首先，确定了要把吉尔吉斯斯坦建设成为一个具有竞争性经济的国家，重点是应用创新和环保技术，形成具有多样性、均衡性和包容性的经济以及良好的投资环境。具体而言，在人力潜力和劳动力市场方面，到2040年，通过创造可提供体面就业和稳定收入的生产性就业机会，保障人民的经济福利；使80%的劳动人口获得可观的收入和良好的工作条件；使吉尔吉斯斯坦进入联合国开发计划署人类发展指数的前60强国家之列。在改善投资环境和增加出口方面，吉尔吉斯斯坦加快向创新型社会经济发展过渡，并努力在全球竞争和经济开放的条件下赶超最具竞争优势的国家；吉尔吉斯斯坦将着力改善本国境内的投资环境，使本国成为一个能够与本地区其他国家和欧亚经济联盟其他国家相媲美的具有投资吸引力的真正的"投资绿洲"；在制定出口方向时，吉尔吉斯斯坦将积极利用欧盟超普惠制地位，扩大向欧洲国家出口本国商品。

其次，要从保持宏观经济稳定和政策延续、营造有利的商业环境、建设高质量的基础设施、注重环境保护、实现各区域发展五个方面，形成可持续的发展环境。具体而言，在保持宏观经济稳定和政策延续性方面，经济政策将以实施为经济体系的运转形成新的体制结构和环境的改革为目标；确保宏观经济稳定和发展政治法律机制被视为国家发展能否取得成功、能否为经济可持续发展创造条件的基本前提；将宏观经济风险和交易成本下降至最低是提高本国投资吸引力和刺激商业活跃度的重要因素。在营造有利的商业环境方面，中小企业在本国经济中稳定、顺

---

① Национальный Совет Кыргызской Республики, *Национальная Стратегия Развития Кыргызской Республики На 2018 - 2040 Годы*, Бишкек, 2018.

利发展，保护企业家免受行政压力，在政府与商业协会之间建立伙伴关系，开展改善经商环境的联合工作，为经济各部门的企业家扩大经营和区域就业机会创造条件。在建设高质量的基础设施方面，国家将建设为均衡和多样化的经济发展所必需的高质量的生产基础设施；社会基础设施的质量和可用性是生产率提高的前提；基础设施和基础服务市场的形成将考虑空间规划和经济区划。在环境、适应气候变化和减少灾害风险方面，吉尔吉斯斯坦是一个人类生活环境良好的国家，能与自然和谐发展，维持独特的自然生态系统，并合理利用自然资源，促进气候的可持续发展；通过最大限度地减少对环境的负面影响，提高要求和刺激环境保护的效率，在作出对环境具有重大意义的决策时使用可靠数据；将自然资源从国际预算的支出对象转变为收入来源。在各区域发展方面，居住在区级城市和乡村的公民的生活质量将尽可能地接近首都居民生活质量，并且不会因定居点地理位置而有明显差异；每个地区都将形成自己吸引人的一面，使每个人将自己的生活与小家园联系起来；创造条件，使每个公民、社区、组织都有机会实施其倡议，以发展自己所在的城市、村庄、地区；为各地区吸引投资和发展商业创造条件；各地区将获得实施自己发展计划所需的机会和资源。

最后，把工业、农工综合体、轻工业集群和旅游业作为优先发展部门。具体而言，在国家工业潜力方面，吉尔吉斯斯坦具有竞争力的工业，可促进充分的生产性就业和体面的工作；工业结构多样化，并以出口为导向，依靠自身的资源和生产基地，进入区域和全球价值链，参与欧亚经济联盟等组织的一体化进程，与欧亚经济联盟和"一带一路"倡议进行对接；进行现代化，扩大现有产业能力。在农工综合体和合作社方面，吉尔吉斯斯坦将凭借其地理和气候优势，成为向地区市场和欧亚经济联盟市场提供优质环保有机山区和丘陵地区农产品的首要供应商；在国家农工综合体中建立中型和大型加工园区，为产品出口到国外市场建立物流中心；通过合作社和集群化，农场积极参与生产过程，使生产者能够直接获得增值，从而增加当地居民的收入。在轻工业集群方面，形成高效、创新的轻工业，把从原材料供应开始到成品交付再最终到消费者手中的所有阶段的相关行业都整合到集群中；在世界市场上形成吉尔吉斯斯坦纺织产品的民族品牌；市场在地理上要包括本地区、独联体和欧美国家；吉尔吉斯斯坦设计技能的发展获得全球时装和艺术行业的认可。在旅游业的可持续发展方面，旅游业对国家经济的可持续发展、保障居民就业和收入增长贡献巨大，可刺激与旅游相关产业和领域的发展以及国内外投资的流入；为实现国家的竞争优势，建立适用于度假休闲旅游、山地旅游、文化旅游的旅游要素型基础设施；服务标准要达到满足国内和入境旅游的需求；把待客行为模式作为国家和市政雇员的行为准则，提高旅游业竞争力；进行长期规划时要考虑到领土的休闲容积率和生态承受潜力；文化旅游业的交流潜力和国内旅游业的增长将成为形成公民认同的有效工具。

该纲要提出了吉尔吉斯斯坦2023年前经济发展中期目标，主要有：

（1）在形成发展要素方面，支持终身学习，提升劳动者业务能力和专业技能，建立国家技术水平鉴定制度，制定未来3—5年专业素质人才需求蓝图；吸引直接投资，使投资总额占到GDP的25%至30%，为超过1000万美元的大规模投资建立"战略投资者"制度，并提供特殊优惠；大规模进行质量管理，加入先进的区域和国际质量认证和标准，相关基础设施在未来2—3年内投入使用；精简政府办事流程，改善基础设施和信息物流服务，在区域一级建立"绿色走廊"，使吉尔吉斯斯坦在未来5年内成为中亚国家在贸易便利化和自由化方面的领头羊；提升国际排名，到2023年吉尔吉斯斯坦应进入世界银行营商环境排名前40个国家、全球竞争力指数前70个国家、全球幸福指数前30个国家之列；加快技术现代化，发展创新型、紧凑型、环保型工业；到2023年计划新增灌溉土地2.7万公顷，提高4万公顷灌溉土地的水源供应，将2.8万公顷有条件灌溉的土地转变为灌溉土地，建设12个总容量约为6400万立方米的仓储设施。

（2）在形成发展环境方面，扩大中小企业产能，通过扩大融资、放宽贷款条件、建立特殊的行政和税收制度以及为企业提供信息和咨询支持，使中小企业在GDP中的贡献率到2023年达到50%；为保护商业实体的权益、提高投资吸引力和打击腐败，建立商业检察员机制，提高企业在经济政策制定中的作用；建立具有竞争力的公平税收制度，自2020年起包括社会提成在内的税收负担将不超过20%，税收总种数将减少至只剩下增值税和所得税2种；实施资本自由流动政策，将商业银行资本化，中期目标是使银行渗透率达到55%；完成非国有化和私有化过程，引入公私伙伴关系、投资租赁、财产信托及某些职能的外包机制，到2020年除战略性设施外，国家将把经济设施完全市场化；进行财政改革，真正向计划预算过渡；国家的长期债务政策旨在确保和维持国家外债的可持续性，国家债务中期管理战略将根据对债务总量风险和成本的定期分析，来确定国家债务结构中的优先次序；计划对现有发电设施进行大规模改造和技术现代化，预计到2023年现有体系的功率提高到至少385兆瓦，开发能源基础设施和出口潜力，包括继续实施CASA-1000项目；提高能源关税，保障能源系统稳定运行，降低优惠用电者门槛，到2023年把能源部门的技术性损失减少至11.6%；能源设备、电力线、热水网的年度更新比例不得低于1.5%，推广节能技术，首先从比什凯克市和奥什市负责维护基础设施的市政企业开始进行技术升级；促进可再生资源的发展，利用太阳能、风能和水能发电使国家能源系统容量在未来五年至少增加10%，即385兆瓦；到2023年将有至少60个居民点实现天然气化，覆盖9万多个家庭，到2021年比什凯克市至少有20个居民区实现天然气化；扩大交通物流能力，到2023年达成中国—吉尔吉斯斯坦—乌兹别克斯坦铁路协议并开始修建该铁路，根据国际标准对图噜噶尔特—纳伦—比什凯克、伊尔克什坦—奥什—巴特肯—伊斯法纳、苏萨梅尔—塔拉斯—塔拉兹（哈萨克斯坦）、丘普—克根（哈萨克斯坦）、阿拉尔—苏萨梅尔（连接比什凯克—奥什公路与南北公路）、贾拉拉巴德—马达尼亚特（乌兹别克斯坦）、比什凯克—卡拉—巴尔塔（比什凯克—奥什公路段）等跨国公路的各个路段进行修复和建设，完成南北公路建设，启动环伊塞克湖公路修复和现代化，国家负责每年修复至少550公里的国内公路以及建设和修复至少15座桥梁，为95%的定居点提供定期客运服务；到2023年将吉尔吉斯斯坦建设成中亚的主要航空枢纽之一，使该国所有机场的客运量和货运量分别增长40%和30%；确保95%的定居点获得干净的饮用水，农村地区超过200万居民获得集中供水，到2023年在7个州和26个区中心开展废水系统的建设和修复工作，并利用现代技术最大程度地保障环境安全；降低该国所有经济实体和公民的直接碳排放量，恢复和扩大山区森林，到2013年将森林覆盖率从5.6%提高到6%；对受到铀矿开采和加工辐射的33个尾矿场和25个矿石堆积场进行土地开垦,建立国家辐射安全保障系统;对水资源进行综合管理,实施拯救冰川和高山湖泊方案;在大型城市应用先进的废物处理和回收经验,采用新技术创建垃圾填埋场;根据城市的经济专业化、独立特征和历史文化特征,到2023年制定并批准20个城市的总体发展规划;启动"公共服务中心"建设,到2023年建成约30个新型居民服务中心;为保持健康的生活方式和预防疾病创造条件,形成"无烟环境",建立卫生保健服务信息门户,增加"健康场所"、"健康城市"和"健康村庄"的数量;成立区域发展社会伙伴关系基金,其法定资本为1000万美元。

（3）在优先发展部门方面,将设备制造和小型机械工程、农产品加工和食品生产、缝纫部门、建材业确定为工业优先发展方向,从俄罗斯—吉尔吉斯斯坦发展基金以及其他金融机构中为它们开辟信贷专线,并给予产品出口最大援助;重视发展羊毛和纺织品生产、养蜂业、集约园艺业、渔业领域的农工综合体,扩大优良种子的生产和培育,实施现代物流中心建设项目,2023年建成"北方"和"南方"两个国际级物流中心、7个地区级物流中心;为实施"纺织和缝纫生产技术项目",向吉尔吉斯斯坦轻工业协会提供租赁期为49年的40.74公顷土地以及比什凯克的3.7公顷土地,40多个企业主将参与该项目实施,并将创造1万多个就业岗位;建设若干个地质公园,分别在卡拉科尔市和奥什市的基础上启动山地滑雪和历史文化旅游业集群,为游客开发必需的基础设施,在未来五年使国际游客的年增长率达到5%,并启动一项发展国内旅游的计划。

三 《2026年前吉尔吉斯共和国国家发展纲要》

COVID-19的暴发使世界经济形势和吉尔吉斯斯坦国内经济发展状况发生了重要变化,《吉尔吉斯共和国2018—2040年国家发展战略》中的一些内容失去了现实指导意义。面对新变化、新形势,如何在国内国外经济呈现双重动荡的背景下协调国内国外发展,成为扎帕罗夫就任总统后亟须解决的问题。在2021年4月11日举行的全民公决,除通过了新版宪法外,还对吉尔吉斯斯坦社会经济形势进行了修订。2021年10月14日,扎帕罗夫签署批准了关于《2026年前吉尔吉斯共和国国家发展纲要》的法令,授权内阁制定并通过实施该纲要的行动计划,更新2018—2040年国家发展战略中规定的投资项目,采取适当措施落实法令规定。

在发展目标和优先发展方向上,该纲要写道,"总体愿景与吉尔吉斯共和国(2040年前)的长期发展前景一致,即成为一个完整独立和舒适的国家,其民众充分享有选择自己生活的机会和权利实现公民的自由和富裕。该方案的目标是通过为国家社会经济发展创造条件,实施反危机措施,改善公民的福利,为成功实现长期发展目标奠定基础。今天,在人类发展指数方面,吉尔吉斯共和国在189个国家中排名第120位,在全球竞争力指数方面在141个国家中排名第96位。通过实施本纲要,吉尔吉斯共和国有望提高其在主要国际评级中的地位。在实现可持续发展目标方面将取得重大进展。本纲要的实施将使国家财富和公民福利至少增加四分之一。经济增长将变得可持续,收入不平等将减少,中产阶级将扩大。经济政策的主要优先事项将是支持和发展劳动密集型经济部门。积极的变化将在农村发生,就是缩小与城市生活质量的差距。将启动新的企业并创造就业机会。城市和村庄的街道将变得更加干净和安全。人们将对未来充满信心,能够在祖国充分实现自己的价值。逐步实施体面工作标准(体面工资、体面就业、社会伙伴关系)将是人类福利和国家发展的基础。"①

具体而言,该纲要提出的发展目标有12个:"(1)保障年实际经济增长率平均达到5%;(2)人均国内生产总值至少达到1500美元;(3)将失业率降至5%;(4)确保每年外国直接投资额至少占国内生产总值的13%;(5)将国家外债额保持在国内生产总值的60%以下;(6)将吉尔吉斯共和国在人类发展指数排名中的指标提高5个名次;(7)吉尔吉斯共和国在全球竞争力指数排名中的指标提高10个名次;(8)将人口贫困率降至20%,其中儿童贫困率降至25%;(9)根据全国考试的结果,确保至少50%的毕业生达到基本的实用识字水平;(10)在电子政务发展指数排名上,进入世界国家前60位;(11)温室

---

① Кабинет Министров КР, *Национальная Программа Развития Кыргызской Республики До 2026 Года*, Бишкек, 2021, с. 4-5.

气体排放量减少17%；（12）吉尔吉斯共和国在腐败感知指数排名上提高10个名次。"①

为实施该纲要，吉尔吉斯斯坦计划在7个优先领域采取措施，即反危机措施、政府机构改革、创造发展环境、关键经济部门、社会发展、对外政策和国家安全、特别优先事项。具体到经济领域，优先发展事项有5个方面：水力发电、农业和加工业、旅游业、矿产资源、轻工业。在水力发电方面，提出要建设坎巴拉钦斯克—1水电站、上纳伦河梯级水电站、苏萨梅尔—可可梅伦斯克梯级水电站、卡扎尔曼斯克梯级水电站等大型水电站，兴建一批小型水电站，实施CASA-1000项目，将政府车辆分阶段转换为电动车，实施建筑节能项目，开发替代能源（太阳能、风能）。在农业和加工业方面，提出要启动农业商品交易所，根据大型商品生产者的集群化和支持修订《农业融资纲要》，实施有机生产发展计划，修改水运服务税收制度，改造吉尔吉斯共和国灌溉系统（2018—2022年），改造萨雷木萨克灌溉系统（2018—2022年），发展伊塞克湖州和纳伦州灌溉农业（2021—2024年），发展楚河州灌溉农业（楚河2号运河），实施水产养殖发展项目，实施国家农产品追踪制度，形成统一的生产销售链以及农业营销和电子商务中心，创建智慧农业数据库。在发展旅游业方面，提出的项目有启动"医疗旅游"团，采用营销策略在电子平台、B2B活动中推广国家，设立旅游业发展基金，在伊塞克湖州建造品牌酒店，发展小型航空。在矿产资源方面，制定吉尔吉斯共和国矿产法典，有效开发现有矿床（捷列克矿床、捷列坎矿床、山口矿床等）并开发新矿床（安达什矿床、塔尔迪布拉克矿床、托古洛克矿床、恰拉特矿床等），实施重大矿产资源开发项目，实施数字解决方案，保障合理、透明地使用采矿业产生的收益。在轻工业方面，制定的项目是启动大型集群生产，启动至少3个工业区，兴建工业园，建设和启动轻工业产品质量评估实验室，吸引国际知名品牌的国际投资者将其生产地设在吉尔吉斯共和国境内。

---

① Кабинет Министров КР, *Национальная Программа Развития Кыргызской Республики До 2026 Года*, Бишкек, 2021, c. 5–6.

第二节 吉尔吉斯斯坦宏观经济发展状况

一 向市场经济的过渡

吉尔吉斯斯坦位于欧亚大陆深处，长期远离主要国家通道，但它拥有丰富的矿产资源、水能资源。二战前，苏联就已经开始开采吉尔吉斯斯坦境内的黄金、汞、锑、铅、煤等矿产资源。二战时期，从苏联欧洲部分撤离到楚河盆地的一些工业企业奠定了吉尔吉斯斯坦进行工业化的重要基础。1950年代，吉尔吉斯斯坦开始开采境内的铀矿和稀土金属，60—80年代开始建立高科技行业，如位于贾拉拉巴德的麦利—塞电灯厂、位于普列日瓦尔斯克和喀止—塞的电器企业、位于塔什—库梅尔的半导体厂（今"Crystal"股份公司）和电子计算机厂（今"Zhanar"股份公司）。为保障吉尔吉斯斯坦的能源供应，1960年代开始在纳伦河上修建梯级水电站。1991年，吉尔吉斯斯坦就业总人数中有18.2%在工业部门工作，而工业部门创造了27.5%的GDP；35.3%的人在农业部门工作，农业部门创造了35.3%的GDP。吉尔吉斯斯坦在工业化进程中出现了严重的地区失衡，主要表现为北方发展快于南方，城市发展快于农村。

吉尔吉斯斯坦新兴的高科技产业需要熟练工人和工程师，这些新出现的就业岗位大都被提供给外来的俄罗斯人、白俄罗斯人、乌克兰人，而吉尔吉斯斯坦当地人的失业率有所上升。1980年代，莫斯科为支持吉尔吉斯斯坦经济稳定提供了大量补贴，为减少失业特别是妇女的失业，建立了奥什纺织厂、托克马克精纺厂、伏龙芝初级羊毛加工厂等。1990年，在戈尔巴乔夫的领导下，苏联开启了向包括私有化在内的市场经济过渡的新阶段。吉尔吉斯斯坦最高苏维埃委员会在1990年10月通过了《稳定国民经济并向市场经济过渡纲要》。根据该纲要，吉尔吉斯斯坦1991年1月批准了新的经济政策，其主要内容有：1.实施新的农业政策，建立社会基础设施，发展农村小型工业企业；2.对本国法律文件和其他法规进行审查，为吸引外部投资、贷款、信贷和新技术创造经济、组织和法律条件；3.对本国贸易、餐饮、消费服务、工业、建筑业和汽车运输领域的微小企业进行私有化；4.与东西方发达国家建立经济和政治联系，制定本国政府外交和对外经济活动整体构想。

　　苏联解体后，吉尔吉斯斯坦面临的首要任务之一是实施本国的经济政策，并制定过渡时期独立的经济活动计划。独立初期，吉尔吉斯斯坦面临着城乡差距大、交通基础设施差、北方比南方发展快、绝大多数对外关系都局限于原苏联加盟共和国等问题。为加快发展，吉尔吉斯斯坦以1991年新经济政策为基础，根据客观情况不断完善、调整向市场经济过渡的方案。为向市场经济过渡，吉尔吉斯斯坦开启了私有化进程。1991—1993年是吉尔吉斯斯坦私有化进程的第一个阶段。1991年由于立法和监管机制尚未准备充分，私有化进程几乎没有发展，主要是通过土地私有化改革，农民获得了部分土地，并开始了金融信贷领域的自由化。自1992年开始，私有化进程加快，并在1993年达到了高潮。这一时期，吉尔吉斯斯坦创建了市场基础设施，消费品价格开始实行自由化，进行了私有化基础上的所有权转变，工业、消费服务、贸易和公共餐饮业的中小企业实现了私有化，并在1993年5月10日退出卢布区，开始使用吉尔吉斯斯坦本国货币索姆。这一时期，在吉尔吉斯斯坦的GDP结构中，农业部门占30%，而53%的人口在农业部门就业。由于失去了之前苏联中央的财政支持，吉尔吉斯斯坦的工业出现了停滞，仅占GDP的12.5%。1990—1995年吉尔吉斯斯坦国内生产总值下降了49%。产能下降几乎涵盖了所有经济领域，其中农业产量下降了38%，而工业产量下降了68%。①

　　1994—1998年是吉尔吉斯斯坦私有化进程的第二个阶段。吉尔吉斯斯坦完善了私有化的规范方法和法律基础，实行对外贸易自由化，对经济领域的大型垄断部门和结构性部门进行了去国有化，特别是1996年利用FINSAC国际援助计划，对金融部门进行重组，引入了灵活的汇率制。到1998年，吉尔吉斯斯坦各经济部门的私有化程度为工业80.2%，农业42.0%，建筑业47.8%，贸易和公共餐饮业97.2%，日常服务业100%。② 这一时期，工业产量出现增加，农业产量也出现增长。1996年

---

① "Киргизия: It's a Hard Life И Немного Международных Сравнений"（https://present5.com/kirgiziya-it-s-a-hard-life-i-nemnogo-mezhdunarodnyx）.

② "Экономическая Реформа Суверенного Государства Кыргызстан"（https://lektsia.com/4x5ba4.html）.

吉尔吉斯斯坦 GDP 增长了 10.2%。总之，1991—1998 年吉尔吉斯斯坦国家所有制改革的结果是形成了大量非国有部门，这被吉尔吉斯斯坦政府视为发展市场经济关系和改变人们落后的经济行为模式的基础。

吉尔吉斯斯坦在独立之初就大刀阔斧地进行了以市场经济为目标的私有化改革，但由于一些系列发展难题和诸多内外不稳定因素影响，虽然改革特别是私有化的速度较快，但吉尔吉斯斯坦的经济状况并未获得发展。从图 2-1 可以明显看出，吉尔吉斯斯坦的 GDP 在 20 世纪 90 年代基本上处于减少状态，仅在 1996 年出现了小幅度增长，而受 1998 年亚洲金融危机及吉尔吉斯斯坦国内安全形势的影响，1999 年吉尔吉斯斯坦出现了 GDP 及其增长率的双重最低值，分别为 12.5 亿美元、-24.24%。这是由于独立初期，吉尔吉斯斯坦与原苏联各加盟共和国传统经济联系中断，加之实行激进改革，致使经济一度出现大滑坡。

进入 21 世纪后，吉尔吉斯斯坦先后以《2001—2010 年吉尔吉斯斯坦综合发展纲要》《2013—2017 年吉尔吉斯斯坦稳定发展战略》以及《吉尔吉斯共和国 2018—2040 年国家发展战略》为蓝图，继续调整经济改革方针，坚持以私有化和非国有化改造为中心的经济体制改革，重点支持农业及农产品加工、水利建设、旅游业、交通运输业、矿产资源开发和电信业，实现了稳步渐进地向市场经济转轨，经济形势出现了逐年增长的向好趋势。

二 经济结构与经济发展状况

近年来，吉尔吉斯斯坦继续深化经济体制改革。2006—2007 年重点实施了对电信、电力、采矿和航空运输设施的私有化，2008—2012 年重点对"Kyrgyzenergo"股份公司进行了去国有化和私有化，对"Kyrgyzgaz"股份有限公司进行了重组。自 1990 年代开始的经济体制改革刺激了吉尔吉斯斯坦经济的发展，也对其 GDP 结构产生了一定影响。

21 世纪以来，吉尔吉斯斯坦的 GDP 增长了 5 倍，从 2000 年 13.7 亿美元增长至 2022 年 109.3 亿美元。吉尔吉斯斯坦 GDP 在 2008 年首次突破了 50 亿美元大关，为 51.4 亿美元，当年的 GDP 增长率也高达 35.26%。与此同时，也可以看到，受 2008 年全球金融危机、2014 年俄罗斯经济危机以及 COVID-19 疫情的影响，吉尔吉斯斯坦经济在 2009—

2010年、2015—2016年和2020—2021年发展放缓，之后又出现较快增长。2011年吉尔吉斯斯坦GDP增长至62亿美元，增长率超过29%，2017年达到77亿美元，增长率为13%，2022年首次突破百亿美元大关，达到了109.3亿美元，增长率超过了25%。

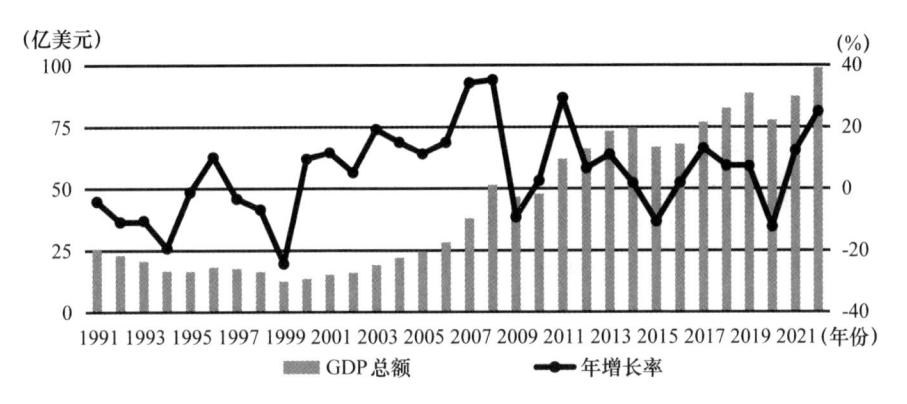

图2-1　1991—2022年吉尔吉斯斯坦GDP总额及其年增长率

资料来源：笔者根据本书附件1制作。

从GDP结构来看，从事产品生产的工业、农业所占份额整体呈下降趋势，它们的总份额已从62.8%减少至28.1%。工业在GDP结构中的比重从27.4%下降至17.1%，1995年仅为12%，这说明吉尔吉斯斯坦经济发展经历的是一个去工业化的过程。与1991年相比，吉尔吉斯斯坦的煤炭、石油和天然气开采以及石油产品的生产减少了一半，而食品、建筑材料、机械和设备生产并未达到苏联时期的水平。农业在GDP中的比重减少了近2/3，从35.4%降至11.0%。近年来，吉尔吉斯斯坦的大米、豆类和油料作物、糖用甜菜、土豆、蔬菜、水果和浆果产量虽有增长，但原棉、烟草、肉、蛋和羊毛等传统农产品的产量却在下降，从而造成了农业在整个国民经济中的比重缩减的情况。

目前，工业仍是吉尔吉斯斯坦国民经济的主导部门，工业产值在GDP中占比虽然仅为17.1%，但工业对整个经济的拉动作用却仍然非常大。能源和采矿业在吉尔吉斯斯坦的工业产值中占绝对优势。主要工业部门有采矿、燃料、电力、化工、机器制造、有色金属、木材加工、建材、食品加工、轻工等。工业总产量由采矿业、加工业、供电供气及供

表 2-1　1991—2022 年吉尔吉斯斯坦按经济领域划分的 GDP 结构　　单位:%

	1991	1995	2000	2005	2010	2015	2019	2022
工业	27.4	12.0	23.3	17.3	20.7	16.7	17.6	17.1
农业	35.4	40.7	34.2	28.5	17.4	14.0	10.4	11.0
服务业**	32.5	40.0	35.4	43.4	51.6	57.5	59.3	58.1
产品税净额	4.6	7.3	7.0	10.8	10.3	11.8	12.7	13.8
共计	100%	100%	100%	100%	100%	100%	100%	100%

注：20 世纪 90 年代，吉尔吉斯斯坦的国家统计系统沿用了苏联时期的全苏国民经济部门分类法的原则进行经济统计。2000 年，吉尔吉斯斯坦开始启用本国的国家经济活动分类法，2011 年开始使用新版的国家经济活动分类法。因此，表中对吉尔吉斯斯坦不同时间段的统计数据以不同时期的分类法为准。** 服务业包括建筑业。

资料来源：吉尔吉斯斯坦经济部官网 http://mineconom.gov.kg/ru/direct/3/265（访问时间：2024 年 4 月 12 日）；Тураева М. О., *Экономика Киргизии: Институты И Ресурсы Развития: Научный Доклад*，М.：Институт Экономики РАН，2016，с.6。

热、供水及废料加工处理回收四部分组成。以 2020 年为例，当年吉工业总产值为 3193.802 亿索姆，同比增长 0.12%，其中，采矿业产量为 178.768 亿索姆，同比下降 0.09%；加工业产量为 2609.852 亿索姆，同比增长 0.16%；食品（包括饮料）和烟草制品的产量为 314.836 亿索姆，同比下降 0.07%；供电、供气及供热的产量为 375.438 亿索姆，同比增长 0.02%；供水及废料加工处理回收的产量为 29.744 亿索姆，同比下降 0.01%。① 采矿工业主要矿产为黄金、水银、锡和钨。根据吉国家统计委员会关于吉工业企业生产经营活跃度调查报告，2020 年第三季度，吉国工业企业的平均运行负荷率为 47.9%，发电、输电和配电行业的负荷率最大，为 76%，负荷率最低的为纺织行业，为 11.1%。在成品支付能力需求上，35.2% 的受访者表示其企业产品的支付能力需求下降，5.3% 的人表示增长，59.5% 的人表示保持不变。14.2% 的受访者表示其成品价格上涨，10.1% 表示下降，75.7% 表示价格不变。13.7% 的企业表示原材料库存增长，13.5% 表示下降，37.5% 表示完全没有原材料库

---

① Национальный Статистический Комитет Кыргызской Республики, *Кыргызстан В Цифрах（Статистический Сборник）*，Бишкек，2021，с.183–189.

存，35.3%表示库存保持不变。① 工业企业运营困难主要受资金不足、国内市场需求疲软、采购方支付困难、原材料采购困难以及经常断电等因素的影响。

农业是吉尔吉斯斯坦第二大物质生产部门，也是国内居民赖以生存的经济基础和生活福利的主要来源，近年来农业生产总值占GDP的11%左右。吉国54%的国土面积适宜发展农牧业。2012年的耕地面积为127万公顷，人均耕地面积为0.24公顷；牧场和天然割草场934万公顷，占农牧业用地的86.5%。吉尔吉斯斯坦的主要农业产品有谷物、甜菜、棉花、油料作物、马铃薯和蔬菜；主要畜牧业产品包括牛羊肉、皮、毛、蛋、奶等。种植业主要以土地密集型产品为主，粮食作物和经济作物为农业经济主体。整体而言，吉国农业综合生产能力较弱，面临粮食安全问题，政府积极出台惠民政策来激励种植业的发展并初见成效，尤其是谷物的单产和总产都得到大幅提高。2013年全年吉尔吉斯斯坦谷物产量170万吨，同比增长27.5%，其中小麦产量为81.9万吨，同比增长51.6%；谷物的单位产量为每公顷2880千克。② 为保证粮食自给，政府调整政策，使农民对棉花等经济作物的种植热情消减，棉花产量下降，粮食作物产量则上升。2022年吉尔吉斯斯坦谷物产量达186.73万吨，原棉产量7.65万吨，烟草产量0.12万吨，甜菜产量46.81万吨，土豆产量127.5万吨，蔬菜产量116.36万吨，肉类产量24.83万吨，牛奶产量173.41万吨，鸡蛋产量6.079亿枚，羊毛产量1.29万吨。从产值来看，2022年，吉国农林牧业的总产量为3546.80亿索姆，同比增长7.3%。其中，种植业1777.902亿索姆，畜牧业1673.905亿索姆，农业服务76.002亿索姆，林业3.32亿索姆，狩猎业0.41亿索姆，捕鱼业5.269亿索姆。③

---

① "В III Квартале Загрузка Производственных Мощностей На Предприятиях Составила 47，9%"，*Нацстатком*，31 Октября 2020 Года（https：//news. myseldon. com/ru/news/index/239964721）.

② 李志芳、田佳妮、徐明、朱荷琴、金轲：《吉尔吉斯斯坦农业发展概况》，《世界农业》2015年第4期。

③ Национальный Статистический Комитет Кыргызской Республики，*Кыргызстан В Цифрах（Статистический Сборник）*，Бишкек，2023，с. 191 – 195.

在GDP结构中，服务业和产品税净额呈现出较为明显的增长趋势，其总份额从1991年的37.1%上升至2022年的71.9%。在服务业中，建筑业、交通运输业、信息通信业、贸易服务业等贡献率较大。以信息通信业为例，随着世界信息通信技术的快速发展，移动通信市场、互联网服务成为近年来吉尔吉斯斯坦电信市场增长最快的部分。截至2018年12月31日，吉尔吉斯斯坦通信市场共注册了336家电信运营商和服务商，拥有558个许可证，其中获得邮政通信领域许可证的单位有53家，移动通信领域4家。移动通信是吉尔吉斯斯坦发展最快的民族产业，2018年移动通信用户为10632213个，其中活跃用户7726857个，比2017年提高了4.8%；移动通信渗透率达到166.4%，移动服务总额为93.089亿索姆（约合1.35亿美元）。随着移动信号覆盖范围的扩大，互联网正在以相当快的速度在吉尔吉斯斯坦各地区发展。截至2018年底，吉尔吉斯斯坦互联网用户数量达到5093973个，互联网普及率约为79.7%，互联网服务总额为88.722亿索姆（约合1.29亿美元）。其中活跃用户为5022882个，比2017年活跃用户数量增加了5.9%，而在2003年时活跃的互联网用户约为10万个。同时，由于互联网在线销售市场的增长，邮政运营商的数量有增加趋势，邮政通信服务额也达到了1.866亿索姆（约合0.03亿美元）。①

三　疫情前吉尔吉斯斯坦经济发展成效

经济发展是居民经济状况改善的重要基础和来源。21世纪以来，在吉尔吉斯斯坦经济发展整体向好、国内生产总值不断攀升的背景下，吉尔吉斯斯坦居民的经济状况也得到改善。从人均GDP的情况来看，吉尔吉斯斯坦人均GDP在2000年时为718.4美元，2013年首次突破1000美元，为1080.6美元，2019年达到了1226.8美元，为历史最高值。在COVID-19席卷吉尔吉斯斯坦之前，吉人均GDP呈逐渐增长之势，但由于该国人口自然增长速度相较于GDP增长速度更快，吉尔吉斯斯坦人均

---

① Государственное Агентство Связи При Государственном Комитете Информационных Технологий И Связи Кыргызской Республики, *Отчет О Деятельности За 2018 Год*, Бишкек, 2019, с.4, 26, 28, 29.

GDP 的增长速度要低于 GDP 的增长速度。

居民就业状况和贫困水平也是反映一国经济发展成效的重要指标。吉尔吉斯斯坦是一个劳动力人口充足的国家，进入 21 世纪以来，其经济活动人口的数量从 2000 年的 191.27 万人增长至 2016 年的 254.74 万人，之后在 2022 年达到了 271.27 万人。但是，从就业情况来看，吉尔吉斯斯坦居民的就业率一直没有超过 60%，而且有些年份还出现了降低的现象。居民失业情况虽有所改善，但吉国实际失业率往往是官方登记失业率的 2—3 倍。

表 2-2　　　　21 世纪以来吉尔吉斯斯坦民众就业情况表

	2000	2005	2010	2013	2015	2016	2017	2018	2019	2020	2021	2022
经济活动人口，万人	191.27	226.06	245.60	246.87	254.43	254.74	252.52	253.87	258.36	259.54	268.05	271.27
就业率，%	57.2	59.5	58.6	57.2	57.7	57.1	55.9	56.2	57.0	56.6	57.1	57.1
失业率，%	7.5	8.1	8.4	8.3	7.6	7.2	6.9	6.2	5.5	5.8	5.3	4.9
官方登记的失业率，%	3.0	3.0	2.6	2.3	2.2	2.2	2.3	2.8	3.0	3.0	2.9	2.8

资料来源：笔者根据下列资料整理而来。Национальный Статистический Комитет Кыргызской Республики, *Кыргызстан В Цифрах（Статистический Сборник）*, Бишкек, 2023, с. 62, 63; Национальный Статистический Комитет Кыргызской Республики, *Кыргызстан В Цифрах（Статистический Сборник）*, Бишкек, 2019, с. 64, 68; Тураева М. О., *Экономика Киргизии：Институты И Ресурсы Развития：Научный Доклад*, М.：Институт Экономики РАН, 2016, с. 19.

2018 年，吉尔吉斯斯坦经济活动人口总数为 253.87 万人，经济非活动人口 170.36 万人，总就业人口 238.25 万人，在国家就业服务部门登记的失业人口有 7.09 万人。在就业结构中，农林渔业就业人口 48.27 万人；工业就业人口 34.4 万人，其中采矿业 2.71 万人，加工业 28.57 万人，供电、供气及供热 2.51 万人，供水及废料加工处理回收 0.61 万人；服务业就业人口 155.58 万人，其中建筑业 24.72 万人，批发零售贸易和汽车摩托车修理 37.39 万人，交通和仓储 19.52 万人，宾馆旅店 14.27 万人，信息通信业 2.81 万人，金融中介和保险业 3.61 万人，不动产贸易业 0.89 万人，职业、科学和技术活动 2.67 万人，行政和辅助活动2.42万人，国家管理、国防、基本社会保障9.75万人，教育业21.51万人，居民健康和社会服务业9.78万人，艺术、娱乐和休闲1.62万人，私人家庭生产、境外组织等其他服务活动4.62万人。也就是说，在总就业人口中，农林渔领域就业人口占20.3%，工业领域就业人口占14.4%，服务业领域就业人口占65.3%。这种情况已与吉尔吉斯斯坦独立初期农业、工业就业人口占优势完全不同了。在国家就业服务部门登记的7.09万人失业人口中，巴特肯州有8954人，贾拉拉巴德州23471人，伊塞克湖州4202人，纳伦州4068人，奥什州15564人，塔拉斯州2823人，楚河州4400人，比什凯克市5059人，奥什市2328人。南部的奥什州和贾拉拉巴德州仍然是吉尔吉斯斯坦传统上失业人口最多的地区。

2011年3月25日吉尔吉斯斯坦颁布了《吉尔吉斯共和国政府关于批准贫困线确定方法的命令》，其中规定了本国贫困线的计算方法，并规定吉尔吉斯斯坦每季度都应按照两阶段分层抽样（即按各地区城市和农村人口比例随机抽样且样本每年更新率为25%）的方法抽样调查5016个家庭，通过监测家庭成员的当前支出、日常食品消费以及家庭的社会人口构成，计算当地的人口贫困率[①]。根据该方法，吉尔吉斯斯坦2018年的贫困线是32679索姆/人·年，赤贫线为17471索姆/人·年；2018年，吉尔吉斯斯坦有142.9万人生活在贫困线以下，其中68%是农村居民；有3.5万人生活在赤贫线以下，其中84.6%是农村居民。

从表2-3可以看出，2018年，吉尔吉斯斯坦的贫困率为22.4%，比2017年下降了3.2个百分点，其中，农村地区的贫困率下降了4.7个百分点，城市地区的贫困率下降了0.3个百分点。楚河州、巴特肯州、伊塞克湖州、贾拉拉巴德州和比什凯克市的贫困状况有所改善，比2017年分别降低了17、7、2、1和0.6个百分点，其余地区则出现了增长，奥什市、纳伦州、塔拉斯州和奥什州分别增长了1.5、2、1和1个百分点。

---

① Правительство Кыргызской Республики, "Постановление Об Утверждении Методики Определения Черты Бедности От 25 Марта 2011 Года № 115" (http://cbd.minjust.gov.kg/act/view/ru-ru/92513? cl=ru-ru#p1).

2018年，吉尔吉斯斯坦的赤贫率为0.6%，比2017年下降了0.2个百分点，其中城市地区减少了0.1个百分点，农村地区减少了0.3个百分点。巴特肯州的赤贫率下降了2.5个百分点，楚河州下降了1.4个百分点，伊塞克湖州下降了0.1个百分点，奥什市下降了0.6个百分点，而贾拉拉巴德州、比什凯克市和纳伦州则出现了赤贫率的上升，分别增长了1、0.3和0.2个百分点。与2017年一样，塔拉斯州和奥什州没有抽调到赤贫现象。

境外劳务移民的收入对吉尔吉斯斯坦贫困率具有重要影响。2018年，吉尔吉斯斯坦居民收入的11.7%来自境外劳务移民收入，在巴特肯州这一比重高达31.5%，在奥什州为22.2%，贾拉拉巴德州为18.1%，楚河州为5.2%，奥什市为4.8%。若去除境外劳务移民收入，吉尔吉斯斯坦的赤贫率会是10%，而不是0.6%。

吉尔吉斯斯坦的经济发展也对居民的社会交往模式产生了影响。以通信方式的变化为例，2020年，吉境内有796个电话站，是1991年时的1.4倍，但使用公共电话网的用户数量却减少了25.4%，其中公寓电话用户减少了24.8%。减少的原因是随着科技进步和经济发展，越来越多的人选择使用蜂窝式移动网。移动网用户数量从2001年的2.99万一路增长至2020年的730万，增长了240多倍。如果说，2001年时每千人中仅有6个活跃的蜂窝式移动网用户的话，那么2005年时增长至104个，2010年达到963个，2020年则超过了1000个。与此相似，吉尔吉斯斯坦境内的互联网用户数量也出现了快速增长。2020年，活跃的互联网用户数量超过500万，是2010年时的1.8倍。每千人中使用互联网服务的人数也从2010年的520个增长至793个。[1]

吉尔吉斯斯坦的经济发展成效也反映在其在一些世界经济指标中的排名。在世界经济论坛的全球竞争力指数（2020年）、促进贸易指数（2016年）和旅游竞争力指数（2019年）中，吉尔吉斯斯坦的排名情况是141个国家中的第96位（68%）、136个国家中的第113位（83%）、140个国家中的第110位（79%）。在世界银行的全球营商环境报告(2020年)、美

---

[1] Национальный Статистический Комитет Кыргызской Республики, *30 Лет Независимости Кыргызской Республики: Цифры И Факты*, Бишкек, 2021, с. 114 – 115.

表 2-3　2018—2022 年吉尔吉斯斯坦各地区人口贫困率

单位：%

		2017			2018			2019			2020			2021			2022		
		①	②	③	①	②	③	①	②	③	①	②	③	①	②	③	①	②	③
吉尔吉斯斯坦	全国	25.6	0.8	34	22.4	0.6	32	20.1	0.5	31.2	25.3	0.9	34.6	33.3	6.0	42.8	33.2	6.0	43.3
	城市	20.4	0.3	—	20.1	0.2	—	14.7	0.1	—	18.3	0.3	—	33.3	7.3	—	34.0	5.6	—
	农村	28.4	1	—	23.7	0.7	—	23.2	0.8	—	29.3	1.2	—	33.3	5.3	—	32.6	6.2	—
比什凯克市		16	0.0	16	15.4	0.3	16	11.9	0.0	11.9	16.8	0.3	16.9	35.8	9.5	36.2	36.7	3.9	37.0
奥什市		34	1.2	42	35.5	0.6	42	20.7	0.0	26.9	14.7	0.0	24.2	28.6	3.1	32.5	26.6	7.0	29.9
巴特肯州		41	3.4	60	34	0.9	55	32.6	0.3	53.7	34.7	1.6	53.6	40.7	10.1	60.9	48.5	16.5	68.5
贾拉拉巴德州		33	0.0	43	32	1.0	45	26.9	0.6	42.4	37.2	1.5	50.2	43.2	7.5	56.0	47.1	9.1	57.5
伊塞克湖州		24	1.0	25	22	0.9	24	24.4	1.3	26.8	27.9	0.4	29.1	38.1	8.0	43.1	31.2	8.8	37.4
纳伦州		29	2.0	29	31	2.2	31	28.1	2.5	28.5	36.8	4.5	36.8	39.2	8.2	39.2	42.0	6.7	42.3
奥什州		14	0.0	33	15	0.0	36	14.0	0.9	37.7	18.8	0.0	37.6	23.8	2.1	40.5	19.9	0.5	41.1
塔拉斯州		21	0.0	22	22	0.0	24	13.3	0.0	16.5	12.5	0.0	17.8	23.5	2.6	30.3	23.9	2.2	29.2
楚河州		33	1.7	37	16	0.3	20	19.1	0.2	24.9	25.4	1.3	29.4	27.0	4.0	34.0	26.1	5.1	33.7

注：①贫困率；②赤贫率；③去除境外劳务移民收入后的贫困率。

资料来源：笔者根据以下资料绘制而成。Азамат Айтбаев，"За Чертой Бедности Живут Почти 1.5 Млн Кыргызстанцев. Большой Обзор Об Уровне Бедности",*Economist*, 01 Августа 2019 Года（https：//economist.kg/2019/08/01/za-chertoj-bednosti-zhivut-pochti-1-5-mln-kyrgyzstancev-bolshoj-obzor-ob-urovne-bednosti/）；Национальный Статистический Комитет Кыргызской Республики，*Уровень Бедности В Кыргызской Республике В 2022 Году*，Бишкек，2023.

国传统基金会的全球经济自由度指数（2021年）以及经济复杂性观察组织的经济复杂性指数（2017年）中，吉尔吉斯斯坦取得了不错的排名，分别在190个、178个和125个国家中排名第80位、第78位和第68位。相比而言，吉尔吉斯斯坦在基尼系数排名（2020年）中的情况最好，在165个国家中处于第152位，说明吉尔吉斯斯坦居民的收入差距比较小。

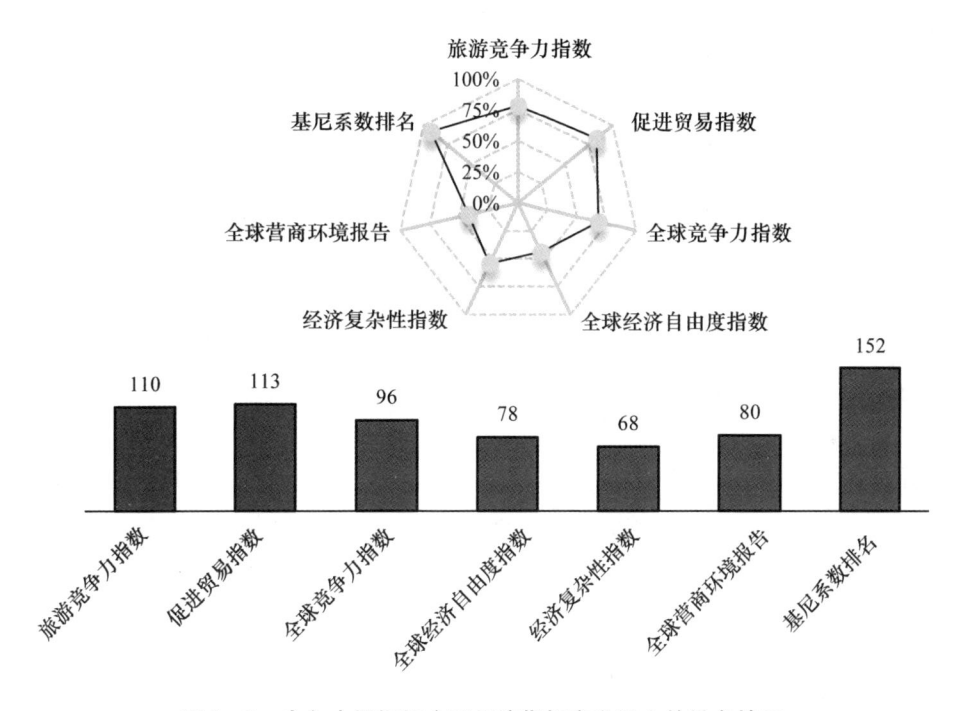

图2-2 吉尔吉斯斯坦主要经济指标在世界上的排名情况

从网络收费标准来看，吉尔吉斯斯坦互联网用户使用网速为100Mbps的费用为34.1美元/月，是欧亚经济联盟成员国中最贵的（亚美尼亚为21美元/月，白俄罗斯为13美元/月，哈萨克斯坦为11.2美元/月，俄罗斯为7.7美元/月）。[①] 在知名宽带网络速度测试网站对2019年全球141个国家的移动互联网和176个国家的宽带互联网速度的排名中，吉尔吉斯斯坦分别居第106位和81位。在移动互联网方面，吉尔吉

---

① "Рейтинг Стран Мира По Скорости И Стоимости Интернета За 2019 Год"，Ranking. kz，19 Декабря 2019 Года（https：//www. zakon. kz/4999466-reyting-stran-mira-po-skorosti-i. html）.

斯斯坦的外部下载速度约为 16.77Mbit/s，传输速度为 11.66Mbit/s，排名比 2018 年下降了 5 个名次。在宽带互联网方面，吉尔吉斯斯坦的外部下载速度约为 30.19Mbit/s，传输速度为 32.61Mbit/s，排名比 2018 年提升了 2 个名次。①

四 吉尔吉斯斯坦经济受疫情的影响与恢复

2019 年底暴发并向全球扩散的 COVID－19 对吉尔吉斯斯坦的经济发展产生了较大影响，特别是 2020 年至 2022 年三年间，吉经济陷入困境。2020 年吉尔吉斯斯坦 GDP 增长率为 －12.29%，是 21 世纪以来吉尔吉斯斯坦经济最糟糕的一年，吉尔吉斯斯坦也成为中亚地区经济倒退最严重的国家。2020 年，吉尔吉斯斯坦人均国内生产总值为 1102.66 美元，在欧亚经济联盟中处于最低水平。经济状况严重恶化是由于 COVID－19 大流行造成的经济危机以及该国经济高度依赖外部因素造成的。首先，为防止新冠疫情传播而采取的检疫措施导致商业活动急剧下降。中小企业、建筑业、交通运输业和一些工业企业几乎全部停业，服务业受到严重影响。其次，俄罗斯和哈萨克斯坦经济活动放缓，两国对劳务移民需求量下降，导致劳务移民汇款减少。2020 年，流入吉尔吉斯斯坦的劳务移民汇款总额为 23.772 亿美元（约占 GDP 的 31%），比 2019 年下降了 1.4%，居民实际收入下降了 5.1%，严重影响了吉国内消费和建筑活动。再次，从中国进口的商品锐减了一半，对国内生产、再出口活动造成不利影响，从而进一步影响了国家预算收入。最后，已有投资项目暂停，并出现了投资外流。这些因素共同导致了如表 2－3 所示，吉尔吉斯斯坦在 2020—2022 年贫困率、赤贫率，尤其是去除境外劳务移民收入后的贫困率较之前大幅增长的情况。

2020 年，吉尔吉斯斯坦消费价格年均同比增长了 6.3%。2021 年和 2022 年，汇率经过多年稳定后出现了下跌，索姆兑美元贬值加大，这与汇款减少和再出口业务减少有关。

---

① "Рейтинг Стран По Скорости Интернета—На Каком Месте Кыргызстан", Sputnik, 13 Декабря 2019 Года（https://ru.sputnik.kg/society/20191213/1046500343/rejting-stran-s-samym-bystrym-i-medlennym-internetom.html）.

第二章　吉尔吉斯斯坦的经济发展

从中期来看，财政整顿仍将是吉尔吉斯斯坦内阁的优先事项。收入征收率从2017—2019年占GDP的20%—21%，降至2020年的18%。国内经济活动的下降和出口业务的减少导致了国家税收收入的下降。

2020年吉尔吉斯斯坦财政赤字高达GDP的3.3%，大大高于往年的平均水平1.4%。弥补财政缺口的主要来源是债权国提供的外部官方援助。吉尔吉斯斯坦对外部援助的依赖主要表现在国家的投资和经营活动中。

外债额在过去几年中有所增长，2020年吉外债总额高达42.1745亿美元，占GDP的54.2%，用于偿还外债的资金占国家预算支出总额的9.4%，或者是GDP的2.7%。2021年和2022年，外债额度继续增长，分别达到了42.9830亿美元和44.8288亿美元。对吉尔吉斯斯坦而言，偿还外债将是中期发展的一个关键问题。

从对外贸易的角度来看，2020年吉尔吉斯斯坦贸易逆差为17亿美元，占GDP的22%。[①] 2020年，外国直接投资流出量明显增多，达到9.39亿美元，2021年为7.8亿美元，2022年高达11.48亿美元。相比而言，外国投资流入量同样出现了浮动，2020年为69.27亿美元，2021年减少至63.31亿美元，2022年增长至90.26亿美元。

2021年8月，吉尔吉斯斯坦总统萨德尔·扎帕罗夫在与欧亚经济联盟政府首脑会晤时说："我们预计，我国的经济只会在2023年前恢复到疫情前水平。"[②] 随着COVID-19发病率的下降，吉尔吉斯斯坦自2022年11月1日起取消了实施两年多的紧急状态[③]，各行业纷纷复工复产，社会经济开始恢复。

据吉尔吉斯斯坦国家统计委员会的初步统计，2023年1—8月，吉国内生产总值为6772.319亿索姆，同比增长3.3个百分点；固定资本投

[①] Кабинет Министров КР, *Национальная Программа Развития Кыргызской Республики До 2026 Года*, Бишкек, 2021, с. 8–11.

[②] Tatyana Kudryavtseva, "Economy of Kyrgyzstan to Recover by 2023", *«24.kg» News Agency*, August 20, 2021 (https://24.kg/english/204590_Economy_of_Kyrgyzstan_to_recover_by_2023/).

[③] Артем Петров, "В Киргизии Отменили Режим ЧС Из-за Снижения Случаев COVID-19", *Российская Газета «Неделя-Киргизия»*, № 253 (8901), 2022.

资 751.944 亿索姆，同比增长 11.9 个百分点；登记失业人数为 7.2 万人，同比下降 5.1 个百分点。2023 年 1—7 月，吉尔吉斯斯坦月平均名义工资水平为 32146 索姆，同比增长 27.25 个百分点；对外贸易总额为 81.534 亿美元，同比增长 32.35 个百分点，其中出口 16.023 亿美元，同比增长 45.65 个百分点，进口 65.511 亿美元，同比增长 29.45 个百分点。① 截至 2023 年 8 月，吉境内公民总数约为 54.7 万人，其中，劳务移民约占 60%②，其中，2023 年 1—8 月吉官方登记的新增劳务移民数量超过 1.1 万人。③ 整体来说，吉尔吉斯斯坦的经济状况已恢复到疫情前的水平。

第三节　吉尔吉斯斯坦的对外经济联系

吉尔吉斯斯坦在向市场经济过渡的过程中，对外经济政策也发生了根本性的转变。吉尔吉斯斯坦从苏联时期相对封闭到经济开放再到经济自由化的转变，也是它融入世界经济关系体系的一个过程。在这一过程中，吉尔吉斯斯坦 1998 年加入了世界贸易组织、2015 年成为欧亚经济联盟成员国、2016 年获得欧盟超普惠制资格，这些努力使吉尔吉斯斯坦与外部世界的经济联系更加紧密。

一　对外贸易

独立以来，吉尔吉斯斯坦对外贸易获得了巨大发展。首先，除了个别年份受客观因素影响外，吉对外贸易总额出现了大幅增长。1994 年对

---

① Национальный Статистический Комитет Кыргызской Республики, *Основные Показатели Социально- экономического Развития Кыргызской Республикив Январе- августе 2023 Года*，Бишкек：Экспресс-информация，11 сентября 2023года.

② Алия Санзарова，"Поток Мигрантов Из Кыргызстана Растёт каждый Месяц"，01 Сентября 2023 Года（https：//asian24news. com/2023/09/01/potok-migrantov-iz-kyrgyzstana-rastjot-kazhdyj-mesjac/？ysclid = ln2uy5rb15946106211）.

③ Илона Ахматова，"Более 11 Тысяч Кыргызстанцев Стали Трудовыми Мигрантами С Начала Год"，*Economist*，07 Августа 2023 Года（https：//economist. kg/novosti/2023/08/07/bolieie-11-tysiach-kyrghyzstantsiev-stali-trudovymi-mighrantami-s-nachala-ghoda/？ysclid = ln2uxvkza937162630）.

外贸易总额仅为7.444亿美元，2022年达到了118.158亿美元，增长了近15倍。其次，对外贸易逆差情况依然严重。1994—2022年，吉尔吉斯斯坦对外贸易逆差额的增长幅度远远超过对外贸易总额的增长幅度，特别是在与非独联体国家的贸易中，吉尔吉斯斯坦的贸易逆差虽然在2004年出现了数额较小的顺差，但在此之后，贸易逆差迅速扩大，2022年进口额甚至达到出口额的12.3倍。再次，非独联体国家超过独联体国家，成为吉尔吉斯斯坦对外贸易的主要对象。如果说20世纪90年代，吉尔吉斯斯坦的进出口贸易还主要限于独联体国家的话，那么从1999年以来，这种情况就发生了明显的转变。在吉尔吉斯斯坦的对外贸易总额中，非独联体国家的额度增长迅速，占比非常高，1999年达到了57.9%，之后基本上维持在50%左右，2022年达到了55.4%。

目前，吉尔吉斯斯坦与世界上130多个国家和地区有贸易往来。在独联体国家中，与吉尔吉斯斯坦进行贸易往来的主要是乌兹别克斯坦、塔吉克斯坦、乌克兰、土库曼斯坦、阿塞拜疆和摩尔多瓦，在非独联体国家中，主要是中国、英国、土耳其、美国、德国、印度等国。吉尔吉斯斯坦的主要出口产品是贵金属及其制成品、无机化学品、服装、蔬菜水果以及奶制品，进口结构中的主要商品是矿物产品（汽油、煤油、柴油）、机械设备、化工产品、交通工具、成品食品、纺织品及其制成品。下面以2022年吉对外贸易情况为例做具体分析。

整体而言，2022年，吉尔吉斯斯坦对外贸易总额为118.158亿美元，比2021年增长了35.194亿美元，其中出口总额为21.867亿美元，比2021年减少了5.855亿美元，进口总额96.291亿美元，比2021年增长了40.489亿美元，但与此前一样，贸易逆差主要来自与非独联体国家的贸易。2022年，吉尔吉斯斯坦与独联体国家的贸易总额为52.71亿美元，其中，俄罗斯32.345亿美元，哈萨克斯坦11.881亿美元，乌兹别克斯坦5.992亿美元，白俄罗斯1.04亿美元，土库曼斯坦8210万美元，乌克兰3830万美元，阿塞拜疆880万美元，亚美尼亚540万美元，摩尔多瓦540万美元，塔吉克斯坦500万美元。在与独联体国家的贸易中，吉尔吉斯斯坦的贸易逆差为18.841亿美元，最大的逆差额出现在与俄罗斯和哈萨克斯坦的贸易中，分别为13.073亿美元和3.117亿美元，吉尔吉斯斯坦只在与塔吉克斯坦和摩尔多瓦的贸易中出现了顺差，但数额相对较小，分别为 160 万美元和 240 万美元。与非独联体国家的贸易总额为 65.448 亿美元，主要的贸易伙伴为中国 41.303 亿美元，土耳其 6.29 亿美元，美国 2.468 亿美元，印度 2.124 亿美元，韩国 1.576 亿美元，德国 1.804 亿美元，阿联酋 1.257 亿美元，日本 9330 万美元，法国 6040 万美元，伊朗 4810 万美元，意大利 4700 万美元，波兰 4060 万美元，英国 3270 万美元，比利时 2560 万美元。在与非独联体国家的贸易中，吉尔吉斯斯坦的贸易逆差超过 55.582 亿美元，它只在与比利时和阿联酋的贸易中出现了顺差，分别为 300 万美元和 7630 万美元。

表 2-4　1994—2022 年吉尔吉斯斯坦对外贸易基本情况　单位：百万美元

		1994	1999	2004	2009	2014	2019	2020	2021	2022
对外贸易总额		744.4	1053.5	1659.8	4481.8	7618.4	6975.1	5692.0	8332.4	11815.8
差额		-64.2	-145.9	-222.2	-1598.6	-3851.0	-3002.9	-1745.6	-2828.0	-7442.4
出口	总额	340.1	453.8	718.8	1441.6	1883.7	1986.1	1973.2	2752.2	2186.7
	独联体国家	223.0	183.3	275.5	521.4	893.4	859.2	754.0	1012.3	1693.4
	非独联体国家	117.1	270.5	443.3	920.2	990.3	1126.9	1219.2	1739.8	493.3
进口	总额	404.3	599.7	941.0	3040.2	5734.7	4989.0	3718.8	5580.2	9629.1
	独联体国家	209.5	259.2	582.1	1717.4	2893.8	2369.5	2145.3	3050.4	3577.6
	非独联体国家	194.8	340.5	358.9	1322.8	2841.1	2619.5	1573.5	2529.8	6051.5

资料来源：Самигулин Э. В., Парманасова А. Д., "Внешнеторговые Итоги Кыргызстана", *КМЮА-Вестник*, №2, 2011; Национальный Статистический Комитет Кыргызской Республики, *Кыргызстан В Цифрах（Статистический Сборник）*, Бишкек, 2016, с. 48; Национальный Статистический Комитет Кыргызской Республики, *Кыргызстан В Цифрах（Статистический Сборник）*, Бишкек, 2023, с. 280.

2022 年，在吉尔吉斯斯坦的 21.867 亿美元出口商品中，纺织品及其制品 4.75 亿美元（21.7%），矿物产品 3.067 亿美元（14.0%），贵金属及其制品 2.364 亿美元（10.8%），汽车、机械、设备及其零部件 1.974 亿美元（9.0%），植物产品 1.995 亿美元（9.1%），活体动物及动物产品 1.456 亿美元（6.7%），水陆空运设备及其零部件和附件 1.025 亿美元（4.7%），石材、石膏、水泥、石棉、云母及类似材料制成的制品、陶瓷制品、玻璃及其制品9980万美元（4.6%），塑料及其制品、橡胶和橡胶制品6730万美元（3.1%），成品食品、酒精和非酒精饮料及醋、烟草及其替代品6640万美元（3.0%），鞋、帽、伞、折叠杆、鞭子及其零件6260万美元（2.9%），各种工业产品（包括艺术品）6380万美元（2.9%）。在吉尔吉斯斯坦的96.291亿美元进口商品中，纺织品及其制品16.725美元（17.4%），汽车、机械、设备及其零部件16.542亿美元（17.2%），矿物产品11.002亿美元（11.4%），贵金属及其制品9.562亿美元（9.9%），水陆空运设备及其零部件和附件8.282亿美元（8.6%），化学和相关工业产品6.432亿美元（6.7%），成品食品、酒精和非酒精饮料及醋、烟草及其替代品6.033亿美元（6.3%），鞋、帽、伞、折叠杆、鞭子及其零件5.692亿美元（5.9%），塑料及其制品、橡胶和橡胶制品4.057亿美元（4.2%），植物产品3.046亿美元（3.2%），各种工业产品（包括艺术品）2.457亿美元（2.6%）。[①]

二 外国直接投资

自20世纪90年代中期经济逐渐趋于稳定时起，吉尔吉斯斯坦便把吸引外国投资作为推动本国经济发展的重要措施之一。为了营造良好的投资环境，吉尔吉斯斯坦政府采取了完善投资法律保障基础、给予税收优惠、打击腐败、去官僚化等措施。现在，吉尔吉斯斯坦已形成了对外国投资者而言相当开放和自由的经济，但吉尔吉斯斯坦的一些国内政治因素也在个别年份影响了外国投资的流入与流出。

如图2-3所示，2013年以来，吉尔吉斯斯坦外国投资流入量每年都保持在52亿美元以上，2022年达到了90.256亿美元，这比2006年时增长了近2.6倍。从外国投资的来源国来看，独联体国家向吉尔吉斯斯坦投资在2006年时为9.699亿美元，2013年首次突破10亿美元，达到了12亿美元，2015年首次突破20美元，为23.39亿美元，2019年下降至17.54亿美元，之后迅速增长，并突破了40亿美元。俄罗斯、哈萨克斯坦、乌兹别克斯坦是独联体国家中向吉尔吉斯斯坦投资最多的国家，

---

① Национальный Статистический Комитет Кыргызской Республики, *Кыргызстан В Цифрах（Статистический Сборник）*, Бишкек, 2023, с. 282-288.

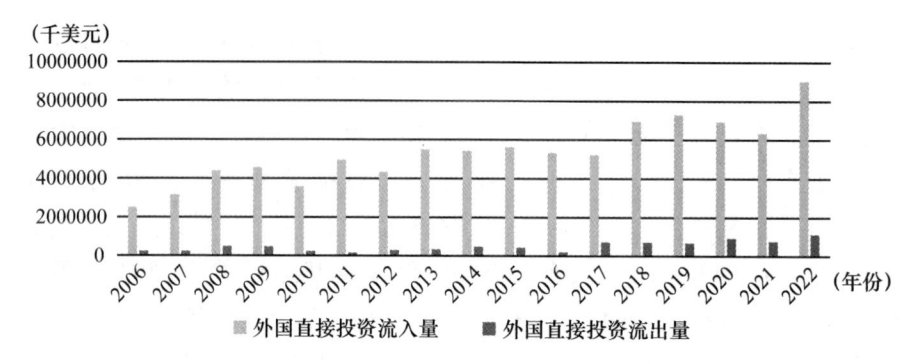

```
(千美元)
10000000
 8000000
 6000000
 4000000
 2000000
        0
           2006 2007 2008 2009 2010 2011 2012 2013 2014 2015 2016 2017 2018 2019 2020 2021 2022 (年份)
              ■ 外国直接投资流入量    ■ 外国直接投资流出量
```

图 2-3 2006—2022 年吉尔吉斯斯坦外国直接投资流入量与流出量

2022 年的投资额分别为 33.82 亿美元、11.67 亿美元、1 亿美元。非独联体国家向吉尔吉斯斯坦的投资在 2006 年时为 15.44 亿美元，2019 年达到历史最高值，为 55.30 亿美元，2020 年和 2021 年有所减少，2022 年恢复至 42.77 美元。2022 年，对吉尔吉斯斯坦投资最多的非独联体国家依次为中国大陆 8.66 亿美元，马耳他 6.29 亿美元，土耳其 4.40 亿美元，荷兰 4.17 亿美元，英国 2.92 亿美元，阿联酋 1.79 亿美元，奥地利 1.45 亿美元，德国 1.26 亿美元，塞浦路斯 1.05 亿美元，比利时 8635.97 万美元，美国 8930.5 万美元，日本 7887.8 万美元。与以往数据相比，2022 年，马耳他对吉尔吉斯斯坦的投资创了历史新高，而以往的主要投资国加拿大、瑞士的投资表现并不突出。

虽然吉尔吉斯斯坦在大力吸引外国投资流入本国，但依然也存在一些外国直接投资流出的情况。如图 2-3 所示，2006 年吉尔吉斯斯坦的外国直接投资流出量为 2.29 亿，2017 年增长至 7.24 亿美元。在 2022 年 11.48 亿美元的流出量中，有 3.12 亿美元流入土耳其，1.06 亿美元流入英国，8830.59 万美元流入加拿大，3611.39 万美元流入俄罗斯，2740.24 万美元流入哈萨克斯坦，1600.34 万美元流入德国，1007.5 万美元流入荷兰。尽管如此，吉尔吉斯斯坦依然是一个外国投资净流入的国家，2022 年净流入量将近 80 亿美元。

三　境外劳务移民

吉尔吉斯斯坦 1993—1994 年开始出现大规模临时出境劳务移民。根据吉尔吉斯斯坦人权事务委员会为国际移民组织提供的资料，1994—1997年约有20万吉尔吉斯人离开吉尔吉斯斯坦寻找工作。1990年代吉尔吉斯斯坦的经济问题、失业特别是年轻人的增加和相对富裕国家的经济增长和劳动力需求上升，共同促使吉尔吉斯斯坦出现了临时劳务移民潮。根据不同的评估，2001年约有40万吉尔吉斯人到其他国家务工，2004年吉尔吉斯斯坦的劳务移民总数约为50万人，其中俄罗斯35万人、哈萨克斯坦12万人。根据盖洛普民意测验，2006—2008年有47万名吉尔吉斯斯坦公民在国外工作，其中81%在俄罗斯，16%在哈萨克斯坦。在这一时期，大量劳务移民的到来虽然有效地缓解了输入国的劳动力不足问题，但也给输入国造成了管理混乱、社会矛盾增多的问题。如出现了大量吉尔吉斯斯坦公民在俄罗斯非法务工的情况。俄罗斯规定外来务工人员需到移民局登记，获得工作许可证后方可在其境内务工。根据俄罗斯联邦移民局的数据，2008年在俄罗斯获得工作许可证的吉尔吉斯斯坦劳务移民人数仅为17.68万人，而俄罗斯边防局的数据显示，当年越过俄罗斯边界的吉尔吉斯斯坦公民有55.2万人，其中，46万人为因私入境。虽然存在一年内一个人多次穿越边界的情况，但17.68万人与46万人的巨大数字差还是说明了有不少吉尔吉斯斯坦劳务移民并未获得正式的工作许可证。对俄罗斯而言，如何加强对包括吉尔吉斯斯坦人在内的劳务移民是一个棘手问题，甚至有一些俄罗斯学者估计俄罗斯境内获得正式工作许可证的劳务移民仅占30%—40%。[1] 近年来，俄罗斯加强了对劳务移民的管理，不仅加强了对劳务移民的工作许可制度要求，还对劳务移民的不当行为和非法行为进行惩罚。2018年主要国家移民管理部门登记的吉尔吉斯斯坦公民人数为俄罗斯64万人、哈萨克斯坦3.5万人、土耳其3万人、美国约1.5万人、意大利0.55万人、韩国0.5万人、德国0.5万人、阿联酋0.3万人、英国0.2万人。俄罗斯切实推行了工作许可制，仍然是吉尔吉斯斯坦劳务移民的主要接收国。与此同时，截至2016年7月，有1354名吉尔吉斯斯坦公民在俄罗斯监狱服刑；截至2017年12月15日，被列入俄罗斯"黑名单"的吉尔吉斯斯坦公民有

---

[1] Никита Мкртчян, Булат Сарыгулов, "Миграция В Современном Кыргызстане", Демоскоп Weekly, № 481-482, 2011.

77702人。① 这导致吉尔吉斯斯坦劳务移民汇款极不稳定，且损害了吉国同上述国家，尤其是俄罗斯的双边经济关系。

大量的境外劳务移民使吉尔吉斯斯坦出现了与其他国家的个人银行转账顺差。2005年顺差额为2.71亿美元，2013年为19.08亿美元，2018年达到了21.43亿美元，2020年减少至18.89亿美元，2021年又增长至21.93亿美元，为历史最高值，2022年为17.28亿美元。从境外流入吉尔吉斯斯坦的个人银行转账汇款主要来自俄罗斯、美国、土耳其、哈萨克斯坦、英国、德国等国，这与吉尔吉斯斯坦劳务移民的主要流向相一致。这也是为什么吉尔吉斯斯坦政府传统上把这些转账顺差等同于本国境外劳务移民汇款金额的原因所在。

四 国家外债

多年以来，吉尔吉斯斯坦一直是一个拥有大量外债的国家。1992年国家外债总额为497万美元，全部为吉尔吉斯斯坦与中国进出口银行的双边优惠贷款。自1993年起，吉尔吉斯斯坦开始了尝试进行双边非优惠贷款、多边优惠贷款和政府担保贷款，当年国家外债和政府担保贷款总额上升至1.4592亿美元，增长了28倍。之后，国家外债和政府担保贷款一直增长，到2001年达到了14.36亿美元。即便是自2011年起，吉尔吉斯斯坦不再以政府做担保进行贷款，情况仍未改善，到2017年达到了顶峰，国家外债总额高达40.8983亿美元。截至2020年1月31日，吉尔吉斯斯坦国家外债额仍居高不下，为38.7457亿美元。

吉尔吉斯斯坦国家债务，特别是国家外债的快速增长，引发了吉国社会的担忧，而吉国国家债务越来越逼近国内生产总值这一情况的出现更是进一步加剧了公众的疑虑和担忧。如图2-4所示，2001年，国家外债额与国内生产总值之比达到了93.9∶100，2002年更是高达98.1∶100。面对这种情况，吉尔吉斯斯坦政府意识到应尽快对债务问题进行合理、合法的管控。为此，2001年9月21日吉尔吉斯斯坦颁布了《吉尔吉斯共和国国家和非国家债务法》，并在2011年、2014年和2016年进行了修订。

---

① Государственная Служба Миграции При Правительстве Кыргызской Республики，18 Февраля 2021 Года（http：//ssm.gov.kg/）.

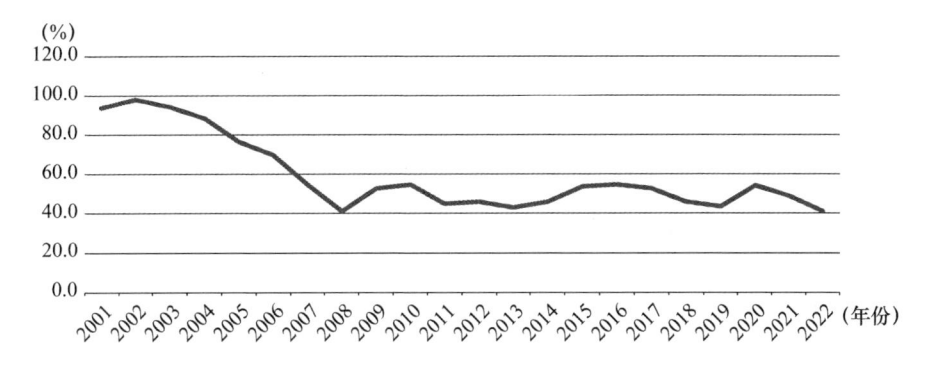

图 2-4　2001—2022 年吉尔吉斯斯坦国家外债与国内生产总值之比

2014 年修订后，该法明确规定了"国家债务的绝对允许金额不得超过国内生产总值，国家外债金额不得超过国内生产总值的 60%"①。此后，吉尔吉斯斯坦政府着力控制国家外债额度，其与国内生产总值的比值被控制在了 60% 之内，2015 年为 53.9%，2018 年为 46.3%，2019 年为 43.4%，2020 年为 54.2%，2021 年为 49.2%，2022 年为 41.0%。

第四节　影响吉尔吉斯斯坦经济发展的要素

吉尔吉斯斯坦经济的发展是在经济全球化和区域一体化的大背景下实现的，外部不可控因素往往会对吉尔吉斯斯坦的经济发展产生或多或少的影响。与此同时，吉尔吉斯斯坦的经济发展还面临着自身软硬条件的影响。

一　通货膨胀问题

通货膨胀可以分为温和的通货膨胀和恶性的通货膨胀，其中温和的

---

① Жогорку Кенеш Кыргызской Республики, *Закон кыргызской республикиот 21 Сентября 2001 Года № 83 О Государственном И Негосударственном Долге Кыргызской Республики（В Редакции Законов КР От 26 Июля 2011 Года № 138, 2 Июня 2014 Года № 86, 20 Мая 2016 Года № 67）*, Министерство Юстиции Кыргызской Республики, 22 Декабря 2020 Года (http://cbd.minjust.gov.kg/act/view/ru-ru/916).

通货膨胀可以刺激消费，对经济发展有促进作用，而恶性的通货膨胀则会导致货币贬值、资金外流、失业率上升，甚至会导致突发性商品抢购和银行挤兑等现象，对经济发展有抑制作用。1991—2022 年，吉尔吉斯斯坦的通货膨胀率在整体下降的趋势下，出现了五个小高峰，其中两个是由经济危机引发的，一个受国内政治因素影响，还有一个主要受国际局势的影响。受 1998 年亚洲金融危机影响，1999 年美元与索姆的汇率剧增，从 1998 年的 1∶17.48 到 1999 年上升至 1∶31.39，2001 年时达到了 1∶48.79。受 2008 年全球金融危机影响，吉尔吉斯斯坦的通货膨胀率达到了 24.5%。2010 年发生的政权更迭使吉尔吉斯斯坦再次出现社会动荡，2011 年通货膨胀率又上升至 16.6%。2020—2022 年，吉通货膨胀率再次上升与 COVID-19、俄乌冲突、国际能源价格变动等因素有关。

美元是吉尔吉斯斯坦民众购买大笔商品（房地产、车辆、牲畜等）的首选付款方式，美元与索姆汇率是用来衡量吉尔吉斯斯坦国内价格的一个传统指标，但美元与索姆的汇率情况并未与通货膨胀曲线同步变化。比如说，21 世纪以来，美元与索姆汇率的最低值出现在 2008 年，为 1∶36.12，而当年的通货膨胀率却出现了一个小高峰。2022 年，美元与索姆汇率为历史最高值，达到了 1∶84.89，通货膨胀率也上升至 13.9%。这间接说明，受本国自由货币制度、外汇流入与流出及其兑换未受到严格限制的刺激，吉尔吉斯斯坦经济发展受多种不可控因素影响。

二 基础设施建设问题

基础设施建设是一国经济发展的重要基石，同时基础设施建设投资也可以成为拉动国家经济发展的重要抓手。吉尔吉斯斯坦在基础设施建设方面存在很大不足，能源供应、交通运输等基础设施多为苏联时期修建，且由于经济发展水平限制吉国在基础设施建设维护方面投入不足。根据世界经济论坛 2014 年的数据，吉尔吉斯斯坦在基础设施总体质量方面，在 144 个国家中排名第 103 位。这一情况明显制约了吉国的经济发展，需进一步改进和完善。

吉尔吉斯斯坦国家能源供应系统是在苏联时期设计和建成的，当时被作为中亚能源系统的一部分，当前吉尔吉斯斯坦可用的所有工业基础设施几乎是苏联时期遗留下来的。吉尔吉斯斯坦的水电潜力为1420亿千瓦时,在原苏联地区仅次于俄罗斯和塔吉克斯坦居第三位,但大型水力发电站使用水力资源的比例不超过10%,小型河流水电潜力的利用率不足3%,而家庭用电量正在逐步增长。特别是在春秋两季,由于自身发电量不足,吉尔吉斯斯坦往往需从塔吉克斯坦和哈萨克斯坦进口电量。

吉尔吉斯斯坦的大型水力发电站位于该国南部,它们提供着全国90%的供电量,而大部分消费者则位于该国北部。电力运输必须通过乌兹别克斯坦和哈萨克斯坦,为此,吉尔吉斯斯坦每年要支出数百万美元的过境费。2015年8月,吉尔吉斯斯坦开始启用"达特卡—克敏"输电线。该输电线全长405公里,通过"达特卡"和"克敏"两个容量共501兆伏安的变电站,将吉尔吉斯斯坦南部与北部连接起来。该输电线有力地缓解了吉尔吉斯斯坦的用电问题。

吉尔吉斯斯坦交通运输基础设施也存在较大问题。根据世界银行的综合物流绩效指数(2018年),吉尔吉斯斯坦在被评估的167个国家中排名第132位。吉尔吉斯斯坦的交通运输业是在苏联时期建立起来的,现代化运输方式有公路、铁路、水运(伊塞克湖)、空运和管道运输等。多年来,吉尔吉斯斯坦的运输基础设施大都已相当破旧,主要由于吉尔吉斯斯坦用于维护、运营和发展运输基础设施的资金有限,而货运和客运量年均增长率为10%。因而,吉尔吉斯斯坦道路建设和现代化不得不依赖补贴和国家担保贷款。1996—2013年吉尔吉斯斯坦道路领域的投资总额为12.345亿美元,其中政府拨款份额仅占9.2%,补贴拨款占9.5%。大多数投资来自亚洲发展银行和中国进出口银行的贷款,它们共占67.5%。

2011年吉尔吉斯斯坦铁路总长度为420公里,铁路密度为每千平方公里2.2公里。2013年公路总长度为34000公里,其中,城市和乡村公路15190公里,公共公路有18810公里(国际级公路4163公里,国家级公路5678公里,地方级公路8969公里)。[①]

吉尔吉斯斯坦还面临着以下问题:修建绕过邻国领土的绕行道路

---

① Тураева М. О., *Экономика Киргизии: Институты И РесуРсы Развития: Научный Доклад*, М.: Институт Экономики РАН, 2016, с. 11.

（约170公里）、修建连接该国南部和北部的铁路、对国家机场进行改造和现代化，并在首都马纳斯机场的基础上建立航空运输枢纽。吉尔吉斯斯坦每项新的国家战略都将此类计划作为优先事项，这些问题的解决方案始终受限于外部融资和技术援助。

三 区域发展失衡问题

多年以来，吉尔吉斯斯坦经济逐渐形成了发展不平衡的特点，主要表现在南北地区发展不平衡以及城乡发展差距大两方面。北部的伊塞克湖州、塔拉斯州、楚河州和比什凯克市是传统的发达地区，而南部的贾拉拉巴德州、巴特肯州、纳伦州、奥什州和奥什市经济相对落后，是传统的贫困地区。前文提到的吉尔吉斯斯坦各地区人口贫困率状况就很好地说明了这一点。

从区域发展角度来看，吉尔吉斯斯坦各地区的经济活跃度存在明显差异。作为吉尔吉斯斯坦常住人口数量最多的地区，奥什州、贾拉拉巴德州和比什凯克市的经济发展状况差距较大。以COVID-19暴发前的2018年数据为例，如表2-5所示，在当年吉国内生产总值上，三个地区出现了倍数差，比什凯克市分别是奥什州、贾拉拉巴德州1.6倍和3.3倍，若按人均国内生产总值计算，倍数差会更大。在三个地区的经济生产领域中，批发零售、汽车摩托车修理都是交易额最高的领域，但差距依然明显，而农林渔业生产对奥什州和贾拉拉巴德州的重要性与工业生产对比什凯克市的重要性一样。

吉尔吉斯斯坦各地区吸引外资和进行对外贸易的能力差距较大。2018年，各地区外国直接投资流入量从多到少依次为比什凯克市、楚河州、贾拉拉巴德州、伊塞克湖州、奥什州、纳伦州、巴特肯州、塔拉斯州、奥什市，对外贸易总额从多到少依次是比什凯克市、楚河州、奥什州、伊塞克湖州、奥什市、贾拉拉巴德州、塔拉斯州、巴特肯州、纳伦州。也就是说，对外经济联系最为密切的地区是比什凯克市、楚河州、伊塞克湖州，对外经济联系最弱的是纳伦州、巴特肯州、塔拉斯州。出现这种情况，除与各地区的自然资源、地理状况、交通状况密切相关外，还与国家的政策有一定的联系。1992年，吉尔吉斯斯坦通过了一项关于自由经济区的法律，旨在为对外贸易和经济活动提供优惠奠定法律基础。此后，吉尔吉斯斯坦国内就出现了三大区域市场，即"多尔多伊"市场、"马吉纳"市场和"卡拉—苏"市场。"多尔多伊"市场位于比什凯克郊区，占地约100公顷，拥有约4万个铺位，最初主要作为中国商品进入中亚其他国家和俄罗斯市场的中转市场，现已发展成为中亚地区最大的商品批发零售市场。"马吉纳"市场也位于比什凯克郊区，是中亚最大的纺织品及其制成品、纺织原料、缝纫设备及组件的市场之一。"卡拉—苏"市场位于奥什州卡拉—苏区，是吉尔吉斯斯坦南部与乌兹别克斯坦和塔吉克斯坦进行边境贸易的批发零售市场，但受边境局势影响较大。

表2-5　　2018年吉尔吉斯斯坦各地区主要社会经济发展指标

	巴特肯州	贾拉拉巴德州	伊塞克湖州	纳伦州	奥什州	塔拉斯州	楚河州	比什凯克市	奥什市
常住居民，万人	52.51	121.44	48.98	28.70	134.19	26.35	94.11	102.72	29.95
GDP，百万索姆	17914.9	61206.2	64408.5	13958.3	37248.1	15972.7	88419.1	200905.8	30442.1
工业产值，百万索姆	5633.2	25836.7	50899.6	2549.5	6573.1	1348.3	113984.2	39265.8	4549.6
农林渔业产值，百万索姆	15636.1	40756.9	22708.6	13334.0	41048.5	17348.4	51608.0	405.1	977.0
批发零售、汽车摩托车修理成交额，百万索姆	14521.4	63689.9	20445.1	8022.0	44085.5	14793.3	76861.0	257529.9	53675.0
住宿餐饮服务额，百万索姆	975.5	3003.2	1058.7	85.8	1132.2	279.6	1463.7	13214.1	2621.4
企业组织净利润额，百万索姆	-95.3	-3671.4	13362.5	295.8	2418.6	-433.7	395.0	18795.0	1003.9
企业组织月均名义工资额，索姆	11026	14600	21397	14925	10307	125111	14114	20517	13804

续表

	巴特肯州	贾拉拉巴德州	伊塞克湖州	纳伦州	奥什州	塔拉斯州	楚河州	比什凯克市	奥什市
登记失业者,人	8954	23471	4202	4068	15564	2823	4400	5059	2328
外国直接投资流入量,百万美元	2.2	128.8	91.3	4.1	8.2	0.9	249.3	366.9	0.0
对外贸易总额,百万美元	59.3	123	280.7	8.8	331.2	71.3	813	4881.2	193.6

资料来源：Национальный Статистический Комитет Кыргызской Республики, *Кыргызстан в Цифрах（Статистический Сборник）*，Бишкек，2019，с. 334 – 360.

四 对外依赖性发展问题

1993—2019 年，吉尔吉斯斯坦国家预算赤字虽然从 3.78 亿索姆增长到 4.32 亿索姆，但由于索姆与美元汇率的变化，按美元计算则是从 1.22 亿美元减少至 618.9 万美元。2020 年、2021 年、2022 年，吉尔吉斯斯坦预算赤字分别为 197.34 亿索姆（2.83 亿美元）、17.64 亿索姆（0.21 亿美元）和 104 亿索姆（1.23 亿美元）。相比而言，国家预算仅在 2001 年、2005 年、2007 年和 2008 年出现了盈余。为了弥补国家预算赤字，吉尔吉斯斯坦进行了大量国内融资和国外融资。国内融资主要包括发行短期与长期债券和国库券、出售国有资产、内部借贷等方式。国内融资也需要进行资金偿还，所以 1999—2003 年、2005 年、2009 年、2013—2014 年出现了国内融资的负值，特别是在 2009 年和 2014 年，国内融资额分别达到 -107.32 亿索姆（-2.919 亿美元）和 -100.42 亿索姆（-2.013 亿美元），这在一定程度上说明了吉尔吉斯斯坦的国家偿还能力。国外融资在弥补预算赤字总额中所占的比例在不同年份差距较大。1992 年为 3.8%，2000 年为 106.7%，2009 年为 345.8%，2014 年为 183%，2019 年为 681.2%。2006—2008 年，国外融资所占份额为负值，分别为 -2.7%、-58.6%、-454.6%。

吉尔吉斯斯坦进行的国内融资和国外融资，使国家债务成为影响吉尔吉斯斯坦经济发展的一个重要问题。2001 年吉尔吉斯斯坦的国家内部债券共有66.654亿索姆（1.366亿美元），2011年突破100亿索姆，达到128.746亿索姆（2.725亿美元），2016年增至223.404亿索姆（2.933亿美元），2019年高达512.949亿索姆（7.344亿美元），吉尔吉斯斯坦的同期国家外债额分别为14.362亿美元、28.026亿万美元、37.426亿美元、38.507亿美元。也就是说，2019年吉尔吉斯斯坦的国债总额已达到45.851亿美元，其中国家外债约占84%。[①] 考虑到吉尔吉斯斯坦2019年国内生产总值为88.7亿美元，国债与国内生产总值之比高达51.69∶100。截至2021年4月30日，吉尔吉斯斯坦的国家债务总额为4183.22亿索姆（49.3306亿美元），其中国家外债额为3547.13亿索姆（41.8295亿美元），在国家债务总额中的占比高达84.8%。[②] 这说明吉尔吉斯斯坦的发展具有非常大的债务，特别是外债依赖性。

图2-5显示了近年来外国投资净流入量、国家外债额、劳务移民汇

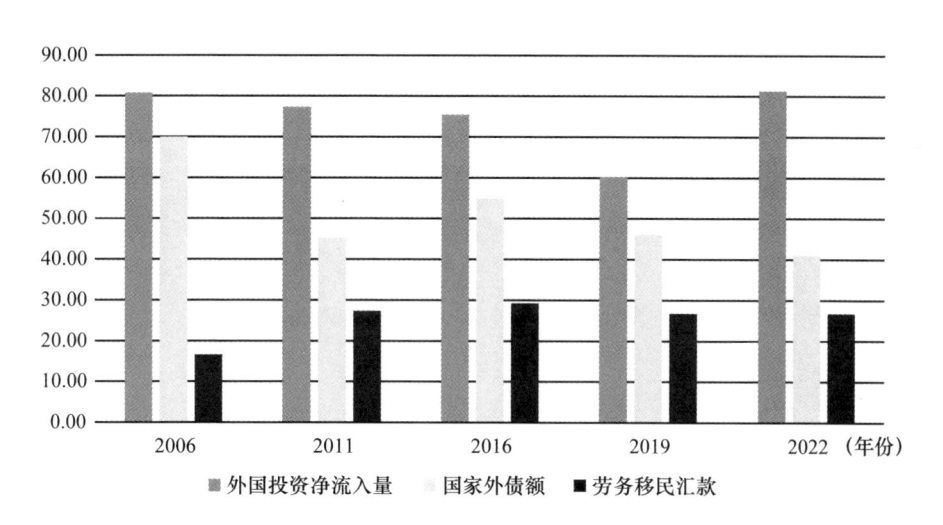

图2-5 外国投资净流入量、国家外债额、劳务移民汇款占国内生产总值的比重

资料来源：笔者根据本书附件3、4、5绘制而成。

---

① "Выплаты По Госдолгу Кыргызстана За Последние 10 Лет Составили 208 Млрд Сомов", *Economist*, 07 Июля 2021 Года（https：//economist. kg/novosti/vneshnyaya-pomoshh/2021/07/07/vyplaty-po-gosdolgu-kyrgyzstana-za-poslednie-10-let-sostavili-208-mlrd-somov/）.

② "Выплаты По Госдолгу Кыргызстана За Последние 10 Лет Составили 208 Млрд Сомов", *Economist*, 07 Июля 2021 Года（https：//economist. kg/novosti/vneshnyaya-pomoshh/2021/07/07/vyplaty-po-gosdolgu-kyrgyzstana-za-poslednie-10-let-sostavili-208-mlrd-somov/）.

款（个人银行汇款流入量）与吉尔吉斯斯坦近年国内生产总值的对比关系。可以清楚地看到，外国投资净流入量与国内生产总值的比值虽然呈下降趋势，但2022年出现了较大反弹，超过了81%，国家外债与国内生产总值的比值从70%下降到了41%，劳务移民汇款与国内生产总值的比值超过20%，2022年达到了26.8%。由此可以判断，不管是外国投资还是国家外债抑或劳务移民，无论哪一个发生急剧变化，都会迅速影响吉尔吉斯斯坦的经济发展和社会稳定。

第三章 吉尔吉斯斯坦的武装力量

伴随着苏联解体和中亚国家的独立，中亚地区的地位发生了变化，由原属于苏联的外围地区转变为占据着欧亚大陆地缘政治空间系统中的关键位置的地区。与此同时，失去了苏联国家机器的强有力的保护，中亚地区出现了安全真空，其安全形势变得更为复杂，各种非安全因素在这里盘根错节。这种情况也突出地表现在吉尔吉斯斯坦。可以说，吉尔吉斯斯坦不仅是邻近国家安全威胁传播的对象和缓冲区，而且吉尔吉斯斯坦内部也会出现威胁、冲突并对周边国家和地区安全产生影响。在各种传统和非传统安全威胁下，吉尔吉斯斯坦更加重视武装力量，特别是特种部队的建设。

第一节 吉尔吉斯斯坦的安全威胁

一 吉尔吉斯斯坦的国家安全观

20世纪末至21世纪初以来，"安全"和"国家安全"概念在人类整个概念认知中占有越来越重要的地位。这既是由于人类发展趋于复杂化、物质世界的诱惑因素不断增长、核武器和其他大规模毁灭性武器仍在扩散、新型危险性疾病的危害日益蔓延、国际恐怖主义活动并未消弭，也是由于计算机、高科技的普及以及金融市场的全球化在引发商品货币流通加速、资本溢出增加、经济增长加快的同时，增加了风险要素的重要性，不仅在商业领域而且在国家职能方面扩大了危险区。

通常而言，安全可以划分为个人安全、公共安全和国家安全。1993年以前，受苏联长期以来奉行的集体主义原则影响，在吉尔吉斯斯坦个人安全和公共安全实际上都是服从于国家安全的。随着西方自由民主思想的进入，吉尔吉斯斯坦开始修正其对于个人安全、公共安全和国家安全的概念界定与价值定位。首先是更加重视个人安全和公共安全，如在1993年《吉尔吉斯共和国宪法》宣布了人权和自由至高无上的价值，规定承认、遵守和保护人权和自由是国家的义务。其次是摆脱狭义概念的束缚，用广义上的国家安全囊括个人层面、社会层面和国家层面的安全，形成三位一体的国家安全概念。在吉尔吉斯斯坦，广义上的国家安全被定义为保障社会实体的生存、维护国家主权和领土完整，包括为该社会公民进行正常的文明生活、实现人的自由发展及其自我表达创造必要条件。最后是形成国家安全战略。2001年7月13日吉尔吉斯斯坦第221号总统令批准了该国第一个《国家安全构想》，是该国首次使用国家安全概念的政府文件。2003年2月26日吉尔吉斯斯坦颁布了《国家安全法》。2009年2月18日第115号总统令批准了对《国家安全构想》的修订。2012年吉尔吉斯斯坦颁布了修订后的《国家安全构想》。[①] 2021年12月20日，吉总统签署批准了新版《国家安全构想》。在这些国家安全战略的指导下，一些具体领域的安全规划也逐渐出现，如《2019—2023年吉尔吉斯斯坦信息安全构想》《吉尔吉斯斯坦安全理事会关于确保吉尔吉斯共和国地下资源开采安全措施的决议》等。下面以2021年新版《国家安全构想》为例，分析吉尔吉斯斯坦的国家安全观。

吉尔吉斯斯坦《国家安全构想》明确指出，"确保国家安全是保护吉尔吉斯国家地位，维护人民民族身份，进一步实现吉尔吉斯斯坦可持续、全面和逐步发展以及保持该地区安全与稳定的最重要进程。国家安全保障体系的有效性、质量和总体生存能力取决于吉尔吉斯共和国在世界上获得官方承认的作用和地位、其国家价值观、利益和目标、对付外部和内部实际和潜在危险和威胁的方法和手段"。

构想共由八部分构成。第一部分为总则，界定了构想中使用的基本

---

① Ботоева Ч. К., "Понятие Национальной Безопасности Кыргызской Республики", Вестник КРСУ, Том 15. № 1, 2015.

概念,并指出了保障国家安全的法律框架。

第二部分为国家安全保障现状。该部分首先分析了吉尔吉斯斯坦在现代世界中的状况,认为吉所处的地缘政治状况、COVID – 19 疫情、去全球化的总趋势等因素都在深刻影响吉尔吉斯斯坦的发展,但"该国的总方针是根据周围世界的变化和趋势,根据其在世界进程中的潜力和作用,在遵守所有先前达成的协议和承诺方面保持可靠性和稳定性。吉尔吉斯斯坦一贯主张维持联合国及其安全理事会在解决全球和区域问题方面的主要作用。吉尔吉斯共和国加入集体安全条约组织、上海合作组织、独立国家联合体和欧亚经济联盟是保障国家安全的优先事项。在尊重主权、领土完整和共同安全的原则基础上建立友好环境和加强睦邻关系,是吉尔吉斯斯坦外交政策活动的关键"。然后,详细描述了吉尔吉斯斯坦国家安全面临的外部和内部威胁。

外部威胁有:"1. 在国际和区域组织权威和影响力下降的背景下,世界主要大国和该地区军事政治集团之间的地缘政治利益冲突加剧,个别国家未能履行先前承担的义务。2. 在武装冲突地区军事和政治局势急剧变化和恐怖主义活动增加的背景下,国际恐怖主义和极端主义组织继续对中亚国家和吉尔吉斯共和国进行犯罪和破坏稳定的活动。3. 外国战斗人员,包括来自中亚地区国家的战斗人员,继续集中在容易渗入或突破潜在目标国的地点。4. 国际恐怖主义、宗教极端主义和分裂主义、中亚国家的恐怖主义和极端主义规模扩大以及在互联网上招募和宣传活动有所增加。5. 外国宗教极端主义中心和非传统宗教流派积极在吉尔吉斯共和国引入和宣传他者的破坏性意识形态。6. 通过吉尔吉斯共和国领土转运毒品和从邻国向吉尔吉斯共和国走私毒品的数量增多。7. 跨国和跨国有组织犯罪集团活动增多。8. 外国情报机构为情报行动而干涉信息空间;国际黑客组织的破坏性活动,互联网空间的破坏性宣传。9. 外国情报机构的情报和颠覆活动,以及对国家和社会活动的几个或大多数关键领域进行混合攻击的威胁。10. 在划定和标定吉尔吉斯共和国国家边界的进程尚未完成的背景下,对吉尔吉斯共和国国家边界不可侵犯性的威胁和军事侵略。11. 由于该国依赖燃料和能源进口,地区水和能源问题加剧。12. 全球和地区气候和环境变化,其影响正在减少该国的冰川和水资源。13. 大流行病、流行病和其他生物威胁的扩散。14. 在国际层面损害国家利益、政治和经济形象的企图。"

内部威胁有："1. 公共机构和私营部门腐败现象增多，公职人员、企业代表和有组织犯罪集团成员广泛参与腐败犯罪。2. 各级政府官员与犯罪组织之间联系增强，犯罪率上升，某些严重犯罪和特别严重犯罪的状况恶化，包括有组织犯罪活动增加，青年和公务员参与犯罪活动，保护官员非法贩运资本、毒品、武器和非法移民。3. 吸毒、酗酒和犯罪问题日益严重，青年越来越多地参与犯罪活动，并沉迷于犯罪世界的思想。4. 社会政治局势恶化，经常导致大规模抗议和骚乱。5. 吉尔吉斯斯坦激进宗教运动的扩大和宗教间矛盾的加剧，包括民族间、宗教间冲突和分裂主义表现的增加。6. 国内恐怖主义和极端主义的地下活动，特别是在被判犯有恐怖主义和极端主义罪行的人中间，以及与犯罪和有组织犯罪集团的联系。7. 社交媒体和短信息上的破坏性活动增强，包括散布虚假和不真实信息，发布恐怖和极端主义材料，呼吁加入极端主义和恐怖组织，煽动大规模骚乱和抗议活动，宣传犯罪生活方式、自杀、吸食毒品以及其他尤其会对年轻一代产生负面影响的非法信息。8. 执法机构在侦查和调查资助恐怖主义和犯罪收益合法化（洗钱）以及侦查和扣押应予没收的犯罪资产方面效率低下。9. 公共行政效率低下，官僚主义，预算和公共财产被挪用，人力资源能力薄弱，在人力资源政策方面表现出同乡化、宗族主义、保护主义和任人唯亲。10. 侵犯宪法规定的人权和自由以及法治原则，缺乏平等诉诸司法的机会。11. 公民法律虚无主义抬头，民间社会发展不足。12. 卫生保健质量下降，居民健康状况恶化，包括死亡率上升。13. 不受控制的迁移，对外移民增加。14. 国家的教育质量和智力潜力下降，导致人民的文化、道德和精神遗产丧失的消极趋势。15. 国家防御能力下降，武装部队技术装备不足，武装部队各实体之间缺乏明确的互动和协调。16. 保护国家信息空间和国内信息资源的能力不足，在建立现代信息和通信技术以及保护信息空间方面未取得重大进展。17. 气候变化和环境恶化，包括饮用水质量、自然灾害和其他自然和人为紧急情况、大流行病、流行病和动物流行病。18. 现有的预防和应对自然和人为紧急情况的系统不够有效。19. 经济和金融体系稳定性下降，影子经济增长，自然资源利用不当，投资活动减少，资本不受控制地外流。20. 生产减少，特别是农业部门的生产减少，导致粮食进口依赖,出口和过境能力下降。21. 某些群体和公民将本部门、本区域和本部族的利益置于国家利益之上。"①

第三部分列举了保障国家安全的12个原则。第四部分明确了保障国家安全的20个目标。第五部分在考虑到吉尔吉斯斯坦、中亚地区和世界局势的中长期发展趋势的前提下,确定了13项吉尔吉斯斯坦现阶段的国家利益,如领土完整、主权、独立、宪法秩序不可侵犯和强大的国防能力,抵御外部和内部威胁的有效防御体系,防止种族间、区域间、宗教间和教派间的冲突,履行纳税义务,建设法治国家,打击犯罪及犯罪组织,防止公民特别是年轻一代参与犯罪、恐怖主义和极端主义组织,预防腐败和零容忍腐败,高度发达和自给自足的经济,体面的生活水平,消除贫困等。

第六部分为国家安全保障体系,在介绍了有关国家安全的政策制定、实施和监督机制的基础上,从国家和公共安全,国防,国家边界安全,经济安全,人口安全、卫生、教育、道德和科技能力,环境、能源、自然资源和水资源的安全,粮食安全,信息安全八个方面详细论述了吉尔吉斯斯坦面临的严峻形势和计划采取的具体措施。

第七部分指出了实施该构想面临的挑战和威胁,第八部分明确了国家安全保障的经费来源、实施机制、监测和评估机制等。

从《国家安全构想》可以看出,吉尔吉斯斯坦的国家安全观是一个集外交、边界、移民、文化教育、信息系统、生态环境、自然资源、军事国防等各领域、从个人到社会、国家全方位、多层次的安全观。这种安全观的形成既是由于世界发展面临的各种不稳定因素增多、增强使国家安全概念在全球范围内不断深化和扩大化,更是由于吉尔吉斯斯坦面临着多种内外威胁。

二 吉尔吉斯斯坦面临的安全威胁

吉尔吉斯斯坦面临的内部和外部安全威胁是多种多样的,而且这些

---

① Президент Кыргызской Республики, *Концепции Иациональной Безопасности Кыргызской Республики*, Министерство Юстиции Кыргызской Республики, 20 Декабря 2021 Года (http://cbd.minjust.gov.kg/act/view/ru-ru/430815? ysclid=ln5npqxpig856027716).

威胁往往又相互交织在一起，对吉尔吉斯斯坦的稳定发展造成非常不利的影响。在这些威胁中，近年来比较突出的有边界问题和极端主义、恐怖主义问题，这里做简要介绍。

1. 边界问题

包括吉尔吉斯斯坦在内，中亚国家的边界线大都是在苏联进行民族识别划界时期划定的，但在一些自然条件和民族状况比较复杂的地段，如费尔干纳盆地，苏联并未进行清晰的民族国家划界。同时，苏联时期，各加盟共和国之间的边界没有受到重视，边界的划分往往没有考虑民族因素，而是根据一些经济因素。这种情况既导致一些中亚国家在苏联末期就出现了一些领土边界争端，也为独立后中亚国家不时发生一些边界纠纷埋下了伏笔。吉尔吉斯斯坦就是这些情况的当事国之一。

吉尔吉斯斯坦、塔吉克斯坦与乌兹别克斯坦三国领土在费尔干纳盆地交汇，吉尔吉斯斯坦与后两个国家的领土边界尚未完全划定，而三国存在的飞地问题使这一问题更加难以解决。目前，吉尔吉斯斯坦有1块飞地（巴拉克）在乌兹别克斯坦境内，而在吉尔吉斯斯坦境内，则有乌兹别克斯坦的4块飞地（索赫、沙希马尔旦、琼—加拉、塔什—多别），塔吉克斯坦的2块飞地（沃鲁赫、凯拉加奇）。源于飞地的特殊位置，它们的称谓在不同国家、不同民族当中有时会有所不同，如琼—加拉有时会被称为北索赫、卡拉奇，而沙希马尔旦有时会被分成两块飞地，即南沙希马尔、詹盖尔。凯拉加奇也被称为西卡拉奇。一些面积小、人口少的飞地几乎不可能在地图上找到，如人口约为1000人的塔什—多别、人口约为1万人的凯拉加奇。① 这些飞地在法律上是各自国家领土的一部分，但在地理上却相隔数公里，给国家对当地的管理、当地人民的生产生活带来了不便。

吉塔边境总长超过970公里。但大部分边界线未进行划分。自2002年起，两国开始进行划界谈判。截至2022年2月，吉塔之间的边界线只划定了519.1公里（53.4%），还有450多公里仍未划定。两国有70块土地的归属权存在争议。在这些争议地段以及塔吉克斯坦的两块飞地附

---

① "Анклавы На Территории Кыргызстана", K-News, 11 Января 2013 Года （https：//knews.kg/2013/01/11/anklavyi-na-territorii-kyirgyizstana/）.

近，经常出现由于民族交错或道路阻隔，争夺取水口、运河道、土地牧场等资源引发的分歧，甚至爆发流血冲突。苏联时期，吉尔吉斯斯坦巴特肯州与塔吉克斯坦索戈特州的边界处（长114公里，争议地段多达70个）就已经开始爆发冲突，主要原因是争夺牧场、田地和水资源。第一次大规模的族际冲突发生在1989年，参与冲突的有塔吉克人的3个村子与吉尔吉斯人的3个村子。苏联解体后，塔吉克斯坦与吉尔吉斯斯坦曾试图解决领土边界问题，但当时塔吉克斯坦主张以1927年苏联民族区域划界后地图为基础划分与吉尔吉斯斯坦的边界，吉尔吉斯斯坦则认为应以1957年或1989年苏联地图为划界依据。由于双方无法达成一致，也由于随后塔吉克斯坦陷入内战，边界问题便迟迟无法解决。2010—2013年仅仅3年间，吉塔边界就发生了62起冲突和边界事件，2019年发生了11起①。2022年9月16日吉塔边界发生严重冲突，两国政府加快了划界谈判进程。截至2024年1月，两国已完成了90%的边界划定工作。

吉尔吉斯斯坦和乌兹别克斯坦的边界线共有1378.44公里，在2016年12月米尔季约耶夫出任乌兹别克斯坦总统之前，吉乌两国划定的边界线有1007.1公里，占两国边界总长度的73.1%，而371.34公里仍存在争议，争议地段有58个。米尔季约耶夫上台后，积极谋求与吉尔吉斯斯坦解决边界领土问题。2017年9月5日，吉乌两国总统签署了划界协议，使划定的边界线长度达到了总长度的85%。剩余的15%是两国之间状况最复杂、争议性最大的地段，为此，两国政府组建了一个专门的工作组。2018年10月，吉乌两国在边界划分问题上再次取得进展。两国工作组完成了对沙希马尔旦飞地和巴拉克飞地坎吉因段的边界勘录，开始积极推进飞地交换工作。整体而言，吉乌两国民众之间虽然也会出现边界冲突，但冲突的频度和强度要远远低于吉塔两国之间，而且吉乌两国政府在解决边境问题上的态度更加积极。

费尔干纳盆地地形复杂，人口众多，民族宗教冲突和资源争夺现象

---

① Виктория Попова, "Приграничье Киргизии и Таджикистана: Поможет Евразийская Интеграция", *Ритм Евразии*, 21 Января 2020 Года（https://www.ritmeurasia.org/news--2020-01-21--prigraniche-kirgizii-i-tadzhikistana-pomozhet-evrazijskaja-integracija-47060）.

突出，外部势力极易渗透其中，这些情况致使吉尔吉斯斯坦与塔吉克斯坦、乌兹别克斯坦三国在该地区复杂的领土边界问题更为复杂。吉塔两国边界冲突不断发生的一个原因是该地区为几类走私活动非常重要的过境点。中国商品和俄罗斯的燃滑油料会从吉尔吉斯斯坦经过费尔干纳盆地走私出口到塔吉克斯坦。阿富汗贩毒活动的一条重要通道是经过塔吉克斯坦从费尔干纳盆地进入吉尔吉斯斯坦，然后继续往北进入俄罗斯和欧洲市场。参与这些走私活动的不仅有外部势力，而且部分当地民众也参与其中，而国家领土边界处于争议状态最有利于他们进行走私。

2. 极端主义和恐怖主义威胁

1999—2000 年发生的巴特肯事件使吉尔吉斯斯坦深刻认识到极端主义和恐怖主义的威胁。1999 年 8 月至 10 月，近千名"乌兹别克斯坦伊斯兰运动"（简称"乌伊运"）武装匪徒由阿富汗经塔吉克斯坦窜入吉尔吉斯斯坦南部奥什州巴特肯地区，袭击五六个村庄，并劫持了包括吉尔吉斯斯坦内卫部队司令沙姆盖耶夫和 4 名日本地质学家在内的 13 名人质。他们企图在费尔干纳谷地建立所谓的"伊斯兰国家"。吉尔吉斯斯坦出兵反击，在独联体特别是俄罗斯军队的帮助下，最终把"乌伊运"匪徒赶出了国境。2000 年夏秋之交，"乌伊运"武装匪徒卷土重来，又在费尔干纳山区展开多点、小股的武装骚扰活动。其中，2000 年 8 月 5 日，大约有 50 人组成的"乌伊运"小分队从塔吉克斯坦窜入吉尔吉斯斯坦南部新建立的巴特肯州，再次与吉尔吉斯斯坦政府军交火。[①] 可以说，对吉尔吉斯斯坦南部地区而言，源自邻国塔吉克斯坦和乌兹别克斯坦的极端主义团伙的行动转移是一个传统威胁。吉尔吉斯斯坦执法机关的脆弱不堪是发生这种转移的原因之一。这里说的主要是乌兹别克侨民的生活，吉尔吉斯人参与这种活动的积极性相对要低，主要原因是他们伊斯兰化的程度较低。然而，"伊扎布特"类型的伪教育团体（表面上未提出武装斗争的任务，但被列入世界一些关键国家的特种机关所认可的极端组织之列）的活动也囊括不少吉尔吉斯人。[②]

---

① 刘庚岑、徐小云编著：《吉尔吉斯斯坦》，社会科学文献出版社 2005 年版，第 228—229 页。

② Леонид Гусев, "Борьба Центральноазиатских Государств С Угрозой Исламизма", *Новое Восточное Обозрение*, №10, 2012.

在上述情况下，吉尔吉斯斯坦加强了对极端主义和恐怖主义的防范和打击。吉尔吉斯斯坦不仅加强了法律方面的工作，例如 2005 年 8 月 17 日颁布了《吉尔吉斯共和国反极端主义法》，2006 年 11 月 8 日颁布了《吉尔吉斯共和国反恐怖主义法》，而且还限制了一批批极端组织和恐怖组织在其境内的活动。

截至 2023 年 1 月 1 日，被吉尔吉斯斯坦各级法院禁止在该国境内活动的极端主义、恐怖主义以及邪教组织共有 21 个。它们的基本情况如表 3-1 所示。

表 3-1　　吉尔吉斯斯坦禁止在其境内活动的组织名单

组织名称	裁决法院	裁决时间	组织性质
"基地组织"	比什凯克市五一法院	2006 年 9 月 16 日	恐怖组织
"塔利班"	比什凯克市五一法院	2006 年 9 月 16 日	恐怖组织
"东突厥斯坦伊斯兰运动"	吉尔吉斯斯坦最高法院	2003 年 8 月 20 日	恐怖组织
"库尔德人民大会"（"库尔德工人党"）	比什凯克市五一法院	2008 年 6 月 11 日	恐怖组织
"东突厥斯坦解放组织"	吉尔吉斯斯坦最高法院	2003 年 8 月 20 日	恐怖组织
"伊斯兰解放党"（"伊扎布特"）	吉尔吉斯斯坦最高法院	2003 年 8 月 20 日	极端组织
"伊斯兰圣战团体"（"伊斯兰圣战联盟"）	比什凯克市五一法院	2008 年 6 月 11 日	恐怖组织
"突厥斯坦伊斯兰党"（"乌兹别克斯坦伊斯兰运动"）	吉尔吉斯斯坦最高法院	2003 年 8 月 20 日	恐怖组织
"统一教"	比什凯克市斯维尔德洛夫斯克区法院	2012 年 2 月 22 日	邪教组织
"迈赫迪军"	比什凯克市五一法院	2012 年 10 月 24 日	恐怖组织
"哈里发战士旅"	比什凯克市五一法院	2012 年 10 月 24 日	恐怖组织
"安拉战士"	比什凯克市五一法院	2012 年 10 月 24 日	恐怖组织
"塔卡菲尔—希吉拉"（"惩罚与迁徙组织"）	比什凯克市五一法院	2012 年 10 月 24 日	恐怖组织
"阿克罗米亚"	比什凯克市五一法院	2014 年 3 月 14 日	极端组织
"A. A. 季霍米罗夫—赛以德·布里亚特斯基宣传鼓动材料和宣传活动"	比什凯克市十月法院	2014 年 3 月 14 日	极端组织
"伊斯兰国"	比什凯克市十月法院	2015 年 2 月 13 日	恐怖组织、极端组织

续表

组织名称	裁决法院	裁决时间	组织性质
"努斯拉阵线"	比什凯克市十月法院	2015年6月23日	恐怖组织、极端组织
"哈提巴伊玛目布哈里"（"伊玛目布哈里营"）	奥什市法院	2015年5月13日	恐怖组织、极端组织
"贾纳特奥辛克拉里"（"天堂崇拜者"）	奥什市法院	2015年5月13日	恐怖组织、极端组织
"神论和圣战组织"	奥什市法院	2016年3月17日	恐怖组织
"亚钦因卡尔"	比什凯克市十月法院	2017年6月15日	极端组织

资料来源：吉尔吉斯斯坦国家宗教事务委员会官网（http://religion.gov.kg/ru/religion_organization/blocked），访问时间：2023-06-13。

中国学者李玮曾对吉尔吉斯斯坦境内的极端组织及其极端化做过详细研究。他认为，在当前国际恐怖主义新生态形成的背景下，吉境内极端组织的核心特征需要从其历史演化脉络、组织发展状况、行动惯用手法三个方面进行剖析。从历史演化脉络来看，大致以2012年为节点，吉尔吉斯斯坦遭遇了极端主义势力"实践地区分裂"和"参与全球圣战"相继两轮活动浪潮的侵害，吉境内极端组织将侵害对象由国内向地区和国际转移，2017年前后随着"伊斯兰国"在实体溃败中形成的"返流"和"独狼"策略，吉尔吉斯斯坦境内的暴恐活动进入新的高发期。从组织发展状况来看，吉尔吉斯斯坦境内极端组织普遍具有非本土性特点。这些极端组织几乎源生于吉国境外，其主要活动地区也并非局限于吉国境内，而且这些极端组织并非将吉国本身作为其攻略目标，而是将其视为进入中亚的"沃土"开展活动。从行动惯用手法来看，吉尔吉斯斯坦境内极端组织当前主要围绕人员招募和"迁徙圣战"开展活动，将吉尔吉斯斯坦打造成他们的"募兵源"和"中转站"。2014年，美国和平研究所发布的第35555号特别报告中，提出了2010年以来吉尔吉斯斯坦境内极端组织活动的五个趋势，分别是毒品贸易、腐蚀青年、招募人员、染指教育和威胁地区周边国家安全；吉境内极端组织通过染指教育、腐蚀青年，实现人员招募，并在组织成员扩大的基础上促进包括毒品贸易在内的，威胁地区周边国家安全的犯罪活动。这其中，人员招募是连接极端化和暴恐活动两端的核心。① 也就是说，吉尔吉斯斯坦境内极端组织具有国际化、非本土性以及与恐怖组织联系密切的特征，这些特征进一步加大了极端组织的隐蔽性、流窜性和危害性，也加大了吉尔吉斯斯坦打击极端组织和恐怖组织的难度。

当前，极端主义和恐怖主义仍然是吉尔吉斯斯坦面临的主要安全威胁之一，而且呈现出追随人数增多、妇女参与程度提高、活动领域从南部向北部扩大的三大趋势。从追随人数来看，按照吉尔吉斯斯坦内务部官员埃尔兰·巴基耶夫的说法，约有2000名吉尔吉斯斯坦公民是极端主义思想的拥护者。② 极端主义分子积极利用互联网散播不实信息和威胁，在民众当中制造恐慌，巧妙地宣传极端思想，为恐怖组织招募人员和募集资金。如2018年10月25日，5名外国公民和4名吉尔吉斯斯坦公民因为叙利亚和阿富汗招募恐怖分子和计划在吉境内实施恐怖袭击而在楚河州被捕。是年10月31日，吉尔吉斯斯坦一名向叙利亚武装分子提供资金支持的金融家被逮捕，据调查，他已向叙利亚成功发送了约10万美元。甚至一些经验丰富的心理学家会为极端主义网站制作宣传材料，并运用心理学知识在网络上操纵大众情绪。极端主义分子还会特别关注持极端观点的加玛阿特（Jamaat）和一些清真寺伊玛目（领拜人）。如2015年，吉安全力量就在奥什州逮捕了一名伊玛目，该人是"伊扎布特"的积极成员，曾积极招募信众前往叙利亚、伊拉克和阿富汗。此外，在哈萨克斯坦和俄罗斯的吉尔吉斯斯坦劳务移民也往往成为极端组织和恐怖组织招募的对象。从判刑情况来看，在吉尔吉斯斯坦被判决犯有恐怖主义和宗教极端主义的人数从2010年的79人增长至2017年422人，7年间翻了四番，其中女性犯人约占1/5。而前往叙利亚、阿富汗和伊拉克参加恐怖活动的吉尔吉斯斯坦公民约有800人，其中一半为妇女和未成年。③ 在活动领域上，极端组织和恐怖组织的活动领域已经不限

---

① 李玮：《吉尔吉斯斯坦境内极端组织及其极端化》，《现代国际关系》2018年第10期。

② Татьяна Кудрявцева, "Экстремисты Кыргызстана И Места Их Обитания", «24. kg» News Agency, 28 Ноября 2016（https：//24.kg/obschestvo/40577_ekstremistyi_kyirgyizstana_i_mesta_ih_obitaniya/）.

③ "В тюрьмах Киргизии Сидят 466 Осужденных За Экстремизм", ИА Регнум, 25 Октября 2018 Года（https：//regnum.ru/news/society/2507619.html）.

于吉尔吉斯斯坦南部地区。2015—2019年吉尔吉斯斯坦消灭了多个计划在国家节日和旅游旺季对比什凯克市和奥什市实施恐怖袭击的恐怖主义团伙,这些团伙与"伊斯兰国"联系密切,其中许多人属于恐怖组织"迈赫迪军"的成员。整体而言,极端主义和恐怖主义对吉尔吉斯斯坦的威胁虽处于可控范围,但情况仍不容乐观。

第二节 吉尔吉斯斯坦的武装力量建设

进行武装力量建设既是吉尔吉斯斯坦国家独立性、自主性的重要体现,也是吉尔吉斯斯坦保卫国家安全的一项重要举措。

一 建军原则与军事学说

吉尔吉斯斯坦武装力量始建于1992年5月29日。当时,根据时任总统阿卡耶夫的命令,吉尔吉斯斯坦接管了部署在其境内的苏联军队和武器装备。但当时吉尔吉斯斯坦兵力有限,不能确保边疆安全,因此,其边境防卫工作主要由俄罗斯军队负责。随后几年,吉尔吉斯斯坦在武装力量建设和保卫国家安全方面采取了一系列措施。1993年,吉尔吉斯斯坦国防委员会改组为吉尔吉斯斯坦国防部。是年3月,阿卡耶夫签署了《吉尔吉斯共和国国界法》和《吉尔吉斯共和国边防军法》。为稳定塔吉克斯坦与阿富汗国界线的局势,从1993年1月至1998年,吉尔吉斯斯坦向塔阿边界派出了一个山地步枪营,负责守卫100公里的边界线,先后共有4500多名吉尔吉斯斯坦士兵在塔阿边境服役。[①] 1998年在8个摩托化步兵师的基础上,组建了第1科伊塔什、第2奥什和第3巴列钦斯基摩托化步兵旅。1999—2000年巴特肯事件是对吉尔吉斯斯坦武装力量的一次重要检验,吉尔吉斯斯坦武装力量得到了淬炼。自1999年12月起,吉尔吉斯斯坦开始以自己的边防军承担守卫本国边防的任务。

吉尔吉斯斯坦在进行武装力量建设的同时,越来越感到缺乏系统化理论指导的弊端。进入21世纪后,吉尔吉斯斯坦逐渐形成并完善了本国

---

① "История Вооружённых Сил Киргизской Республики", 28 Ноября 2011 Года(https://web. archive. org/web/20111128181528/http://www. mil. kg/ru/armed-forces/history. html)。

的军事学说。2002年3月23日,吉尔吉斯斯坦首次颁布了《吉尔吉斯共和国军事学说》,其内容体现了吉国军事建设的防御性。2005年和2010年发生的政权更迭以及2010年夏吉尔吉斯斯坦南部爆发的民族冲突使吉尔吉斯斯坦重新审视本国的军事学说。2013年7月15日,根据世界军事政治形势的变化,特别是中东和阿富汗局势的动荡以及吉尔吉斯斯坦国内发展面临的各种威胁,吉尔吉斯斯坦公布了新的《吉尔吉斯共和国军事学说》,并于2017年11月20日进行了修订。该版军事学说第二部分详细阐释了吉尔吉斯斯坦军事政策的基本原则。其中写道:"吉尔吉斯共和国的军事政策是国家对内对外政策在军事方面的反映。其主要法律基础及与国际法的关系由《吉尔吉斯共和国宪法》确立,而其主要目标和原则由《国家安全构想》和本军事学说确立。吉尔吉斯共和国军事政策目标是为社会和国家的和平与稳定发展创造有利条件,保护其主权和领土完整,保护国家机构、公民免受军事危险和威胁,并预防侵略"(第4条);"吉尔吉斯共和国没有扩张、侵略和以军事力量解决领土要求的目标,保障军事安全的基础是遵守和平解决国际争端、不干涉别国内政以及其他公认的国际法原则和规范"(第5条);"吉尔吉斯共和国为确保本国军事安全并加强国际和平与稳定,在双边和多边基础上与政策不损害吉尔吉斯共和国国家利益且不违反《联合国宪章》的所有国家,在签署并生效的国际协定框架下与独联体、集体安全条约组织和上海合作组织成员国进行合作。优先考虑采取政治、外交及其他非军事行动来预防和消除对国家军事安全的威胁。遭到军事袭击时,享有个人或集体自卫的不可剥夺的权利"(第6条);"国防和安全领域的内外政策由吉尔吉斯共和国安全委员会根据吉尔吉斯共和国宪法、法律法规和本军事学说确定"(第7条);"国家武装保障由根据自卫和纯粹防御原则建立的武装力量提供"(第8条);"为确保军事安全,在军事经济、武装力量、其他军事单位、负责国家安全事务的国家机构以及吉尔吉斯共和国的人口和领土方面提前进行国家武装防御准备工作"(第9条)。①

---

① Президент Кыргызской Республики, *Военная Доктрина Кыргызской Республики* (Утверждена От 15 Июля 2013 Года, В Редакции Указа Президента КР От 20 Ноября 2017 Года УП № 266), Министерство Юстиции Кыргызской Республики, 20 Ноября 2020 Года (http://cbd.minjust.gov.kg/act/view/ru-ru/900232).

2009 年 7 月 24 日，吉尔吉斯斯坦还公布了新版的《吉尔吉斯共和国边防和武装力量法》，已于 2014 年 2 月 3 日和 11 月 29 日、2017 年 3 月 18 日和 12 月 1 日进行了四次修订。其中写道："武装力量是一种国家军事组织，旨在为吉尔吉斯共和国的国家主权、领土完整、宪法秩序、社会和公民提供可靠的保护，并根据国际条约履行义务"（第 4 条），"武装力量的建设原则有：（1）自卫和纯粹防御；（2）法律基础上军事领导的集中化和单一首长制；（3）接受吉尔吉斯共和国总统、吉尔吉斯共和国议会、吉尔吉斯共和国政府和公民社会的监督；（4）发展武装力量并保持高水平的备战状态；（5）管理的有效性；（6）人员培养、训练和培训的统一化；（7）高水平的专业素养；（8）军事人员遵守法律和社会保障；（9）在国防组织和武装力量建设上的意见统一；（10）建设、发展、训练和使用武装力量的理论和实践的连续性；（11）武装力量的组成、组织人员结构、实力与确保和平时期军事安全和战时武装防御的任务相适应"（第 5 条）。①

鉴于世界和中亚地区军事政治形势的变化、军事安全威胁范围的扩大以及吉尔吉斯斯坦军事和国家管理体系改革的进程，2023 年 7 月，吉尔吉斯斯坦总统签署公布了第三版《吉尔吉斯共和国军事学说》。

新版军事学说共有 10 章内容。第一章为总则，交代了制定该版军事学说的必要性、法律基础、主要概念等内容，并再次强调了军事学说的防御性。

第二章为军事危险和军事威胁。该章首先分析了世界军事政治形势，认为"近年来，世界军事政治形势更加动荡。在现有的不稳定温床的背景下，世界各地出现了新的武装冲突，在某些情况下，这种冲突可能导致无法预测的后果。国家间关系和区域间关系的既定体系正在发生重大变化，成为一些国家极端主义和抗议活动增长的催化剂。交战各方对不同政治、社会群体和阶层人口有针对性地施加大规模的信息技术和信息心理影响，这表明大规模心理影响的作用和效力日益增强，在信息空间

---

① Жогорку Кенеш Кыргызской Республики, Закон КР От 24 Июля 2009 Года № 242 "Об Обороне И Вооруженных Силах Кыргызской Республики"（В Редакции Законов КР От 3 Февраля 2014 Года № 24, 29 Ноября 2014 Года № 161, 18 Марта 2017 Года № 46, 1 Декабря 2017 Года N 197（2））, Министерство Юстиции Кыргызской Республики, 20 Ноября 2020 Года（http：//cbd. minjust. gov. kg/act/view/ru-ru/202668/70? mode = tekst）.

中取得的对敌优势也日益重要。国际恐怖主义组织的积极活动仍然是中亚所有国家的一个危险来源。国家和人民之间的信任危机、国际经济的衰退、贸易和其他限制的加剧以及在经济、金融、政治、人道主义和其他领域实施的制裁政策，是加剧矛盾和破坏世界和区域局势稳定的另一个因素。在这种背景下，吉尔吉斯共和国可能会继续面临以武力解决国家边界问题的企图，以及争夺包括水、土地和矿产资源在内的资源的斗争"。之后，列出了吉尔吉斯斯坦国家安全面临的主要军事危险和军事威胁。外部军事危险主要有："在国际和地区组织权威和影响力下降的背景下，世界主要大国和该地区军事政治集团之间的地缘政治利益冲突加剧，以及个别国家未能履行先前承担的义务；在武装冲突地区军事政治局势急剧变化和恐怖主义活动增加的背景下，国际恐怖主义和极端主义组织对中亚国家和吉尔吉斯共和国的稳定愿望进行破坏；个别国家试图用军事力量解决现有矛盾；在国家依赖燃料和能源进口的条件下，该地区水和能源问题加剧；大规模杀伤性武器的扩散以及国际恐怖组织使用这些武器的可能性。"国内军事危险主要有："破坏性、分裂性或其他侵略势力企图破坏吉尔吉斯共和国的主权、领土完整和宪法秩序；企图加剧族裔间的矛盾；激进宗教运动的扩大，可能会加剧吉尔吉斯共和国的矛盾，包括民族间冲突和分裂主义的增加。"军事威胁主要有："外国战斗人员，包括来自中亚国家的战斗人员，继续聚集在容易渗入或突破潜在目标国的地点；破坏力量企图利用吉尔吉斯共和国境内飞地的经济和社会问题；分裂主义、恐怖主义和极端主义在中亚国家的活动以及在因特网上的招募和宣传活动有所增加；外国情报机构的情报和颠覆活动，以及对国家和社会重要活动领域的混合攻击威胁；在划定和标定吉尔吉斯共和国国家边界的进程尚未完成的背景下，威胁吉尔吉斯共和国国家边界的不可侵犯性以及军事侵略威胁；社会政治局势恶化，导致大规模抗议和骚乱；国内恐怖主义和极端主义地下活动及其与犯罪和有组织犯罪集团的联系增强。"①

---

① Президент Кыргызской Республики, *Военная Доктрина Кыргызской Республики* (*Утверждена Указом Президента Кыргызской Республики От 6 Июля 2023 Года № 170*), Министерство Юстиции Кыргызской Республики, 02 Октября 2023 Года (http://cbd.minjust.gov.kg/act/view/ru-ru/435095？ysclid=ln5nm64huz580024597).

第三章为吉尔吉斯斯坦的军事政策，主要介绍了军事政策的基本原则、目标、任务、性质、双边和多边军事合作的主要内容、应对军事威胁的措施等。第四章规定了吉尔吉斯斯坦在遏制和阻止军事冲突方面可采取的行动。第五章确定了武装部队和其他军事单位的使用及其在和平时期和战争时期的主要任务。第六章明确了吉尔吉斯斯坦进行军事建设的目标、原则和任务。第七章规定了吉尔吉斯斯坦军队和其他军事力量的建设原则和主要任务。第八章主要介绍了吉尔吉斯斯坦做好动员预备和动员准备的优先事项。第九章规定了国防军事经济保障的原则和任务。第十章为结语，对该军事学说的实施效果进行了预判，并强调应根据军事政治形势的变化对学说内容加以调整。

上述内容说明，吉尔吉斯斯坦主张以和平方式解决国内政治问题以及全球性和地区性问题；吉尔吉斯斯坦不使国家生活军事化，也不使国家及其活动服从进行战争的任务；吉尔吉斯斯坦武装力量根据自卫和纯粹防御的原则进行建设，并实行集体领导下的一长制，但要随时做好国家武装防御准备工作，并在遭受外部袭击时不排除使用武力；优先发展与独联体、集体安全条约组织和上海合作组织成员国的合作。

二 武装力量现状

自1992年起，吉尔吉斯斯坦的武装力量已进行了多次结构调整，如2006年空军和防空部队合并为防空军，2018年热恩别科夫签署了关于恢复内务部内卫部队的命令，而前总统阿坦巴耶夫曾在2014年将内卫部队编入国民警卫队之中。2021年5月，扎帕罗夫在签署新版宪法的同时，宣布要进行军事改革，建议按照特种部队的原则组织在山区条件下作战的军队，并在边境地区建立人民民兵。① 吉尔吉斯斯坦新版国家安全构想和军事学说正是在扎帕罗夫的命令下编制和颁布的。

---

① "О реформе Вооруженных Сил Заявил Жапаров. Она Включает Два Направления", Sputnik, 05 Мая 2021 Года（https://ru.sputnik.kg/20210505/zhaparov-vooruzhennye-sily-reforma-poslanie-1052393164.html?ysclid=ln5udw0wcc738437131）.

表 3-2　　　　　　　2023 年吉尔吉斯斯坦武装力量情况

类型		人数（人）	具体设置
军队	总数	10900	
	陆军	8500	特种部队包括 1 个特种旅；机动力量包括 2 个摩托化步兵旅，1 个山地摩托化旅；作战支援力量包括 1 个炮兵旅、1 个防空旅
	防空军	2400	1 个战斗机团，装备 L-39 "信天翁" 型战斗机，1 个运输机团，装备 An-2 "小马驹" 型和 An-26 "卷毛" 型运输机，1 个攻击/运输直升机团，装备 Mi-24 "雌鹿" 型和 Mi-8 "河马" 型直升机，防空部队有 3 个连，其中 2 个装配 S-125M1 Neva-M1（RS-SA-3 "果阿"）型导弹，1 个装配 S-75 M3 Dvina（RS-SA-2 "导线"）型导弹
准军事部队		9500	边防部队 5000 人，内卫部队 3500 人，国民警卫队 1000 人
总数		20400	

资料来源：James Hackett，ed.，The Military Balance 2023，Taylor & Francis，2023，pp. 180 – 181.

目前，吉尔吉斯斯坦武装力量结构及其人员情况如表 3-2 所示。吉尔吉斯斯坦的武装力量分为军队和准军事部队两类，总人数为 20400 人。军队由陆军和防空军构成，总人数为 10900 人。陆军分为北方集团军和西南集团军两个军区，北方集团军负责管理位于纳拉科尔市和纳伦市的两个机枪炮兵营、比什凯克市的一个独立通信营、特种部队第 25 "斯科尔皮翁" 独立旅、一个工兵营、若干个独立坦克团以及负责安保和防化工作的军事单位。西南集团军统管第 68 摩托化步兵旅、一个机枪火炮营、一个侦察营、位于贾拉拉巴德州阿拉布卡区的一个装甲合成营、一个高射炮兵团以及一些负责安保和防化工作的军事单位。防空军指挥部位于比什凯克，负责管理第 5 近卫独立防空导弹旅、位于奥什市的第 11 防空旅、位于伊塞克湖州格里戈里耶夫卡镇的第 44 独立无线电工程营以及位于比什凯克的第 1 伏龙芝空军基地。[①] 由于吉尔吉斯斯坦没有出海口，因此吉国未建立海军或舰队。

从武器装备来看，陆军的情况为：（1）装甲作战车辆：T-72 坦克

---

① Тамила Греськo，"Армия Киргизии：Структура И Вооружение"，31 Мая 2018 Года（https://fb.ru/article/390010/armiya-kirgizii-struktura-i-voorujenie）.

150 辆，BRDM-2 装甲侦察车 30 辆，步兵战车 320 辆（230 辆 BMP-1，90 辆 BMP-2），装甲运兵车 55 辆（25 辆 BTR-70，20 辆 BTR-70M、10 辆 BTR-80）。（2）反坦克/反工事装备：单兵武器型号有 9K11 Malyutka（RS-AT-3"赛格"）型、9K111 Fagot（RS-AT-4"塞子"）型、9K111-1 Konkurs（RS-AT-5"拱肩"）型，无坐力炮型号为 SPG-9 型 73mm，反坦克炮 36 门（MT-12/T-12 型 100mm 牵引反坦克炮 18 门、M-1944 型 100mm 牵引反坦克炮 18 门）。（3）火炮共计 228 门，其中自行火炮 18 辆，均为 2S1 Gvozdika 型（122mm），牵引火炮 123 门，其中 D-30 型（122mm）72 门、M-30/M-1938 型（122mm）35 门、D-1 型（152mm）16 门，迫榴炮 12 门，均为 2S9 NONA-S 型（120mm）自行迫榴炮，火箭炮 21 套，其中 BM-21 Grad 型（122mm）15 套、9P140 Uragan 型（220mm）6 套，迫击炮 54 门，其中 2S12 Sani 型（120mm）迫击炮 6 门、M-120 型（120mm）迫击炮 48 门。（4）防空装备中采用 9K32 Strela-2（RS-SA-7"格雷尔"）型便携式防空导弹和 9K35-Strela-10（RS-SA-13"金花鼠"）型便携式防空导弹，并有高射炮 48 门，其中 ZU-23-2 型 23mm 牵引高炮 24 门、S-60 型 57mm 牵引高炮 24 门。①

防空军的武器装备情况为：（1）在固定翼飞机中，作战飞机有 4 架，运输机共 6 架，均为轻型运输机，其中 An-2 Colt 型飞机 4 架、An-26 Curl 型飞机 2 架，教练机 4 架，均为 L-39 Albatros 型飞机。（2）在直升机中，攻击直升机 2 架，均为 Mi-24"雌鹿"型，4 架 MRH Mi-8MT"河马"型直升机，运输直升机 8 架，均为 Mi-8"河马"型。（3）在防空装备中，采用的中程防空导弹为 S-75 M3 Dvina（RS-SA-2"导线"）型导弹，近程防空导弹为 S-125M1 Neva-M1（RS-SA-3"果阿"）型导弹。②

在准军事部队中，边防部队人数最多，达到 5000 人，但通常由俄罗斯人担任军官，吉尔吉斯人多为士兵。

吉尔吉斯斯坦还有限度地参与了联合国、欧洲安全与合作组织的海外驻兵活动。2019 年，吉尔吉斯斯坦向欧安组织驻摩尔多瓦、乌克兰和塞尔维亚的维和力量分别派出了 2 名、26 名和 2 名军事人员。2023 年，

---

① James Hackett, ed., *The Military Balance 2023*, Taylor & Francis, 2023, pp. 180–181.
② James Hackett, ed., *The Military Balance 2023*, Taylor & Francis, 2023, p. 181.

在联合国苏丹阿卜耶伊维和特派团和联合国南苏丹共和国特派团的吉尔吉斯斯坦军事人员分别为 2 名和 1 名。部署在吉尔吉斯斯坦的外军为俄罗斯部队，约 500 人，自 2003 年起驻扎在坎特军事基地，装备有 13 架 Su-25SM "蛙足"型攻击机、2 架 Mi-8 "河马"型直升机。

吉尔吉斯斯坦进行武装力量建设，需要一定的资金支持，军费开支主要从国家预算中拨出。图 3-1 显示了 1995—2022 年吉尔吉斯斯坦军费开支及其在 GDP 中的占比情况。

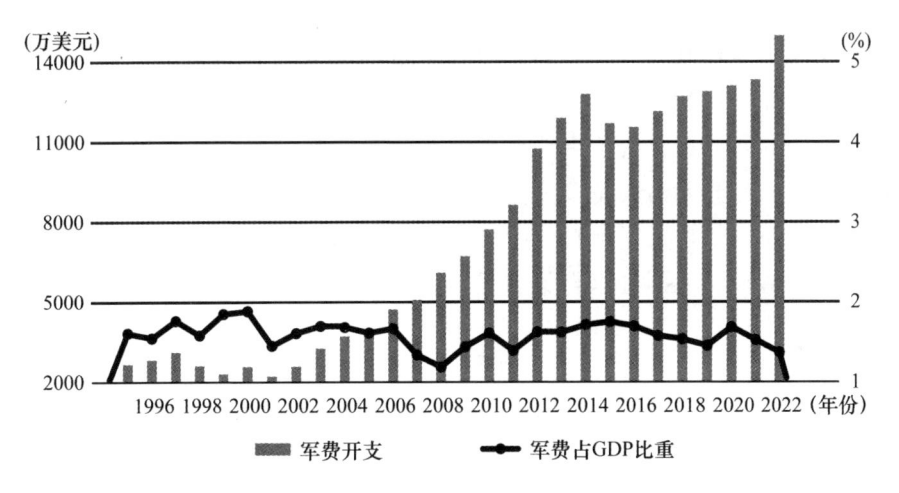

图 3-1　1995—2022 年吉尔吉斯斯坦军费开支及其在 GDP 中的占比

在 28 年当中，吉尔吉斯斯坦军费开支最低值为 2001 年的 2220 万美元，最高值出现在 2022 年，为 1.498 亿美元，两者相差近 6 倍。军费占 GDP 的比重从未超过 2%，最低值为 1.19%，出现在 2008 年，最高值为 2000 年的 1.88%，2022 年为 1.37%。从时间段来看，20 世纪 90 年代，吉尔吉斯斯坦的军费开支出现了较大幅度的减少和增长。军费减少的主要原因在于独立初期国家整体经济形势下滑严重。1996 年和 1997 年的增长主要是吉尔吉斯斯坦在为从俄罗斯军队手中接管本国边防事务做准备。巴特肯事件的爆发、2005 年"颜色革命"的发生、2010 年四月和六月事件都是吉尔吉斯斯坦增加军费开支的刺激性因素，它们使吉尔吉斯斯坦的军费开支自 21 世纪以来呈现出整体增长的趋势。特别是自 2012 以来，军费开支保持比较稳定的水平，每年的费用均超过 1 亿美元，占 GDP 的比重在 1.5% 左右。

总体而言，经过近 30 年的努力，吉尔吉斯斯坦的武装力量建设取得了一定成果，形成了比较符合本国国情的武装力量结构，体系结构也较为完整。作为上合组织成员国和集体安全条约组织成员国，吉尔吉斯斯坦与俄罗斯有特别紧密的战略合作关系。俄罗斯在吉尔吉斯斯坦维持着一定的军事存在，包括驻扎在坎特空军基地的攻击机中队。近年来，俄罗斯还有意在吉尔吉斯斯坦境内再租借一处军事基地。尽管吉尔吉斯斯坦通常依赖俄罗斯援助来满足其国防需求，最近还是开始与其他区域国家深化军工等领域的合作。如 2018 年哈萨克斯坦与该国讨论了军工合作事宜，并提出互相供应军事物资，但吉尔吉斯斯坦军工能力十分有限。更为迫切的问题是，吉尔吉斯斯坦武器装备的数量虽然比较稳定，但质量并不佳。这些武器装备多为苏式、俄式武器，并非所有设备都处于良好状态，而吉尔吉斯斯坦自身维修这些装备的能力有限，甚至一些大型装备的燃料和润滑剂难以自给自足。此外，吉尔吉斯斯坦军事人员的训

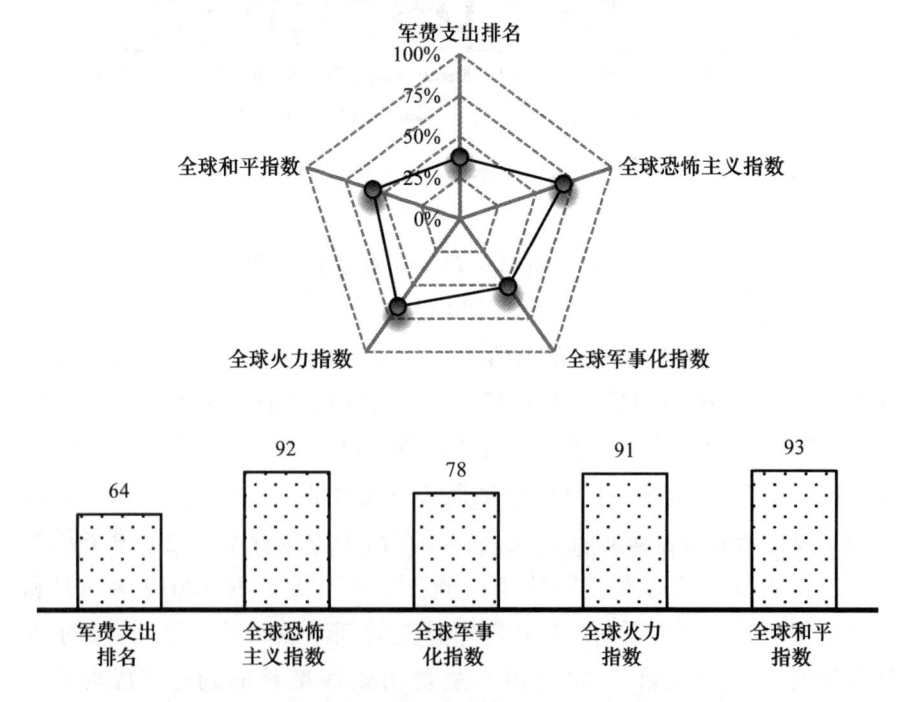

图 3-2　吉尔吉斯斯坦相关安全指标在世界的排名情况

练素质和业务水平都有着较大的上升空间。与自身面临的国内外安全威胁相比，吉尔吉斯斯坦的备战水平显得有所不足。吉尔吉斯斯坦在全球军事安全领域方面的多个排名情况也说明了这一点。

图 3-2 显示，在波恩国际军工转产中心的全球军事化指数（2019年）中，吉尔吉斯斯坦在 154 个国家中排名第 78 位，占比 51%；在经济与和平研究所的全球和平指数（2020年）和全球恐怖主义指数（2020年）中，吉尔吉斯斯坦在 135 个国家和 163 个国家中分别占第 93 位和第 92 位，占比分别为 69% 和 56%。在全球火力指数（2019）和军费支出排名（2020年）中，吉尔吉斯斯坦在 137 个国家和 172 个国家中，分别居第 91 位和第 64 位。

第三节　特种部队建设

特种部队是指国家或集团为实现特定的政治、经济、军事目的，在军队编制内专门组建执行特殊任务的部队，相较于普通军队，特种部队编制灵活、人员精干、机动快速、战斗力强。中亚地区虽没有重大安全事件，但阿富汗问题、"伊斯兰国"、毒品走私、跨国有组织犯罪以及"分裂主义、恐怖主义、极端主义"三股势力给中亚，包括吉尔吉斯斯坦的安全形势带来了巨大压力。因此，为及时、有效地应对突发性紧急事件，组建特种快速反应力量势在必行。在苏联遗留下来的特种力量基础上，吉尔吉斯斯坦独立后便开始组建本国的特种部队。

在中亚地区，吉尔吉斯斯坦的局势最为动荡。保障政权稳定、预防国内武装冲突已经成为吉政府必须予以重视的问题。然而，吉尔吉斯斯坦的复杂局势不仅限于此，它还受到宗教极端势力、恐怖势力、贩毒集团等多股力量的威胁。为应对复杂局势，吉尔吉斯斯坦向集体安全条约组织和北约国家寻求帮助，在特种部队的建设上取得了较快的发展。吉尔吉斯斯坦的特种部门引以为豪的是在该国境内建立起了后苏联空间内最严格的反侦察机制。肃反人员的职责之一是打击"乌兹别克斯坦伊斯兰运动"和"伊斯兰解放党"的宗教极端分子。值得关注的是，吉尔吉斯斯坦的特种部门是在独联体框架下实现侦察部队一体化的最积极的支持者。

一 吉尔吉斯斯坦特种部队现状

1. 国家安全委员会特种部队

吉尔吉斯斯坦国家安全委员会是在苏联克格勃基础上建成的,苏联解体后经过多次重组,最终于2010年12月由吉尔吉斯斯坦国家安全局演变而来。现在,国家安全委员会约有3000名工作人员,负责与内务部、国防部、司法部、国家保卫局、国家卫队一起开展反恐活动。2013年2月15日,吉总统签署第71号总统令,决定组建国家安全委员会反恐中心,负责实施《吉尔吉斯斯坦反恐法》所规定的目标和任务,这充分显示了吉政府打击恐怖活动的决心。

国家安全委员会有一支反恐特种部队阿尔法和一个作战行动处。阿尔法在吉尔吉斯斯坦历史最为悠久,它成功完成了数百次的行动,有着最优秀的战士。作为国家安全委员会下属的特种部队,阿尔法成立于1992年10月27日,有时也被称为"A"队(取自"anti-terror"首字母)。阿尔法的主要任务是开展行动和侦察工作,防止和制止旨在破坏社会政治局势稳定、强行改变宪法秩序和推翻合法选举产生的权力的措施、侵犯吉尔吉斯斯坦的领土完整和主权的恐怖行为、大规模骚乱和极端主义犯罪。这支特种部队主要由受过专门训练的军官和准尉组成。其中也有女性工作人员,主要在总部担任分析员,只有在特殊情况下才参与特别任务。士兵在不同的国家接受特殊训练,并经常与外国同行分享经验。他们掌握了约30门学科:体能、射击、战役战术与战略、地形学、政治学、心理学基础、外语等。70%的人至少懂一门外语。所有士兵都受过高等教育,其中一半毕业于两三所大学。自成立以来,阿尔法的排雷人员已拆除了500多个简易爆炸装置。该部队还为2005年和2010年两次"革命"以及2010年6月南部民族骚乱期间宪法秩序的维持做出了贡献,其士兵保护了战略设施,并开展了一系列打击恐怖主义和有组织犯罪集团的活动。公开资料显示,自成立以来,该部队已有5名士兵在执行任务时牺牲。①

---

① Гулдана Талантбекова, "Альфа, Шумкар, Скорпион: Рассказ О Самых Секретных Службах Кыргызстана", Sputnik Кыргызстан, 29 Июля 2020 Года (https://ru.sputnik.kg/longread/20200729/1049162468/specnaz-otryad-boec-podgotovka-strelba-vooruzhenie-kyrgyzstan.html)。

作战行动处原是菲利克斯·库洛夫在担任国家安全部长（1996年4月至1997年4月）期间组建的卡尔坎（盾牌）反恐中心。组建初期，该中心有两大职责，即对局势进行作战跟踪并实施武装行动。库洛夫离职后，卡尔坎被解散，个别在国外通过了反恐培训的士兵被留了下来，并重新组建为作战行动处。[①]

边防局是国家安全委员会的下设机构，由5支边防部队构成，共计5000名士兵。吉政府重点防御的是南部的边界，有4支边防部队部署在吉国南部，剩余的1支部署在北部。边防局特种部队的部署也是如此。边防局特种部队被命名为波卢（狼），驻扎在吉尔吉斯斯坦南部。该部队初建于2002年12月27日，2007年3月获得"波卢"一名。该特种部队的主要任务是为塔吉克斯坦、乌兹别克斯坦两国交界处的边防哨所提供支持，防止来自阿富汗的毒品流入本国。该部队与毒品监管机关密切协作，拦截贩毒分子。当出现来自塔吉克斯坦和乌兹别克斯坦的恐怖分子时，波卢特种部队负责封锁山口。此外，该特种部队也参与保障吉南部的稳定，防止并制止民族冲突。

2. 内务部特种部队

吉尔吉斯斯坦内务部内卫部队共有3500名士兵，由作战部队、专业摩托化警察和一支特种部队构成。它们负责保卫国家级重点设施，完成维护公共秩序、保卫宪法权利和公民自由，打击犯罪组织以及其他内务部和政府下达的特别任务。除此之外，为了预防和避免在吉尔吉斯斯坦境内可能发生的冲突以及其他武装行为，内卫部队还有以下几个任务：参与支持紧急状态下的行动；封锁冲突地区；消灭非法武装组织和恐怖团伙，铲除它们的基地和阻断它们的通信；制止国内武装冲突，隔离冲突各方。

谢尔（壮士）特种部队是吉内务部的一支特种部队，主要任务是反恐、制止犯罪，打击犯罪行为和非法匪帮集团，铲除其根据地，维护公民的法律权利。该部队由在土耳其、中国、美国和俄罗斯受过专门训练的军官和士官组成。这是吉尔吉斯斯坦一支同等招收女性和男性的特种部队。

内务部警察部门的特种部队有两种，一种是布于各州首府的快速反

---

① "Спецназ Киргизии. Киевская Хардбольная Команда '1337'", 28 Октября 2013 Года（https：//1337.at.ua/publ/specnaz_ stan_ sng/specnaz_ sng/specnaz_ kirgizii/4 - 1 - 0 - 15）.

应特种队（СОБР），另一种是各州内务机关的特种警队。

3. 国家卫队特种部队

吉尔吉斯斯坦国家卫队是根据吉尔吉斯斯坦总统1991年12月3日下达的命令成立的。1992年7月20日，第一批卫队300人宣誓效忠祖国和人民。目前卫队的人数已达1500人。国家卫队是一个独立的军事组织，其任务是保卫宪法政体，保卫国家主权和领土完整，参与保护国家的重点设施，在接待外国代表团时举行礼节性活动和仪式以及其他吉尔吉斯斯坦领导人下达的任务。国家卫队由吉尔吉斯斯坦总统直接领导。

国家卫队建有多支特种部队。黑豹陆战突击队共有800人，其士兵戴天蓝色贝雷帽，以空降作战为重要训练内容。另外，国家卫队还有雪豹侦察连、斑蝰蛇侦察连、雄鹰特种团和火绒草作战训练中心。其中，雄鹰特种团成立于2014年，专门负责打击恐怖主义和有组织犯罪，在吉尔吉斯斯坦各地区均有分布。2016年雪豹侦察连被并入雄鹰特种团。该特种团的主要职责是开展抓捕武装犯罪分子、解救人质、反恐作战等活动。特种团还必须在包括政治会议和集会在内的各种群众活动中维护公民的宪法权利、维护社会秩序和人民安全。特种团由军士、准尉和军官组成，女性与男性平等地服役，共同参加作战行动，并主要在土耳其、中国、美国和俄罗斯接受特种训练。公开资料显示，该特种团已有11名士兵在执行任务时牺牲。[1] 2019年，中国公安部向"雄鹰"特种团无偿援助了多辆"虎士"装甲车。[2]

4. 军队特种部队

军队管理要从兵役制度做起。兵役制度，是国家关于公民参加军队和其他武装组织、承担军事任务或在军队外接受军事训练的一项重要的军事制度。[3] 吉尔吉斯斯坦独立后，于1992年12月15日颁布了《吉尔吉斯斯坦公民普遍义务兵役法》，2002年6月13日颁布了《替代性（非

---

[1] Гулдана Талантбекова, "Альфа, Шумкар, Скорпион：Рассказ О Самых Секретных Службах Кыргызстана", Sputnik Кыргызстан, 29 Июля 2020 Года（https：//ru. sputnik. kg/longread/20200729/1049162468/specnaz-otryad-boec-podgotovka-strelba-vooruzhenie-kyrgyzstan. html）.

[2] "Китайские Бронеавтомобили Tiger в МВД Киргизии", 04 Июня 2019 Года（https：//bmpd. livejournal. com/3663261. html）.

[3] 张寒：《汉代兵役制度研究》，《人民论坛》2011年第26期。

军事）义务法》。总体而言，吉政府对男性公民必须服兵役的要求相当严格。2008 年数千名青年联名上书国防部，要求通过缴纳一定数额的费用直接进入后备军。国防部认为可以将这些资金作为军费开支，也可补充国家预算。吉政府于 2009 年颁布了新的兵役和替代性义务法，自此适龄入伍者只需缴纳 300 美元、经过一个月的军事培训便可不用服兵役。自 2010 年起吉政府开始倾向于废除这种"官方倒卖军队"的做法，但直到阿坦巴耶夫总统于 2012 年 6 月签署了兵役和替代性义务法修订案之后，这种做法才被明令禁止。与此同时，吉尔吉斯斯坦要求年满 18 周岁的男性公民服兵役，2006 年将义务兵役的期限从此前的 18 个月改为 12 个月，2012 年服役年龄上限从 27 周岁降至 25 周岁。

吉尔吉斯斯坦的军队特种部队以国防部特种部队为主。20 世纪 90 年代末，吉国防部的士兵人数达到 2 万人，近年来减少至 10900 人，合同兵占到 70%—75%，特种部队中合同兵的比例更高。

（1）斯科尔皮翁（蝎子）特种部队始建于 1994 年 3 月 31 日，当时根据吉尔吉斯斯坦国防部的命令组建了特种部队第 525 斯科尔皮翁独立连。1995 年 8 月该连参加了在美国举行的世界特种部队比赛，展示了自己最高的水平。赛后该连改名为特种部队第 525 独立分队，后又改名为特种部队第 525 独立营，隶属于吉尔吉斯斯坦武装力量司令部侦察管理总局，2001 年改编为特种部队第 25 斯科尔皮翁独立旅。2012 年 3 月 28 日，阿坦巴耶夫总统到托克马克视察了该特种旅的训练中心，并对官兵进行了嘉奖。

该旅士兵全是合同兵，装备的武器水平较高，如阿巴干（卡什坦）冲锋枪、OCB-96 狙击步枪、反狙击装置、佩彻涅格机枪、斑蝰蛇手枪、栗子冲锋枪、无声狙击步枪、AC（ВАЛ）特种冲锋枪、北约降落伞、幻影 – 1200 光学和光电系统的检查装置，士兵们的装备中还包括滑板、雪地汽车、滑翔伞等。斯科尔皮翁特种兵戴标有蝎子图案的绿色贝雷帽。[①]

（2）伊尔比尔斯（雪豹）特种部队的前身是 1999 年 4 月 1 日组建的第 24 伊尔比尔斯特种独立营。当时，吉尔吉斯斯坦维和部队（该维和部队曾在 1993—1998 年间防卫塔吉克斯坦—阿富汗之间 100 公里的边

---

① "525 ОРСпН, 525 ООСпН, 525 ОБСпН, 25 БрСпН Скорпион", 10 Марта 2012 Года（https：//diesel.elcat.kg/index.php? showtopic = 12531350）。

界）的三个分队被编入该独立营。自 2003 年起，第 24 独立营编入第二山地射击独立旅。2007 年 3 月组建特种部队独立旅，属于西南集团军。2007 年该旅被授予伊尔比尔斯称号。伊尔比尔斯所有的特种兵都是合同兵，戴标有雪豹头图案的绿色贝雷帽。

反恐战争开始后，北约国家向这两支部队提供了一些装备。例如，德国向斯科尔皮翁特种部队提供了激光瞄准器、夜视设备和登山装备；美国和瑞士向他们提供了卫星保护系统和支持。

除了这两支特种部队外，国防部还有一支卡拉库尔特（黑蜘蛛）特种部队和一个山地射击特种独立营。

5. 其他特种部队

在原苏联国家中，吉尔吉斯斯坦既是独立后最早建立毒品监管机构的国家，也是对毒品监管机构调整最为频繁的国家。1993 年建立了吉尔吉斯斯坦政府毒品控制委员会，在此基础上，2003 年 6 月组建了毒品管制处。除了制定毒品政策、协调禁毒行动、监管毒品合法流通等这些原有职能外，毒品管制处的新增职能有进行作战—搜索行动、调查刑事案件等。随后，毒品管制处进行了雄心勃勃的建设工作，特别是计划耗资 200 万美元建设一个机动作战部队管理处。鉴于吉尔吉斯斯坦积极的禁毒立场和行动，国际社会向毒品管制处提供了 1000 万美元的资金支持。然而，2009 年 10 月，吉政府在毫无正当理由的情况下撤销了毒品管制处，吉尔吉斯斯坦的国际形象大打折扣。直到 2010 年 8 月吉总统颁布命令，重新组建了毒品管制局。2016 年 12 月，在时任总统阿坦巴耶夫进行权力机构改革的过程中，毒品管制局又被废除，其人员及职能被移交给内务部、政府打击经济犯罪处。吉尔格（鹰）特种部队原是吉尔吉斯斯坦毒品管制局为监管毒品的流通、打击毒贩而成立的特种部队，该部队也进行空降、山地和潜水训练。随着毒品管制局的撤销，该特种部队也被其他部门接管。

吉尔吉斯斯坦国家惩戒局有一支负责在惩戒机构镇压暴动和骚乱、在押解极度危险罪犯时提供战斗掩护的特种部队奥米茄。奥米茄特种部队创建于 1995 年 3 月 13 日，2003 年 12 月获得该名称，其主要职责是预防和打击监狱中的犯罪和其他犯罪，消除大规模骚乱、冲突和暴动。该特种部队还在教养所和拘留所开展解救人质的行动，也负责确保国家惩戒局工作人员及其家属的安全。必要时，该特种部队可以协助执法机关维护公共安全。奥米茄的大部分人员都是准尉，有少量军官，也招收女性服役者。①

值得一提的是，2010 年"4·7"事件之前，吉尔吉斯斯坦设有总统保卫局，专门负责保护总统及其亲属的安全。总统保卫局内有一个秘密的准军事化单位——阿尔斯坦（狮子）特种部队，其主要任务是保护总统。该部队成员要学习空中掩护、潜水和侦察技能，还要进行炮火、战术和山地训练。在"4·7"事件中，总统保卫局向巴基耶夫提供了可靠的安全保障，巴基耶夫下台后，总统保卫局被撤销，其职能由国防部和国家安全委员会接管。

二　吉尔吉斯斯坦特种部队建设的特点

独立 30 余年来，吉尔吉斯斯坦的特种部队建设取得了很大进步，特别是在侦察特种部队上，吉尔吉斯斯坦是中亚地区和独联体空间内最强的。吉尔吉斯斯坦特种部队的建设表现出以下特点：1. 建设基础源于苏联特种部队，目前仍主要采用俄罗斯（苏联）的训练模式，俄语在该国特种部队中的使用比较广。事实上，中亚国家整个武装力量的建设都继承了苏联遗产，中亚国家最初的特种部队都是建立在苏联特种部队或武装力量的基础上的。在中亚国家中，吉尔吉斯斯坦对独联体空间下的国际合作最为积极，在独联体特种部队一体化上表现活跃，这与其亲俄、依赖俄罗斯的倾向相一致。2. 体系建设比较完善。吉尔吉斯斯坦在主要的安全部门内都建立了特种部队，特种部队的种类和数量得到了丰富和完善。3. 兵源以合同兵为主。这一点在世界其他国家也是比较普遍的，因为特种部队的任务通常具有高危险性、高难度性、高隐蔽性等特点，这就要求任务执行人员具有特殊技能、训练有素、机动精干等素质，而义务兵往往不具备完成这些任务的条件。4. 职能范围较广。吉尔吉斯斯坦面临的安全威胁比较复杂，除了恐怖活动、极端活动、毒品走私外，还有政权非正常交替、地区民族冲突等。吉尔吉斯斯坦特种部队的职能

---

① Гулдана Талантбекова, "Альфа, Шумкар, Скорпион: Рассказ О Самых Секретных Службах Кыргызстана", Sputnik Кыргызстан, 29 Июля 2020 Года（https：//ru. sputnik. kg/longread/20200729/1049162468/specnaz-otryad-boec-podgotovka-strelba-vooruzhenie-kyrgyzstan. html）.

主要有保护国家重要人物（主要是总统）的安全，打击恐怖分子、极端分子、贩毒分子、犯罪分子等，搜集情报，进行侦查活动，保卫边防，等等。5. 保护对象以人口、政权、领土为主，这些对象是国家安全构成要素，这说明特种部队对保障国家安全来说是必不可少的。6. 特种部队活动具有法律依据。吉尔吉斯斯坦已经形成了对国家安全的认识，制定了打击恐怖主义、极端主义、毒品走私等活动的专门法律，赋予了特种部队采取行动的合法性。

第四节　确保国家安全的阶段性目标与具体措施

吉尔吉斯斯坦的国家安全是一个综合体，深受国际局势、周边局势以及国内情况的影响。为应对各种威胁，2021年10月通过的《2026年前吉尔吉斯共和国国家发展纲要》提出了确保国家安全的阶段性目标和具体措施。

一　确保国家安全的关键优先事项

独立以来，吉尔吉斯斯坦一直受到世界和地区舞台上正在进行的全球政治进程的影响。当今国际形势的特点仍然是世界主要大国之间的紧张局势日益加剧，并影响到包括中亚地区在内的全球安全体系。叙利亚、伊拉克、利比亚等中东国家持续不断的武装冲突也加剧了世界局势。而参与这些冲突的极端组织中就有中亚和独联体其他国家的公民。与此同时，随着以美国为首的国际安全援助部队从阿富汗撤军，国际恐怖主义和极端主义威胁、分裂主义和毒品生产都呈上升趋势。阿富汗局势的发展是对中亚特别是吉尔吉斯斯坦安全的主要威胁之一。阿富汗局势的紧张和不确定性将使吉尔吉斯斯坦面临着更大的国际恐怖主义和极端主义输出、非法贩运毒品和武器、意识形态和世界观冲突、阿富汗难民大量涌入等风险。

中亚地区各国对水资源利用、能源、不受控制的移徙，特别是边界划定和标定等问题持不同看法和缺乏统一立场，这对吉尔吉斯斯坦的国家安全利益构成了切实威胁。由此引发的冲突已经演变成了多场大规模的边境冲突，造成了许多人员伤亡。此外，在政治不稳定的背景下，该国的公共安全和法治面临的国内挑战也很明显。特别是，有组织犯罪是对国家安全的严重威胁，对社会生活的几乎所有领域都有影响。

《2026年前吉尔吉斯共和国国家发展纲要》提出，为了保护个人、社会和国家在生活的各个领域免受外部和内部安全威胁并建立符合时代要求的观念、思想和原则体系，应修订现行的《吉尔吉斯共和国国家安全构想》。为确保及时采取预防措施，防止对国家安全的威胁，应在立法中赋予吉尔吉斯共和国国家安全机构和武装部队特种力量为执行任务而进行必要的情报和反情报活动的权力。国家安全机构的优先事项是消除对国家安全的威胁，包括国际恐怖主义、宗教极端主义、分裂主义、种族间矛盾、跨国犯罪、国际贩毒和网络犯罪。2026年前需具体完成的事项是通过符合当前现实的国家安全构想，颁布《对外情报活动法》和《反情报活动法》，最终建立一个有效的国家安全保障体系。①

2021年12月吉尔吉斯斯坦颁布的新版《国家安全构想》就是对该纲领精神的落实。本章第一节已对此有所论述，在此不再赘述。

二 确保军事安全

国家间关系的现状以及恐怖主义组织活动的增加都表明，中亚地区及其他地区确实有可能发生有不同军事和政治集团的盟国参与的军事冲突，这对吉尔吉斯共和国构成了切实威胁。特别是2022年初哈萨克斯坦发生的"一月事件"② 再次向包括吉尔吉斯斯坦在内的中亚国家发出了

---

① Кабинет Министров КР, *Национальная Программа Развития Кыргызской Республики До 2026 Года*, Бишкек, 2021, с. 80.
② "一月事件"是指2022年1月2日至1月11日哈萨克斯坦发生一场源于天然气涨价而引发并迅速演变为推翻现政权的大规模流血骚乱事件。2022年1月1日，由于政府取消了天然气价格上限，天然气价格从50—60坚戈/升突然大幅上涨至120坚戈/升，1月2日扎纳奥津最先出现抗议活动，之后迅速蔓延至其他城市，特别是在阿拉木图，由于对经济不平等、腐败、威权主义、侵犯人权、暴力执法等的不满，也由于外部势力参与，示威活动升级为暴力骚乱。1月5日，托卡耶夫总统宣布曼吉斯套州和阿拉木图进入紧急状态。马明内阁同日辞职。之后紧急状态扩大到哈全国。1月6日，托卡耶夫称境外恐怖分子组织了此次骚乱，并向集体安全条约组织寻求军事援助。随后，集安组织派出了以俄罗斯部队为主的联合部队。1月11日，托卡耶夫宣布哈萨克斯坦恢复秩序，抗议活动结束。集安组织部队于1月13日至1月19日全部撤出。值得注意的是，骚乱过程中，抗议者提出的口号除了下调燃油价格外，还有托卡耶夫政府下台、取消纳扎尔巴耶夫的豁免权并解除其在安全议会中的职务、采用直接选举选出地方长官、恢复1993年宪法等。此次暴力骚乱共造成227人（包括19名安全力量工作人员）死亡、9900多人被捕，纳扎尔巴耶夫辞去了国家安全议会主席的职务。

明显的预警信号。

上述情况要求对吉尔吉斯共和国先前批准的军事理论进行审查。在审查军事理论的框架内，将对现有威胁进行调整。在这方面，将对现有动员预备队的安排以及提供军事义务动员预备队的安排进行重大审查，特别是在边境地区。将特别注意建立武器、后勤和药品储备，确保武装部队和其他军事部队在紧急状态和戒严状态下运作时所必需的份额。确保军事安全的一个关键方面将是恢复该国的军事和工业能力。在第一阶段，必须重建军事工业综合体（以下简称军工综合体）的现有企业，在国家订货的范围内生产武装部队和其他军事部队所需的弹药。此外，将在上述企业的基础上重建生产基地，以确保维修军事装备和武器。第二阶段需要创造条件，提高现有军工企业的能力，因此，成立新的生产企业，组织生产包括无人机在内的现代武器、高精度小武器和新型弹药。为实现上述目标将开展下列活动。将起草并批准吉尔吉斯共和国军事理论的新版本。将审查吉尔吉斯共和国公民服兵役和为武装部队和其他军事编队动员预备役的组织情况。通过国家军工综合体发展计划"吉尔吉斯库拉尔"，军工综合体企业将恢复活动，并确保国家订购军工产品的任务。将向武装部队和其他军事部队提供必要的军事装备、小武器和弹药。必要数量的物资和药品将在国家动员储备中形成，包括武器和弹药。这些措施的实施将使吉尔吉斯共和国的军事理论能够保护主权、领土完整和宪法秩序。

《2026年前吉尔吉斯共和国国家发展纲要》提出了确保军事安全的三个具体项目：（1）接受军事理论；（2）通过2026年前恢复军事工业综合体"吉尔吉斯库拉尔"国家方案；（3）通过预防犯罪的国家政策构想。[①]

三 保障边界安全

边境安全状况直接影响到领土的完整、外交政策的形成、社会稳定、经济发展、信息领域以及其他国家生活领域。边界划定和标定过程尚未

---

① Кабинет Министров КР, *Национальная Программа Развития Кыргызской Республики До 2026 Года*, Бишкек, 2021, с.81–82.

完全实现是对吉尔吉斯斯坦边界安全构成外部和内部威胁的决定性因素。因此，确保边境安全具有大局意义、特定目标和持续性。参与这一过程的主体可通过及时、协调地采取一系列措施来确保边界有效地发挥作用，既包括具体的边界措施，也包括政治、经济、法律、外交、数字、组织、行政、信息、情报、反情报、行动搜索、海关、环境、卫生和流行病学、精神和文化等方面的措施。

保障吉尔吉斯共和国边境安全的最重要任务是发展国家边境安全系统，使其能够及时有效地识别风险发展趋势，应对国界和边境地区可能存在的威胁和风险。完善国家边境安全系统的中期发展优先事项主要有：（1）对国家边界进行合法登记，完善监管法律框架，规范吉尔吉斯共和国国家机构和地方政府的活动以确保边境安全；（2）为应对边境安全的挑战和威胁，对现有边境基础设施进行现代化改造，并为人员、商品、车辆和货物在国界的合法自由流动创造条件；（3）提供现代武器、军事和特种设备、高科技和多功能自动化系统，用于技术控制国家边境和边境管制，确保边境守卫单位高机动性的统一车辆，以及复杂设备设施、综合工程技术防护系统（安全技术手段和电子监控、门禁系统）、通信系统等；（4）完善人员教育、培训和再培训制度，增加社会保障，确保职业发展。

《2026年前吉尔吉斯共和国国家发展纲要》提出了保障边界安全的两个具体项目：（1）通过一项新的行动计划，到2026年前建立和实施吉尔吉斯共和国国界综合管理系统的国家战略；（2）落实2035年前巴特肯州发展计划。①

---

① Кабинет Министров КР, *Национальная Программа Развития Кыргызской Республики До 2026 Года*, Бишкек, 2021, с. 82 – 83.

第四章

国际关系中的吉尔吉斯斯坦

吉尔吉斯斯坦于 1991 年 8 月 31 日颁布的《吉尔吉斯共和国国家独立宣言》奠定了其外交战略的基础。此后，吉尔吉斯斯坦的外交战略与方针通过《吉尔吉斯共和国宪法》《丝绸之路外交》《吉尔吉斯斯坦外交政策构想（2007）》等政策文件不断得到修正并完善。2019 年 3 月 11 日，时任总统热恩别科夫签署了第 37 号总统令，新版《吉尔吉斯斯坦外交政策构想》生效。2021 年 1 月 28 日，吉尔吉斯斯坦新任总统扎帕罗夫宣誓就职当天，在就职演说中表示"将坚持多边外交政策"。这些政策与法案无不体现了吉尔吉斯斯坦典型的"多元外交、多样化外交、多路线外交"特点。吉尔吉斯斯坦一直同俄罗斯加强联盟伙伴关系，与哈萨克斯坦发展联盟关系和战略伙伴关系，与中国建立了全面战略伙伴关系；此外，吉尔吉斯斯坦还一直与乌兹别克斯坦、土库曼斯坦、塔吉克斯坦积极发展友好关系，与欧盟、美国等其他国家也密切接触。吉尔吉斯斯坦还积极参加国际组织，是联合国、欧洲安全与合作组织、独联体、集体安全条约组织、上海合作组织、欧亚经济联盟等国际和地区组织的重要成员国，并积极履行各组织框架内的国际义务。

第一节 吉尔吉斯斯坦的外交战略

一 吉尔吉斯斯坦外交战略的形成

在独立的最初几年，吉尔吉斯斯坦领导人的任务是确定本国的外交政策方针，确定外交政策原则和优先事项，并建立实施机制。1991年8月31日吉尔吉斯斯坦颁布《吉尔吉斯共和国国家独立宣言》，该宣言不仅宣告着吉尔吉斯斯坦的独立，也为其外交政策的制定奠定了基础。该宣言称，吉尔吉斯斯坦是一个在对外关系上保持独立、主权、民主的国家，拥有完整和不可分割的领土。宣言中宣称要遵守公认的国际法原则、各国人民之间友好合作的原则，坚持履行在国际关系、国家间关系中不发生对抗的承诺。1993年5月5日，吉尔吉斯斯坦通过《吉尔吉斯共和国宪法》，明确了吉国外交政策基本原则。宪法规定，吉尔吉斯共和国是一个建立在法治、世俗国家原则基础上的主权独立、统一和民主的共和国，其外交政策的基础是吉尔吉斯斯坦对全面和平和公正世界、互利合作、和平解决全球和地区问题、遵守公认的国际法原则的追求。宪法的通过为吉尔吉斯斯坦确定和制定其外交政策的概念框架和具体行动奠定了法律基础。

吉尔吉斯共和国政府通过的第一个重要的外交政策文件是1998年9月颁布的《丝绸之路外交》，该文件把吉尔吉斯斯坦定位为丝绸之路上东方和西方之间的联系纽带。1999年5月17日通过的外交政策构想也反映了吉尔吉斯斯坦对自身的这种定位。该构想确定了吉国外交政策的目标和任务，确定了外交政策的优先事项，包括深化中亚的一体化进程、扩大与西方国家和东方国家的联系以及在国际组织框架内发展国家间的合作。

2007年1月10日，吉尔吉斯共和国时任总统库尔曼别克·巴基耶夫批准了新的外交政策构想，确定了吉国外交政策的基本原则，包括通过外交手段加强国家安全、为落实国家发展优先事项创造有利的外部环境、维护吉尔吉斯斯坦积极的国际形象、建立一个由外交部领导并与其他有关机构和机关合作的有效的外交政策体系。该外交政策构想界定了"吉尔吉斯共和国外交政策空间"的三个层面：地区层面、大陆层面、全球层面。在地区层面，特别重视发展与邻国哈萨克斯坦、中国、塔吉克斯坦和乌兹别克斯坦之间密切的国家间合作。在大陆层面，吉尔吉斯斯坦外交政策的目的是在与俄罗斯、中国、欧盟、德国、日本、印度和土耳其这样的欧亚大陆主要国际政治中心开展多层次互利合作的框架内，制定信任措施。此外，吉尔吉斯斯坦还要积极参加诸如集体安全条约组织、独立国家联合体、欧亚经济联盟、上海合作组织、欧洲安全与合作组织、经济合作组织和伊斯兰会议组织等具有权威性的国际和地区组织的活动。在全球层面，吉尔吉斯斯坦的外交政策旨在加强吉尔吉斯斯坦在国际社会中的信任，最大限度地利用全球化的机遇。根据该构想，联合国被认为是解决世界发展问题的关键工具，其中最重要的是在裁军和加强不扩散大规模毁灭性武器制度领域，在该地区建立无核武器区，打击恐怖主义、走私毒品和贩卖人口，参加维和行动以及借鉴可持续发展经验。①

二 当前吉尔吉斯斯坦的外交战略

2019年3月11日，时任总统热恩别科夫签署了第37号总统令，新版《吉尔吉斯斯坦外交政策构想》生效。该构想首先阐述了吉尔吉斯斯坦开展对外交往的基础和条件，"吉尔吉斯共和国地处中亚，是欧洲和亚洲连接的桥梁，也是历史上丝绸之路的经过地，这种位置为交通和信息通信、物流、贸易、投资潜力、旅游、文化多样性、教育、科学技术和其他领域的发展创造着有利条件"；"同时，吉尔吉斯斯坦山区地形复杂并缺乏出海通道，必须扩大与国际社会的全面合作，包括在经贸关系、国际运输通道的多样化以及发展数字经济方面"；"世界紧张局势加剧、各种表现形式的国际恐怖主义和极端主义规模扩大、跨国犯罪、毒品和武器贩运、人口走私、在吉尔吉斯共和国边境附近和中亚国家外部边界附近发生的冲突以及冲突升级的危险，都要求（吉尔吉斯斯坦——笔者加）采取积极主动的外交政策和预防性措施"；"世界各地的事态发展表明，没有一个国家能够完全依靠自己的努力有效地应对当今的挑战和威胁。国家和地区的安全保障需要与所有利益相关国家和国际组织密切协调、合作和交流信息"；"安全领域的挑战，包括金融—经济、粮食、水—能源、信息、环境，以及移民问题要求吉尔吉斯共和国既要在国家层面，也要通过与国际伙伴积极合作，采取适当的有效措施"。

关于外交政策的目标，构想写道："吉尔吉斯共和国外交政策旨在创

---

① Президент Кыргызской Республики, *Концепция Внешней Политики Кыргызской Республики*, Министерство Юстиции Кыргызской Республики, 10 Января 2007 Года（http://cbd.minjust.gov.kg/act/view/ru-ru/4569？cl=ru-ru）.

造和维持有利于国家可持续发展、进一步提高人民福祉、加强本国和地区安全、保护吉尔吉斯共和国境外公民和法人的权力和利益、促进本国在国际社会的积极形象的条件"。构想确定了吉尔吉斯斯坦外交政策的原则、优先事项以及制定和实施外交政策的问题。在外交政策原则上，"吉尔吉斯共和国奉行务实、平衡、开放、多方位和一贯的外交政策。务实的外交政策旨在为实现国家发展战略目标创造有利的外部环境和机会。吉尔吉斯共和国在与外部伙伴进行交往的过程中，根据国家利益，坚持合理的平衡，并始终行使其不可剥夺的发展权。吉尔吉斯共和国要建立开放的全方位外交政策，在友好真诚、相互理解和相互尊重利益的基础上与联合国所有成员和国际组织开展合作。吉尔吉斯共和国奉行一贯的外交政策，主张所有国际法主体忠实履行所承担的义务。在《联合国宪章》及其他吉尔吉斯共和国加入的国际文件中公认的国际法原则和规范的基础上开展国际合作，包括各国主权平等、不使用武力和威胁使用武力、不干涉内政、尊重领土完整、和平解决国际争端。吉尔吉斯共和国支持在多极化原则的基础上加强国际合作，确保联合国所有成员在国际政治、安全、经济、贸易和其他领域享有平等的权利和机会"。

该构想确定了吉尔吉斯斯坦外交政策的优先事项。"在政治领域：通过改进国际合作机制，运用政治—外交手段，确保吉尔吉斯共和国的国家安全、主权和领土完整；使吉尔吉斯共和国国家边界完全合法化，在与邻国接壤的边境地区建立和加强信任措施；在相互尊重主权、领土完整、边界不可侵犯、平等和共同安全的原则基础上，与中亚地区各国形成友好氛围，加强睦邻关系；加强和深化与盟国和战略伙伴国的关系，并在全球性组织、区域组织和一体化集团的框架内密切合作；在双边和多边框架内发展与近邻国家和远邻国家的全面互利合作。""在金融—经济和生态领域：通过投资和工业创新发展，并兼顾当前全球经济发展趋势，实现国民经济现代化；发挥国家发展工业、农业、贸易和物流的潜力；进一步促进对外贸易自由化，提高国家的出口能力，使国内产品能够自由进入世界市场，包括利用加入世界贸易组织、欧亚经济联盟和欧盟普遍优惠制（GSP+）等途径；吸引国民经济的外来投资并予以保护；借鉴国外先进经验，发展金融部门；融入区域和国际运输及信息通信网络；发挥国家的运输和过境潜力；发展吉尔吉斯共和国的物流和运输服务；通过能源供应多样化、发展可再生能源和推进CASA1000项目，确保能源安全和独立；确保国家粮食安全和发展绿色经济；推进旨在向吉尔吉斯共和国民众提供安全饮用水的塔扎苏项目；利用现代信息—通信、创新和数字技术，实施"塔扎库姆"智能国家项目；发挥吉尔吉斯共和国的旅游潜力，普及旅游业，吸引外国游客；发展吉尔吉斯共和国各区域，在各个领域促进与其他国家的区域间的互利关系。""吉尔吉斯共和国在文化—人道主义领域与外国和国际组织合作的主要优先事项是：促进发展有效的教育制度，以发展国家的人力资源和知识潜力；协助吉尔吉斯共和国公民在国外接受教育，促进国际层面对本国文凭的承认，以便进入劳动力市场和接受外国教育服务；为保存和在国际上宣传作为最古老的民族之一的吉尔吉斯民族的历史、文化和精神遗产，同时也为丰富世界文化的成就，创造条件；在教育、科学、文化、艺术、体育等领域积极开展国际合作，促进在这些领域形成密切联系和交流。"①

2021年10月吉尔吉斯斯坦政府通过的《2026年前吉尔吉斯共和国国家发展纲要》同样对吉外交政策工作重点做出了规划。其中写道："在外交政策领域，吉尔吉斯共和国将继续进行目标明确和方向多样的工作，旨在加强国家主权和独立，保护领土完整，确保国家安全、国防、经济发展和保护海外吉尔吉斯斯坦公民的权利。""将特别关注解决该国在2020年10月事件后面临的问题和挑战，以及由于冠状病毒大流行对公共卫生、经济和该国其他活动领域造成的负面影响。""外交政策重点是本着睦邻友好精神，加强和发展与中亚国家、战略盟友以及集体安全条约组织和欧亚经济联盟伙伴国的全面合作。将继续与周边国家进行谈判，以完成国家边界的划定和标定，创造不可分割的安全空间，恢复中亚地区的信任氛围。""系统发展与亚洲、阿拉伯东部、美洲、欧洲和欧盟国家的合作，重点是对外贸易合作、吸引赠款、直接投资和游客。经济外交还将旨在改善和确保国内生产商进入国外市场。"②

---

① Президент Кыргызской Республики, *Концепция Внешней Политики Кыргызской Республики*, Министерство Юстиции Кыргызской Республики, 11 Марта 2019 Года（http://cbd.minjust.gov.kg/act/view/ru-ru/430045）.

② Кабинет Министров КР, *Национальная Программа Развития Кыргызской Республики До 2026 Года*, Бишкек, 2021, с. 83 – 84.

三 吉尔吉斯斯坦外交战略的特点

当代吉尔吉斯斯坦秉承务实、平衡、开放、多方位和一贯的外交政策，其外交战略具有多元外交、多样化外交、多路线外交的特点。在外交方向上，吉尔吉斯斯坦在继续保持与俄罗斯、中亚国家等传统外交关系的同时，积极发展与欧美国家、伊斯兰国家、南亚国家以及其他国家的关系，外交对象明显多元化。在外交内容上，吉尔吉斯斯坦的外交活动涉及经济发展、政治洽谈、文化保护、能源开发、安全合作等诸多领域，外交内容的多样化有利于吉尔吉斯斯坦通过外交手段加快国内问题的解决。在外交路线上，吉尔吉斯斯坦不仅重视发展双边关系，还积极参与全球性和区域性国际组织，谋求在多边关系中维护国家利益。

现任总统萨德尔·扎帕罗夫的相关讲话中也体现出了吉尔吉斯斯坦外交政策的上述特点。2021年1月28日，扎帕罗夫在宣誓就任总统的演说中表示"将坚持多边外交政策"。2021年8月，扎帕罗夫在庆祝吉尔吉斯斯坦独立30周年之际会见了外交使团和国际组织的代表，重申吉尔吉斯斯坦将继续奉行开放、平衡、和平的外交政策，以维护国家的独立、主权和领土完整以及国家利益。扎帕罗夫告诉外交官们，要创造一个有利的营商环境，并指出在这一领域已经开始了激进的经济改革，包括发展财政、运输、物流和外贸政策。同时，创造数字空间是发展的重要组成部分。他说："首先，我们开始对国家体制和经济进行结构性改革，努力提高社会保障水平，教育和培训合格的专家，恢复共和国的科学技术潜力和国防能力。"扎帕罗夫称，吉尔吉斯斯坦主要致力于发展和扩大政治、贸易和经济关系、安全和军事技术合作，努力在水资源、能源、基础设施、农业以及医疗、教育、文化、金融和技术方面达成具体协议。他说："我作为总统首次访问莫斯科、塔什干、努尔苏丹、安卡拉、阿什哈巴德和杜尚别，就是为了解决这些问题。我们一致认为，我们有兴趣进一步发展与我们的战略伙伴、盟友和友好国家的合作。"此外，他还表示，吉尔吉斯斯坦打算在中亚地区与其邻国和世界上最强大的国家——俄罗斯、中国、土耳其，以及签署了战略伙伴关系协议的印度和匈牙利发展更密切的关系。扎帕罗夫还强调了与美国、欧盟、其他欧洲国家以及亚洲、南高加索、近东和中东地区的主要国家之间存在的建设性关系。① 2022年10月，在吉尔吉斯斯坦外交官日庆祝会上，扎帕罗夫再次强调，"吉尔吉斯斯坦一直并将继续奉行独立、一贯和平衡的外交政策"②。

总之，吉尔吉斯斯坦奉行具有延续性、可预见性和务实性的外交政策。扎帕罗夫政府正在努力加强外交政策工作，在多边和双边外交框架内开展国际合作，宣传国家积极的对外政策形象，促进国家利益。

第二节 吉尔吉斯斯坦与主要国家关系

一 吉尔吉斯斯坦外交关系概况

1991年12月底，三个国家同时与吉尔吉斯斯坦建立了外交关系，其中第一个承认吉尔吉斯斯坦独立的是土耳其（12月24日），随后是澳大利亚（12月26日）、美国（12月27日）。1992年，59个国家与吉尔吉斯斯坦建立了外交关系。在1992年3月2日联合国大会第46届会议上，吉尔吉斯斯坦被一致接纳为该权威组织的成员，这使它能够作为一个正式的实体在国际舞台上发言。据吉尔吉斯斯坦外交部官网信息，截至2019年10月1日，吉尔吉斯斯坦共与世界上163个国家建立了外交关系。自2000年以来与吉尔吉斯斯坦建立外交关系的国家有60个，2019年与吉尔吉斯斯坦建立外交关系的国家是多民族玻利维亚国、格林纳达、瓦努阿图共和国、佛得角共和国、喀麦隆共和国、基里巴斯共和国、莫桑比克共和国、圣文森特和格林纳丁斯。当前，吉尔吉斯斯坦与165个国家建立了外交关系，其合作的基础是《联合国宪章》确认的公认的国家间关系和国际法原则，并充分履行双边和多边合作中的相互义务。

---

① "Sadyr Japarov Tells What Country's Authorities are Focused on", «24. kg» News Agency, September 01, 2021 (https://24.kg/english/205571_Sadyr_Japarov_tells_what_countrys_authorities_are_focused_on/, 24.kg).

② "Кыргызстан Будет Придерживаться Независимой Внешней Политики—Садыр Жапаров", Sputnik Кыргызстан, 24 Октября 2022 Года (https://ru.sputnik.kg/20221024/kyrgyzstan-sadyr-zhaparov-vneshnyaya-politika-1069298034.html).

根据吉尔吉斯斯坦外交部信息，截至 2023 年 12 月 29 日，吉尔吉斯斯坦公民可持普通护照免签证访问 27 个国家。其中，根据双边协议进行互免签证的国家有 18 个，外国向吉公民实行单方面免签证的国家有 9 个。18 个互免签证国家按免签停留期限可分为 5 类。1 类为无限期停留，包括阿塞拜疆、亚美尼亚、格鲁吉亚、摩尔多瓦、白俄罗斯、哈萨克斯坦、俄罗斯、塔吉克斯坦；2 类为 90 天，包括马来西亚、蒙古国、塞尔维亚、土耳其、乌克兰；3 类为 60 天，为乌兹别克斯坦；4 类为 30 天，包括越南、马尔代夫；5 类停留期限以旅游套餐有效期为准，但需提供酒店预订、回程机票等信息，包括朝鲜、古巴。对吉公民实行单方面免签证的国家为安提瓜和巴布达（180 天）、巴巴多斯（28 天）、海地（90 天）、多米尼克（21 天）、纳米比亚（90 天）、圣文森特和格林纳丁斯（30 天）、菲律宾（30 天）、特立尼达和多巴哥（90 天）、伊朗（15 天）。也就是说，吉尔吉斯斯坦主要与原苏联国家、加勒比海岛国、太平洋岛国、非洲国家实行免签证制度。

为了发展旅游业和吸引投资，吉尔吉斯斯坦于 2012 年宣布澳大利亚、奥地利、巴林、比利时、波斯尼亚和黑塞哥维那、文莱、加拿大、克罗地亚、捷克共和国、丹麦、爱沙尼亚、芬兰、法国、德国、英国、希腊、匈牙利、冰岛、爱尔兰、意大利、科威特、拉脱维亚、列支敦士登、立陶宛、卢森堡、马耳他、摩纳哥、荷兰、新西兰、挪威、波兰、葡萄牙、卡塔尔、沙特阿拉伯、新加坡、斯洛伐克、斯洛文尼亚、韩国、西班牙、瑞典、瑞士、阿拉伯联合酋长国、美利坚合众国和梵蒂冈的公民享受 60 天免签证制度。此外，自 2019 年初，开始对黑山、安道尔公国、阿根廷共和国、巴西联邦共和国、圣马力诺共和国、智利共和国和阿曼苏丹国的公民实行免签证制度，截至 2023 年 12 月 29 日，吉尔吉斯斯坦对外国公民实行为期 60 天的单方面免签证制度的国家数量达到 61 个。

从 2017 年 9 月 1 日起，吉尔吉斯共和国电子签证系统开始运行。该系统为所有外国公民获得为期 90 天的吉尔吉斯斯坦出入境旅游或商务签证服务。2018 年 7 月 1 日，吉尔吉斯斯坦与中国启用普通护照电子签证，可停留时间为 90 天。

二 吉尔吉斯斯坦的三大外交方向

21世纪以来,吉尔吉斯斯坦对外政策的主要方向有三个,即西方、俄罗斯和亚洲,其中西方主要包括欧盟国家、美国和土耳其,亚洲方向主要包括中亚邻国和中国。

1. 欧盟

苏联解体后,吉尔吉斯斯坦成为欧盟中亚战略中的重要国家,是欧盟在民主改革、生态保护、社会经济发展、人文教育改革以及粮食安全领域实施援助的主要对象之一。2013年9月吉尔吉斯斯坦时任总统阿坦巴耶夫访问布鲁塞尔期间与欧盟签署了一份新的协议,欧盟计划为吉司法改革拨款1300万欧元,为贾拉拉巴德州农村地区发展拨款1100万欧元。在与阿坦巴耶夫会晤时,欧盟委员会主席若泽·曼努埃尔·巴罗佐对媒体讲,欧盟打算增加对吉尔吉斯斯坦的财政援助,并支持该国的民主进程,他说"吉尔吉斯斯坦是欧盟在中亚的一个非常重要的战略伙伴。欧盟高度赞赏吉尔吉斯共和国在继续经济和其他领域的改革进程以及多党制过程中做出的选择"[1]。在2014—2020年,欧盟向吉尔吉斯斯坦共拨款2.63亿欧元,重点用于促进吉尔吉斯斯坦的可持续发展、教育改革、法治建设、农村发展、基础服务设施建设和中小企业发展。COVID-19的暴发危及吉尔吉斯斯坦在此期间取得的进展,特别是对吉的保健系统和社会经济状况产生了严重的负面影响。因此,吉尔吉斯斯坦需要加强卫生部门应对风险的能力,并在疫情防控期间帮助弱势群体。为此,2020年4月,欧盟宣布向吉尔吉斯斯坦提供超过3600万欧元的援助,用于支持吉尔吉斯斯坦的宏观金融稳定、社会保障和粮食安全、卫生保健、危机管理以及对私营部门的援助。欧盟驻吉尔吉斯斯坦大使爱德华·奥威尔表示,"欧盟通过这一揽子援助计划,表明它在这场全球危机期间继续声援吉尔吉斯共和国及其人民。我们所采取的措施是为了应对该流行病在吉尔吉斯斯坦造成的最紧迫的挑战。

---

[1] "Евросоюз Выделит Кыргызстану 30 Млн Евро На Макроэкономические Реформы", ЗАО Издательский Дом "Вечерний Бишкек", 17 Сентября 2013 Года (https://www.vb.kg/doc/243819_ evrosouz_ vydelit_ kyrgyzstany_ 30_ mln_ evro_ na_ makroekonomicheskie_ reformy.html)。

欧盟，作为吉尔吉斯斯坦的可靠伙伴，将在危机结束后继续向它提供支持"①。

吉尔吉斯斯坦是欧盟2007年发布的中亚战略《欧盟与中亚：新伙伴关系战略》中的伙伴国。为讨论该战略的新版本，2018年4月吉尔吉斯斯坦时任总统热恩别科夫访问了布鲁塞尔。2019年7月，欧盟在比什凯克正式公布了新的中亚战略《欧盟与中亚：更坚实伙伴关系的新机遇》。通过实施新战略，欧盟寻求的主要目标是加强中亚安全并促进自己在该地区的利益。

在经贸方面，吉尔吉斯斯坦成功获得了欧盟的超普惠制资格。2015年5月，比什凯克向欧盟提出了加入超普惠制的申请，经审议，欧盟于2016年1月授予该国超普惠制地位。按照该制度，发展中国家向欧盟出口货物时可享受附加关税优惠，但需遵守尊重人权与劳工权利、环境保护、善治等方面的承诺。为享受欧盟超普惠制，吉尔吉斯斯坦在上述领域中做出了一些努力。例如，2021年9月，第11轮吉尔吉斯斯坦—欧洲联盟人权对话在比利时布鲁塞尔举行。各方讨论了吉尔吉斯共和国和欧盟的人权状况，包括新冠疫情防控期间的人权状况、执法和选举立法的变化、言论自由、集会自由、民间社会、妇女和儿童权利、反歧视、享有健康环境的权利和多边论坛框架内的合作。双方还就制定人权领域的国家规划和法律交换了意见。保护和促进人权是吉尔吉斯共和国国内和国际政策的优先事项之一。在吉尔吉斯共和国和欧盟在人权领域取得成就的同时，双方还讨论了现有的差距、计划和消除这些差距的可能合作。② 活动期间，吉尔吉斯斯坦外交部长罗斯兰·哈萨克巴耶夫会见了新任欧盟中亚事务特别代表特希·哈卡拉。哈萨克巴耶夫介绍了吉尔吉斯斯坦正在进行的改革和选举进程中的国内政治局势以及吉尔吉斯斯坦外交政策的重点。哈卡拉指出，吉尔吉斯斯坦与欧盟有必要加强双边对

---

① "EU Mobilises More than EUR 36 Million to Support Kyrgyzstan in the Response to COVID – 19", European Union Websites, April 28, 2020 (https: //eeas. europa. eu/headquarters/headquarters-homepage/78089/node/78089_ en).

② "11th Round of Kyrgyzstan-EU Human Rights Dialogue Held in Brussels", «24. kg» News Agency, September 09, 2021 (https: //24. kg/english/206288_ 11th_ round_ of_ Kyrgyzstan-EU_ Human_ Rights_ Dialogue_ held_ in_ Brussels).

话，欧洲联盟愿意继续支持吉尔吉斯斯坦正在进行的改革。双方讨论了共同计划，包括组织高层互访，签署加强伙伴合作协定，以及欧盟在吉尔吉斯斯坦和该地区的项目和计划活动。在谈到中亚的安全问题，特别是吉尔吉斯斯坦与塔吉克斯坦的边境地区以及阿富汗局势时，哈卡拉肯定了吉尔吉斯斯坦通过外交途径解决分歧的努力，并对吉尔吉斯斯坦当局决定向阿富汗学生发放500份签证表示赞赏。双方还讨论了共同努力应对新冠病毒大流行后果的问题，包括人口接种疫苗的问题。①

2023年6月3日，在乔尔蓬阿塔举行的第二届"欧盟—中亚"峰会上，吉总统扎帕罗夫与欧洲理事会主席米歇尔举行会谈，通过了一项联合新闻声明，提出了经济合作、发展民主和区域合作等问题，强调双方必须保持密切合作。从这份联合新闻声明来看，吉尔吉斯斯坦与欧盟计划就以下问题进行磋商并加强合作：（1）升级1995年签署的吉尔吉斯共和国与欧洲联盟伙伴关系与合作协定，签署一项扩大伙伴关系与合作协定；（2）进一步加强和发展双边合作，包括贸易、经济和投资合作；（3）简化吉尔吉斯斯坦公民赴欧盟的签证制度；（4）进一步合作解决气候变化和冰川融化等紧迫问题；（5）继续支持吉尔吉斯斯坦的民主和人权发展。②

2. 土耳其

土耳其是1991年12月第一个承认吉尔吉斯斯坦独立的国家，也是第一个与之建立外交关系的国家。由于土耳其与世界市场的贸易和运输联系密切、安卡拉对中亚政治局势具有重要影响，与土耳其的合作已成为比什凯克外交政策的一个重要优先事项。两国关系获得发展的一个重要事件是2011年成立了吉尔吉斯斯坦和土耳其战略合作高级委员会。该委员会的任务是制定两国在政治、军事、经济、贸易、能

---

① "Foreign Minister and EU Special Representative Discuss Reforms, Joint Plans", «24. kg» News Agency, September 09, 2021（https：//24. kg/english/206631_ Foreign_ Minister_ and_ EU_ Special_ Representative_ discuss_ reforms_ joint_ plans/, 24. kg）.

② Азамат Айтбаев, "Кыргызстан И Евросоюз Договорились О Более Тесном Использовании Возможностей Для Бизнеса", *Economist*, 03 Июня 2023 Года（https：//economist. kg/novosti/2023/06/03/kyrgyzstan-i-evrosojuz-dogovorilis-o-bolee-tesnom-ispolzovanii-vozmozhnostej-dlya-biznesa/? ysclid = ln891lgj5p102141265）.

源、交通、农业、旅游、文化、科学、人文领域以及安全和卫生领域的国家间关系战略。阿坦巴耶夫担任总统期间，将吉尔吉斯斯坦与土耳其的关系提升至战略伙伴高度。2012年1月，在正式访问土耳其期间，他表示："对我们吉尔吉斯人而言，土耳其是夜空中遥远的美丽星球。即使天空被乌云遮蔽，我们也知道，乌云后面亮着一颗明亮的星星——这就是兄弟般的土耳其！"此次访问加强了吉尔吉斯斯坦和土耳其之间的战略关系。经过谈判，签署了两国关系进入新的历史阶段的联合纪念宣言，同时，土耳其注销了吉尔吉斯斯坦5000万美元的债务。2013年4月10日在比什凯克举行的吉尔吉斯斯坦与土耳其战略合作高级委员会第二次会议上，土耳其决定向吉尔吉斯斯坦提供1亿美元的贷款和600万美元的捐款。①

教育是吉尔吉斯斯坦与土耳其合作的优先领域之一。1992—2012年，吉尔吉斯斯坦境内开设了土耳其塞巴特国际学校下属的22所中学（又称居伦学校）和1所私立大学阿塔图尔克—阿拉套国际大学、1所国立大学吉尔吉斯—土耳其马纳斯大学。土耳其是吉尔吉斯斯坦教育领域的一个援助国，这使土耳其政府能够实施一项相当有力的软实力政策。土耳其现有的高等教育机构得到了吉尔吉斯斯坦民众的高度评价，有大量吉尔吉斯斯坦年轻人愿意在这些机构学习。在吉尔吉斯斯坦教育体系中，土耳其教育机构发挥着非常重要的作用，特别是帮助吉尔吉斯斯坦实施文案国语翻译项目和开展吉尔吉斯语教学。

吉尔吉斯斯坦与土耳其的合作并非一帆风顺，以居伦运动为代表的非官方机构的参与产生了不利影响。在土耳其政府看来，苏联解体后，吉尔吉斯斯坦也进入了恐怖组织居伦运动的视野。吉尔吉斯斯坦是继土耳其之后居伦运动影响力最大的国家，跟土耳其一样，居伦运动也从内部包围了该国。特别是在土耳其政府认定居伦试图在土耳其组织军事政变后，安卡拉对吉尔吉斯斯坦境内存在多所宣传居伦思想的塞巴特学校表示不满。阿坦巴耶夫在任总统期间，吉外交部曾就其境内的教育机构问题做出正式回复，并强调这是吉的"完全内部事务"。埃尔多安和阿坦巴耶夫在"居伦

---

① И. Рыжов, М. Бородина, "Основные Приоритеты Внешней Политики Кыргызстана", Россия И Новые Государства Евразии, № 3 (44), 2019.

学校"上的意见分歧一定程度上影响了两国关系的发展。

2018年4月，吉时任总统热恩别科夫访问土耳其。其间，热恩别科夫与埃尔多安讨论了两国在能源、交通、农业、卫生、文化和教育、吸引投资等领域进行合作的问题。埃尔多安强调，"居伦运动试图阻止我们的合作，并进行挑衅。它影响了我们的关系。我认为热恩别科夫此次访问是对那些人的一个很好的回复"，他希望热恩别科夫加强对居伦运动的打击，并表示会提供支持。① 2020年10月吉尔吉斯斯坦政治骚乱期间，土耳其外交部长查武什奥卢指控"居伦分子"煽动吉尔吉斯骚乱，并称加强与中亚的联系是其国家的国策和外交政策"亚洲新倡议"的一部分，该倡议旨在从贸易、国防工业、技术、文化等各个领域采取综合性措施，加强土耳其在亚洲的地位。2020年11月，吉尔吉斯斯坦教育和科学部与土耳其马里夫（知识）基金会签订了关于在吉境内开设马里夫学校的协议。2021年9月，比什凯克的第一所马里夫学校举行了开学典礼。这很有可能意味着，吉土两国政府在"居伦学校"问题上达成了一致，马里夫学校将取而代之。

2021年6月、2022年9月和2023年3月，吉总统扎帕罗夫三次访问土耳其，双方就双边关系和多边关系中的一系列问题交换了意见，并特别强调加强政治、经贸、军事技术、文化和人道主义领域的合作。

在土耳其接受了教育的吉尔吉斯斯坦年轻人在2008年创建了一个组织制度党，他们推动着安卡拉对吉尔吉斯斯坦国内政治进程影响力的上升。此外，到2020年，成立于1993年的土耳其合作与发展署已在吉尔吉斯斯坦实施了30多个投资项目，开展了324项"软实力"政策活动。到2020年10月，土耳其在吉尔吉斯斯坦的直接投资和有价证券投资额在吉外国投资总额中的占比超过25%，而在21世纪初占比为15%。② 军事人员的培训工作也非常重要，突厥语国家合作委员会成员国的军事人

---

① Ирина Гасникова, "Двухдневный Официальный Визит Жээнбекова В Турцию", 04 Октября 2018 Года（http://snob.kg/pro-novosti/vse-tolko-i-govoryat/item/537-dvukhdnevnyj-ofitsialnyj-vizit-zheenbekova-v-turtsiyu）.

② Алексей Балиев, "Киргизия В Ланах Турецкой Экспансии В Центральную Азию", 09 Ноября 2020 Года（https://vpoanalytics.com/2020/11/09/kirgiziya-v-planah-turetskoj-ekspansii-v-tsentralnuyu-aziyu）.

员在土耳其结束训练时，所有开支由土耳其负担，他们接受的不仅是双边一级的训练，而且还可纳入与北约的合作。此外，土耳其军方还会不时向吉尔吉斯斯坦移交一些弹药和武器装备。

3. 美国

1991年12月27日，美国承认吉尔吉斯斯坦独立。1992年2月美国在比什凯克设立驻吉尔吉斯斯坦大使馆。独立初期，吉尔吉斯斯坦奉行多元外交政策，并试图按照西方国家所宣扬的一整套价值观，积极建立自由经济、保障民主发展、建设法治国家、保障人权和法制。到20世纪90年代中期，吉尔吉斯斯坦在中亚地区是最开放和民主的国家，在原苏联中亚地区的政治自由化和社会经济改革中处于领先地位。当时，西方观察员将吉尔吉斯斯坦称为"中亚民主岛"。这一时期，为促进吉尔吉斯斯坦的民主建设和保护人权，美国主要通过国际开发署向吉尔吉斯斯坦提供经济、技术和人道主义援助。在美国的支持下，国际货币基金组织、世界银行、亚洲开发银行等国际金融机构也向吉尔吉斯斯坦政府提供了大量贷款和财政援助。1998年，在美国的支持和游说下，吉尔吉斯斯坦在中亚地区和整个独联体地区第一个加入世界贸易组织。

2001年"9·11"事件后，美国借助吉尔吉斯斯坦马纳斯机场的军事基地为反恐联盟服务，进一步加强了两国间的合作。马纳斯军事基地曾是国际反恐联盟的重要基础设施之一。在马纳斯军事基地存在的12年半时间里（2001年12月至2014年6月），通过该基地运输了530万名士兵，占阿富汗国际安全援助部队总人数的98%，通过基地起飞的飞机达4.2万次，运输各种货物140万英镑。以马纳斯为基地的KC-13加油机共飞行3.3万次，给13.6万架次飞机加油，消耗了吉尔吉斯斯坦生产的十亿升燃料。可以说，如果没有马纳斯基地，美国和北约在阿富汗的反恐行动就不可能达到已有的规模。当然，马纳斯基地也给吉尔吉斯斯坦带来了不少经济收入和政治红利。2001年12月4日签署马纳斯军事基地协定时，规定的租金是200万美元/年。但美国随后的投入要大得多。仅2001年至2002年，华盛顿就向比什凯克拨款1100万美元。2009年2月，巴基耶夫在莫斯科的谈判结果新闻发布会上宣布了吉政府关闭马纳斯美军基地的决定。2009年6月，吉尔吉斯斯坦与美国签署协议，将马纳斯军事基地改称马纳斯国际机场过境运输中心，规定美国每年向吉尔吉斯斯坦支付6000万美元作为过境运输中心运作经费。① 2014年6月，美国最终撤离了该过境运输中心。

随着美国军事力量的进入，美国及其盟国对该国政治进程的影响得到增强。吉境内建立起广泛的非政府组织网络，"索罗斯—吉尔吉斯斯坦"基金、民主和民间社会联盟等组织发展迅速。这些组织往往得到美国国际开发署、国家民主研究所、"自由之家"基金会、"和平队"的资助，它们通过营造亲西方（包括反俄）的舆论氛围，有时甚至是组织抗议活动，积极参与吉尔吉斯斯坦的国家决策进程。有研究指出，非政府组织在2005年3月爆发的导致阿卡耶夫政权倒台的"郁金香革命"中发挥了重要作用。②

2010年乌孜别克族人权捍卫者A.阿斯卡罗夫被吉法院指控煽动民族仇恨而判处无期徒刑，该事件使美国与吉尔吉斯斯坦的关系再度紧张。阿斯卡罗夫案引起了许多人权组织的关注，包括联合国人权事务委员会，该委员会呼吁吉尔吉斯斯坦立即释放阿斯卡罗夫，鉴于审判期间发生了违反吉尔吉斯斯坦加入的《公民权利和政治权利国际公约》若干条款的情况，对案件进行了重审。2015年7月16日，美国国务院授予阿斯卡罗夫"人权卫士奖"。美国的这种做法引起了吉时任总统阿坦巴耶夫和吉民众的不满，被认为是美国对吉尔吉斯斯坦不友好的行为。阿坦巴耶夫称美国国务院的决定是企图在吉制造"治理混乱"。

也正是从2015年开始美国在吉尔吉斯斯坦的"人道主义"活动进一步加强。当时，美国还任命了著名的"颜色革命"专家P.迈尔斯为美驻吉事务临时代办。在迈尔斯的领导下，美国加强了对吉非政府组织的财政支持，其中被认为对白宫最忠心的非政府组织有"法律诊所"、"库里穆·沙米"公共基金会、"比尔·杜伊诺—吉尔吉斯斯坦"人权运动

---

① Чегирин Н. Я., *Политические Интересы Европейского Союза, НАТО, США И Российской Федерации В Кыргызской Республике*, Б. : Кырг. гос. ун-т им. И. Арабаева, 2018, с. 132–150.

② Кожемякин С. В., "Внешняя Политика Киргизии В Зеркале Интеграционных Процессов В Центральной Азии", *Постсоветский Материк*, № 1 (1), 2014.

和"恩蒂马克"公共电视广播公司。①

美国国务卿克里在 2016 年访问中亚国家之后签署了 C5+1 协定,目的是恢复与中亚国家的关系。由于美国在中亚地区的政治影响水平和经济存在规模比不上俄罗斯和中国,美国为促进在该地区的利益,更加重视非政府组织的作用。吉尔吉斯斯坦的民间组织被认为是最易受到美国影响的组织,美国的索罗斯基金会及其旗下的开放社会研究所向它们提供了大量资金。而且,美国在吉尔吉斯斯坦非政府组织中的存在使美国能够利用它们作为向其他中亚国家扩大其政治和意识形态影响力的"基地"。西方捐助者一直努力通过吉尔吉斯斯坦领土向中亚其他国家的反对派和非营利机构提供财政支持。2017 年,美国国务院向中亚地区的亲美非政府组织和信息出版物的资助增加到 1.641 亿美元,其中,对吉尔吉斯斯坦非政府组织和媒体的拨款为 5180 万美元,比 2015 年增长了 39%。② 热恩别科夫当选吉尔吉斯斯坦总统后,开始恢复与美国的关系。

发展与美国的关系也是扎帕罗夫总统的重要外交方向之一,但受美国霸权外交影响,双边关系发展时有波动。最明显的一个例子是 2023 年 8 月发生的关于对俄制裁问题的外交事件。2023 年 8 月初,美国参议员罗伯特·梅嫩德斯给扎帕罗夫写了一封信,称"自(俄乌)战争开始以来,吉尔吉斯斯坦急剧扩大了与俄罗斯的进出口业务。与此同时,贵国政府缺乏执法实践,或者更糟糕的是,参与俄罗斯受制裁商品的贸易,如无人机、飞机零部件、武器配件和电子设备","吉尔吉斯斯坦帮助俄罗斯或其代理人逃避针对俄罗斯入侵乌克兰而实施的国际制裁,这是背离广泛民主","我敦促贵国政府立即调查这些逃避制裁的严重指控,并实施更可靠的程序,以防止货物通过贵国领土的非法流动"。面对这种指控,扎帕罗夫进行了强有力的反驳,他说:"这是对吉尔吉斯斯坦施加压力并把我们拉到自己一边的常见借口。但我们不允许这样做。我们是一个独立的国家。我们将继续与所有国家平等相处。我们将奉行多方

---

① А. Рабайев, "Бишкек. Весна. Время Тюльпанов И Революций", ЦентрАзия, 24 Марта 2017 Года (https://centrasia.org/newsA.php?st=1490344920).

② Чегирин Н. Я., Политические Интересы Европейского Союза, НАТО, США И Российской Федерации В Кыргызской Республике, Б.: Кырг. гос. ун-т им. И. Арабаева, 2018, с. 132–150.

向外交政策。在俄罗斯和乌克兰问题上，我们将保持中立立场。"① 在2023年9月，美国将"C5+1"对话机制升级为元首层级的首次峰会，扎帕罗夫仍对这次外交事件表示不满，指出"C5+1"峰会应旨在加强各国间的相互理解和信任，确保安全和稳定，为扩大经贸合作创造有利条件。

位于比什凯克的美国中亚大学始建于1993年。其前身是当时在吉尔吉斯斯坦茹苏普·巴拉萨金国立民族大学下设的吉尔吉斯—美国系。1997年，根据吉尔吉斯斯坦总统的命令，吉尔吉斯—美国系改组为美国—吉尔吉斯大学，吉尔吉斯斯坦时任总统阿卡耶夫和美国总统克林顿的夫人希拉里出席了开学仪式。2002年，该校改名为美国中亚大学。吉尔吉斯政府、美国国务院、开放社会研究所（索罗斯基金会所属的一个机构），就支持办学签订了谅解备忘录。吉尔吉斯政府提供了校址，美方提供了一笔启动费。学校也从欧亚基金（由美国国际发展署于1993年设立，对波罗的海三国之外的12个原苏联国家提供科学教育领域的资助）和其他机构获得了资助。多所美国高校也向该校提供了资金。一些系（院）就是由美国高校援建的，目前与该校关系最密切的是印第安纳大学。该校毕业生在美国和欧盟国家更容易找到工作。

美国中亚大学是中亚地区第一所可获得美国人文科学学位的大学，也是独联体内唯一一所采用美国办学模式的高校。该校是一所国际学校，自称是一所集美国人文教育最佳传统于一身的多学科综合性大学。课程设置与美国相同，采用学分制。办学理念是民主、自由表达和学术诚实。

该校的教学计划包括预科课程、14个本科专业、4个硕士专业。设有工商管理、经济学、社会学、法学、软件工程、国际政治和比较政治学、心理学等专业，以及英美研究、法国研究、德国研究和吉尔吉斯人类学等课程。自2016学年初以来，该校开设了MBA网络教学课程，招收MBA研究生。所有课程用英语或俄语讲授，学生必须掌握这两种语言，达不到标准的可在一年级安排语言课。学校在第二外语课中开设中文。

---

① Александра Гольм，"Сенатор США Написал Письмо Жапарову О Санкциях Против России. Глава Кыргызстана Назвал Это Давлением"，09 Августа 2023 Года（https：//www.nur.kz/world/2031884-povod-chtoby-okazat-davlenie-senator-ssha-otpravil-pismo-na-imya-sadyra-zhaparova/）.

该校学生数百人，来自 30 多个国家（其中 6 名来自中国），以吉尔吉斯斯坦和其他中亚国家为多。教师来自西方的比例很高。学生全部自费，但获取奖学金的比例较高。学费按吉尔吉斯斯坦、独联体国家、其他国家分为三个标准。

据校方讲，约 60% 的毕业生被外国高校录取为研究生。该校毕业生很受欢迎，主要在政府、外国机构和大企业就业。

4. 俄罗斯

对吉尔吉斯斯坦而言，与俄罗斯的合作是战略性的，是本国外交政策的优先事项。1992 年 3 月 20 日，两国正式建立外交关系，1999 年 6 月 10 日签订了《友好、合作和互助条约》，奠定了两国建立国家间合作的条约和法律框架基础。2000 年 7 月 27 日，两国签署了《世代友好、联盟和伙伴关系宣言》。2017 年 6 月 19 日至 23 日阿坦巴耶夫访问克里姆林宫期间，两国签署了加强联盟和战略伙伴关系的宣言。2017 年 11 月 22 日，阿坦巴耶夫在卸任总统前夕，签署了一项法令，为表扬普京加强吉俄两国间的战略伙伴关系和发展同盟关系做出的杰出贡献，授予他共和国最高国家奖"玛纳斯一级勋章"。热恩别科夫就任总统后的首次出访也是俄罗斯。在 2017 年 11 月 29 日对俄罗斯的访问中，双方讨论了吉俄发展合作以及在欧亚一体化框架内的协作问题。2021 年 2 月、2023 年 3 月和 2023 年 5 月，扎帕罗夫访问了俄罗斯。特别是在 2023 年 5 月的访问中，扎帕罗夫参加了在莫斯科红场举行的卫国战争胜利日阅兵活动，这被视为在当今地缘政治环境下一个明确的信号——"俄罗斯和吉尔吉斯斯坦仍然是最亲密的盟友和战略伙伴"，标志着两国关系新阶段的开始。[1]

吉尔吉斯斯坦和俄罗斯是独联体、集体安全条约组织、上海合作组织、欧亚经济联盟、关税同盟的成员国。两国政府首脑定期在独联体政府首脑会议、欧亚政府间委员会、上海合作组织及其他组织的框架内会晤。吉尔吉斯斯坦是俄罗斯在中亚的战略伙伴和盟友。吉俄的合作是多

---

[1] "Новый Уровень Взаимопонимания. Об Итогах Визита Садыра Жапарова В РФ", ЗАО Издательский Дом "Вечерний Бишкек", 12 Мая 2023 Года（https：//www.vb.kg/doc/429477_novyy_yroven_vzaimoponimaniia._ob_itogah_vizita_sadyra_japarova_v_rf.html）.

方面的，其特点是对国际和区域事务采取相近的态度以及在欧亚一体化进程上的一致目标。除了高层接触非常频繁外，吉俄两国外交政策部门也保持了密切的交往。

吉俄的贸易和经济合作不断发展。俄罗斯是吉尔吉斯斯坦的主要贸易伙伴之一，与俄的贸易额长期约占吉对外贸易总额的20%左右。俄罗斯还是吉劳务移民输出的主要对象国，劳务移民汇款是吉国民经济的重要构成部分。据2018年的数据，约有80万吉劳务移民在俄罗斯各大城市务工。成立于1997年10月10日的吉俄经贸、科技和人文合作政府间委员会、2015年正式开始工作的吉俄发展基金会（2014年11月24日签订协议），在促进两国经贸合作方面发挥着重要作用。近年来，在2018—2021年吉俄政府间经济合作纲要的推动下，两国经贸合作取得较快发展。2020年底，俄罗斯成为吉尔吉斯斯坦对外贸易额的领先者，占比达到27%，在指标上超过了中国。2021年1月至6月双边贸易额达到10.55亿美元，比上年同期增长28.5%。[1] 经贸往来的增强也拉动了俄罗斯在吉尔吉斯斯坦的投资合作。到2020年初，有近800家俄罗斯公司进入了吉尔吉斯斯坦市场。[2]

2022年11月，为实现相互贸易的多样化、促进双边贸易增长、扩大两国投资和科技合作，吉俄政府签署了《吉尔吉斯共和国内阁与俄罗斯联邦政府2022—2026年经济合作纲要》，将以下内容列为该纲要要解决的具体任务：在经济活动的各个领域执行协调一致的政策；扩大和完善经济合作的规范性法律基础；在绿色和低碳技术开发和应用方面开展合作；落实和深化在欧亚经济联盟框架内达成的协议，确保欧亚经济联盟市场的最大效率；在建立可追溯性系统、税务、海关和其他公共行政领域发展长期合作、经验交流和技术援助；促进实施联合方案和项目，以发展优先活动，使国民经济结构多样化，特别是制造业和高科技工业

---

[1] Tatyana Kudryavtseva, "Ulukbek Maripov and Mikhail Mishustin Discuss Bilateral Cooperation", «24. kg» News Agency, 20 August 2021（https：//24. kg/english/204653_ Ulukbek_ Maripov_ and_ Mikhail_ Mishustin_ discuss_ bilateral_ cooperation/, 24. kg）.

[2] Tatyana Kudryavtseva, "Russia Proposes to Create New Program of Cooperation with Kyrgyzstan", «24. kg» News Agency, 19 August 2021（https：//24. kg/english/204513_ Russia_ proposes_ to_ create_ new_ program_ of_ cooperation_ with_ Kyrgyzstan/）.

和服务业；为双边商品和服务贸易的增长和改善结构、增加双方经济实体之间投资合作的数量和多样化创造有利条件；提高缔约国的投资吸引力；促进和鼓励在缔约国领土上注册的经济实体之间建立互利伙伴关系；促进不同行业、燃料能源、农业工业、数字技术和运输领域的合作；在数字服务和数字经济领域建立广泛的合作关系；进一步发展和加强知识产权领域的合作；促进农业综合企业的长期合作和经验交流，包括在农产品供应领域；进一步发展和加强互利基础上的运输合作，为货物运输增长创造有利条件，有效利用国际运输过境走廊和基础设施；发展生态安全和环境保护领域的合作；促进发展和扩大缔约国各行政区域之间的直接经济和人道主义联系；促进金融和银行领域互利合作的发展；深化教育、科技合作；促进教育和科学组织之间的直接联系，实施联合教育、科学和科学技术方案和项目；扩大居民卫生和流行病学福利、预防传染病、提高国家卫生和流行病学监督人员技能等领域的互利合作。①

对吉尔吉斯斯坦而言，与俄罗斯开展能源领域的合作是非常重要的，因为吉经济没有自己的能源资源。根据2013年7月26日签订的双边政府间天然气运输、分配和销售合作协议，俄罗斯天然气工业开放式股份公司正在努力确保不间断地满足吉国内对天然气的需求。根据2015年1月30日批准的《2030年前吉尔吉斯共和国天然气供应和煤气化总规划》，俄罗斯天然气工业开放式股份公司对吉天然气运输和分配系统的投资总额将达到1000亿卢布。② 从2017年开始，俄罗斯不再对供吉尔吉斯斯坦国内消费的石油和石油产品征收出口关税。取消这一税收对吉国内经济产生了明显的影响，在此之前，石油关税为92美元/吨。俄罗斯向吉尔吉斯斯坦供应的燃滑油料占到后者所需量的90%，从而使吉国内的汽油和柴油价格保持在相对可接受的水平。③

---

① Министерство Экономики И Коммерции Кыргызской Республики, *Программа Экономического Сотрудничества С РФ На2022－2026 гг*，Бишкек，2022，c.1－3.

② Чегирин Н. Я.，*Политические Интересы Европейского Союза, НАТО, США И Российской Федерации В Кыргызской Республике*，Б.：Кырг. гос. ун-т им. И. Арабаева，2018，c.152－170.

③ И. Рыжов，М. Бородина，"Основные Приоритеты Внешней Политики Кыргызстана"，*Россия И Новые Государства Евразии*，№ 3（44），2019.

军事和军事技术合作是吉俄关系的重要组成部分。吉境内分布着俄罗斯的联合军事基地，由四大设施组成：集体安全条约组织集体快速反应部队坎特机场、伊塞克湖海军试验基地、查尔多瓦尔镇通信枢纽、迈利苏镇自动化地震站。其中，位于楚河州的坎特军事基地建立于2003年，最初期限是15年，之后又延长至49年。自1993年起，吉尔吉斯斯坦的军事人员可在俄罗斯军事院校接受培训。2002—2012年，俄罗斯为吉尔吉斯斯坦培训了大约250名军官和500名军校生。此外，俄罗斯还向吉尔吉斯斯坦提供了相当可观的军事援助。仅在2012年俄罗斯就向吉尔吉斯斯坦提供了价值4.97亿美元的军事援助。[①] 比什凯克重视与俄罗斯在安全领域的密切合作，主要是由于该国靠近阿富汗，且国际恐怖主义势力在中亚地区的影响日益增大。

在人文合作领域，1993年在比什凯克开办的吉尔吉斯—俄罗斯叶利钦斯拉夫大学发挥着重要作用。自2011年6月起，俄罗斯科学文化中心落地比什凯克，2018年12月又在奥什市开设了分支机构。像俄罗斯公共电视台、俄罗斯国家电视台等都在吉境内播放。吉境内还出版大量俄文媒体出版物和报纸，如《俄罗斯报》、《吉尔吉斯斯坦共青团真理报》、《亚洲莫斯科共青团员报》、《吉尔吉斯斯坦论据与事实》、《亚洲新闻》、社会政治报《为您服务》、《楚河消息报》、《比什凯克晚报》、《特大城市报》、《吉尔吉斯斯坦之声》等。

吉尔吉斯斯坦是中亚地区政治上最不稳定和最不平静的国家，这是俄罗斯领导人所关注的问题。毫无疑问，俄罗斯是基于整个中亚地区来关注吉尔吉斯斯坦的，特别是吉尔吉斯斯坦与哈萨克斯坦接壤的事实。哈萨克斯坦是一个对俄罗斯具有战略意义的国家，吉尔吉斯斯坦的不稳定可能对哈萨克斯坦造成的影响受到俄罗斯的严重关切。如果这种不稳定传播到哈萨克斯坦，那么俄罗斯在中亚地区的地位将受到沉重打击。俄罗斯对吉尔吉斯斯坦的政治目标是防止吉尔吉斯斯坦落入欧盟、北约和美国的控制下，防止吉尔吉斯斯坦成为中亚的不稳定因素，防止吉尔

---

① Чегирин Н. Я., *Политические Интересы Европейского Союза, НАТО, США И Российской Федерации В Кыргызской Республике*, Б. : Кырг. гос. ун-т им. И. Арабаева, 2018, с. 152 – 170.

吉斯斯坦成为欧盟、北约和美国扩大在中亚地区利益的跳板，保障吉尔吉斯斯坦境内俄语（斯拉夫）侨民的利益和权利，打击来自阿富汗的毒品走私，使吉尔吉斯斯坦处于俄罗斯政治路线当中。①

5. 中亚邻国

地缘政治距离发挥着显著的地缘政治效应，甚至是"倍增效应"，就是说相邻的两国如果关系良好，双方得到的利益就会倍增，如果关系交恶，双方损失也会倍增。② 因为地缘邻近，导致吉尔吉斯斯坦与中亚其他国家的关系在一些问题上能够达成合作，但是在另一些问题上却导致冲突加剧。对此，吉尔吉斯斯坦总统扎帕罗夫深有感触，他在2023年9月19日于纽约举行的第78届联合国大会上发表讲话时强调，中亚是一个统一的地缘经济空间，是国际社会的"地缘政治调解人"，"加强与该地区（中亚）国家的关系是吉尔吉斯斯坦自然的最高优先事项"③。

（1）吉尔吉斯斯坦与乌兹别克斯坦的关系

长期以来，吉尔吉斯斯坦与乌兹别克斯坦的关系主要受到双边领土纠纷、水资源纠纷以及两国国内的跨境民族冲突等问题的制约。但是自2016年米尔济约耶夫上台以来，两国关系总体上呈现不断改善的趋势。

乌兹别克斯坦是吉尔吉斯斯坦最近的邻国，两国因长期共同的历史、文化和相似的语言和精神价值观而紧密联系在一起。乌兹别克斯坦与吉尔吉斯斯坦于1993年2月建立外交关系。其中1996年12月签署的《乌兹别克斯坦共和国与吉尔吉斯斯坦共和国永久友好条约》和2017年10月签署的《关于乌兹别克斯坦和吉尔吉斯斯坦战略伙伴关系、加强友谊、睦邻和互信的宣言》是吉乌两国关系中具有里程碑意义的重要文件。

自苏联时代以来一直以铁腕手段统治乌兹别克斯坦的卡里莫夫去世后，沙夫卡特·米尔济约耶夫于2016年9月上台执政。此后，吉尔吉斯

---

① И. Рыжов, М. Бородина, "Основные Приоритеты Внешней Политики Кыргызстана", Россия И Новые Государства Евразии, № 3（44），2019.

② 蒋新卫：《冷战后中亚地缘政治格局变迁与新疆安全和发展》，社会科学文献出版社2009年版，第124页。

③ "Жапаров Объявил Наивысший Приоритет Кыргызстана Во Внешней Политике", Fergana. agency, September 02, 2023（https：//fergana. agency/news/131373/? ysclid = ln88738h25536348933）.

与乌兹别克两国的关系有所改善。有学者甚至表示,"吉尔吉斯斯坦和乌兹别克斯坦之间的关系可以成为中亚其他国家和独联体的典范"①。2017年9月5日至6日,乌兹别克斯坦总统沙夫卡特·米尔济约耶夫应吉尔吉斯斯坦总统阿尔马兹别克·阿坦巴耶夫的邀请,对吉尔吉斯斯坦进行国事访问,两国领导人此次会晤是吉乌关系中重要的政治事件。考虑到2000年卡里莫夫对吉尔吉斯斯坦进行了国事访问后,乌国领导人便再未到访过该邻国,阿坦巴耶夫称,米尔济约耶夫访问吉尔吉斯斯坦是"两国的历史性事件","吉尔吉斯斯坦和乌兹别克斯坦人民对这次访问已经等待了近20年。这次访问将解决两国间存在的许多问题,因为它开启了我们两国关系的一个新时代、新纪元"。在此次访问中,米尔济约耶夫也称吉国是乌兹别克斯坦的"战略伙伴",并补充说乌兹别克斯坦"现在的首要任务是改善与邻国的关系"②。两国元首讨论了两国关系发展的关键问题,表达了进一步扩大和深化在政治、经贸、交通通信、人文等领域合作的愿望,并且表示将加强两国边境地区的合作。会谈后,两国总统签署了国家元首联合声明、乌吉边境协议以及旨在进一步发展乌吉合作的10多项双边合作文件。其中,两国元首签署的《关于乌兹别克斯坦和吉尔吉斯斯坦战略伙伴关系、加强友谊、睦邻和互信的宣言》对于吉乌两国关系具有里程碑意义。该文件承诺吉乌两国将深化政治对话,推动跨境和地区安全合作,并为加强经贸关系建立相应机制。该文件指出,"为了加强政治对话,吉乌两国国家元首将每年举行不少于一次的双边会议","在安全方面,正式划定吉乌两国边界以符合我们兄弟两国的根本利益"。

在边境问题上,乌国总统米尔济约耶夫表示"我们必须将乌兹别克斯坦与吉尔吉斯斯坦之间的边界变成友谊边界"。吉尔吉斯斯坦方面也表示支持两国之间的自由流动,阿坦巴耶夫表示,"我们的边界不应该

---

① "Expert:'Relations between Kyrgyzstan and Uzbekistan Could Become a Model for Other Countries of the Region and the CIS'", *uzbekembassy*, January 03, 2018 (http://www.uzbekembassy.in/expert-relations-between-kyrgyzstan-and-uzbekistan-could-become-a-model-for-other-countries-of-the-region-and-the-cis/).

② Timur Toktonaliev, "A Turning Point for Kyrgyz-Uzbek Relations?" *Institute for War & Peace Reporting*, September 08, 2017 (https://iwpr.net/global-voices/turning-point-kyrgyz-uzbek-relations).

成为冲突的边界，而应该成为两国建立睦邻友好关系的门户"①。吉尔吉斯斯坦与乌兹别克斯坦边界长 1370 公里，在此次国事访问中两国领导人签署了一项划定 1170 公里边界的协议，他们还表示打算解决剩余的 200 公里边界。尽管吉乌两国之间存在长期的免签证协议，但乌兹别克斯坦此前一直限制吉尔吉斯斯坦通过奥什边境入境，要求过境者提供类似于参加婚礼或葬礼的证据。但在此次访问之后，乌兹别克斯坦官员表示，吉尔吉斯斯坦公民不再需要获得通过检查站的许可，只需出示护照即可进入乌兹别克斯坦。

在水资源和能源问题上，吉尔吉斯斯坦和乌兹别克斯坦之间一直缺乏明确的沟通渠道，对此两国在此次会晤中签署文件，"计划召开双边水资源联合委员会会议，旨在改善水资源的集体管理"。乌兹别克斯坦一直声称对位于吉尔吉斯边境地区的卡山赛水库拥有主权，因为这个水库由乌兹别克斯坦技术人员管理。双方在这个问题上的分歧曾在 2016 年夏末升级为紧张的对峙。为缓和两国在卡山赛水库问题上的冲突，双方协商解决了该水库的地位问题，并规定了乌兹别克斯坦能够从该地点取水的条件。此外，两国声明将在能源问题上进行合作，包括在水电行业实施联合项目等。

2021 年 3 月 11 日至 12 日，吉尔吉斯斯坦总统萨德尔·扎帕罗夫访问了乌兹别克斯坦，两国领导人将焦点集中在长达数十年的边界划定问题上。米尔济约耶夫对与扎帕罗夫的会晤给予了积极评价，他说，在过去 30 年的相互关系中，他第一次看到双方致力于认真解决两国边界划定问题的会晤②。访问期间，萨德尔·扎帕罗夫于 3 月 11 日在塔什干签署了《关于批准吉尔吉斯共和国政府和乌兹别克斯坦共和国政府设立乌兹别克斯坦—吉尔吉斯斯坦发展基金的协定》。该基金将通过提供贷款、参与资本和利用其他金融工具，与在吉尔吉斯斯坦注册和经营的企业实体建立关系，为吉尔吉斯斯坦经济优先部门的自我维持项目提供资金。该

---

① "Kyrgyz President Calls His Uzbek Counterpart's Visit to Bishkek 'Historic Event'", *Radio Free Europe/Radio Liberty*, September 05, 2017 (https：//www.rferl.org/a/kyrgyzstan-miriyoev-uzbekistan-historic-visit/28718252.html).

② "Border Issue Tops Agenda in Kyrgyz State Visit to Uzbekistan", *Diplomat*, March 22, 2021 (https：//thediplomat.com/2021/03/border-issue-tops-agenda-in-kyrgyz-state-visit-to-uzbekistan/).

基金是一个国际组织，其特许资本为5000万美元，由乌兹别克斯坦捐款，随后将特许资本增加到2亿美元。① 吉尔吉斯斯坦与乌兹别克斯坦之间的贸易和经济合作一直是两国的优先事项，在过去4年里，双边贸易额增长了5倍，接近10亿美元。②

2021年8月6日，在中亚领导人磋商会议框架内，扎帕罗夫与米尔济约耶夫举行会谈。双方讨论了2021年3月11日至12日吉尔吉斯斯坦总统对乌兹别克斯坦进行国事访问期间达成的协议的执行情况，以及当前的地区安全问题。会议指出，2021年上半年，两国贸易额增长了近10%，超过了4.25亿美元。在经济优先领域，包括工业、农业、纺织、机械制造和其他部门的联合项目已经开始实际执行。两国能源领域的合作也逐渐展开，特别是讨论了联合建设坎巴拉塔—1水电站的问题。③ 乌兹别克斯坦总统强调了中国—吉尔吉斯斯坦—乌兹别克斯坦铁路项目的战略重要性，指出需要加快关于该项目建设的谈判。吉尔吉斯斯坦总统表示支持乌兹别克斯坦为加强该地区富有成效的互利合作所做的实际努力。扎帕罗夫指出，乌兹别克斯坦领导人旨在发展中亚和南亚互联互通的倡议符合该地区人民的利益。

2021年8月30日，沙夫卡特·米尔济约耶夫与萨德尔·扎帕罗夫再次进行了电话会谈。在两国独立30周年之际，双方元首互相表达了衷心的祝贺，并祝愿两国和平和繁荣，两国人民幸福。会谈审议了当前进一步加强两国睦邻友好和战略伙伴关系的问题。主要关注的是2021年3月在塔什干举行的高级别会议达成的协议的实际执行情况。双方强调了进行密切合作的重要性，以有效促进工业、农业、能源、运输和物流领域的具体合作项目，以及旅游和文化—人道主义交流计划。两位总统还

---

① "Kyrgyzstan Ratifies the Agreement on the Establishment of Uzbek-Kyrgyz Development Fund", *UZA*, August 18, 2012（https：//uza. uz/en/posts/kyrgyzstan-ratifies-the-agreement-on-the-establishment-of-uzbek-kyrgyz-development-fund_ 293835）.

② "The Trade Turnover between Uzbekistan and Kyrgyzstan Has Grown 5 Times", *UZA*, April 16, 2021（https：//uza. uz/en/posts/the-trade-turnover-between-uzbekistan-and-kyrgyzstan-has-grown-5-times_ 258423）.

③ "Shavkat Mirziyoyev Meets with the President of Kyrgyzstan", *UZA*, August 06, 2021（https：//uza. uz/en/posts/shavkat-mirziyoyev-meets-with-the-president-of-kyrgyzstan_ 290730）.

讨论了区域议程，包括邻国阿富汗局势升级的情况①。

2022年11月，经过近30年的谈判，吉尔吉斯斯坦和乌兹别克斯坦签署了关于两国边界部分地段的条约，以条约的形式对包括35段共同边界在内的302.29公里的边界线进行了确定。

（2）吉尔吉斯斯坦与哈萨克斯坦的关系

吉尔吉斯斯坦和哈萨克斯坦同为许多国际组织的成员，例如欧亚经济联盟、上海合作组织、集体安全条约组织、独联体等。两国在这些国际组织中超过90%的议题上始终有着相同的利益②，因此吉哈两国坚持相近的立场，从而共同维护一致的利益。在欧亚经济联盟和上合组织中，两国一直保持相互协作和对话状态。

2019年11月，哈萨克斯坦总统托卡耶夫在与吉尔吉斯斯坦总统举行的一次扩大形式的会谈中说，"哈吉经济关系的重要优势在于共同的边界、完善的交通基础设施和欧亚经济联盟的伙伴关系"。哈萨克斯坦因此成为吉尔吉斯斯坦主要贸易伙伴之一，在吉国外贸营业额中稳居第三位；吉尔吉斯斯坦也是哈萨克斯坦在中亚国家中的第二大贸易伙伴。吉哈两国之间的贸易额在2015—2018年连续三年保持稳定增长，双边贸易额增长30%，达9亿美元。哈萨克斯坦投资者为支持吉尔吉斯斯坦经济的关键领域和改善社会状况做出了重大贡献。托卡耶夫强调，在过去的15年里，哈萨克斯坦是吉国最大的投资国之一，为吉尔吉斯斯坦经济注入了大约10亿美元。吉哈两国边境地区之间的合作正在发展，约占双边贸易的50%。③

哈萨克斯坦是吉尔吉斯斯坦的主要贸易伙伴之一，也是吉尔吉斯斯坦的主要投资来源国之一。在欧亚经济联盟成员国中，吉尔吉斯斯坦是

---

① "Uzbekistan, Kyrgyzstan Presidents Discuss Current Issues of Cooperation", *UZA*, August 30, 2021（https：//uza.uz/en/posts/uzbekistan-kyrgyzstan-presidents-discuss-current-issues-of-cooperation_297763）.

② "President Sadyr Japarov on the Eve of His State Visit to Kazakhstan Gave an Interview to MIA 'Kazinform'", March 02, 2021（https：//available-admission.blogspot.com/2021/03/president-sadyr-japarov-on-eve-of-his.html）.

③ "Advantage of Relations between Kazakhstan and Kyrgyzstan in Border, Roads, EAEU", «24.kg» News Agency, November 27, 2019（https：//24.kg/english/136176_Advantage_of_relations_between_Kazakhstan_and_Kyrgyzstan_in_border_roads_EAEU/）.

哈萨克斯坦工业品和消费品的第二大消费国，仅次于俄罗斯。吉尔吉斯斯坦向哈萨克斯坦提供电力、乳制品、蔬菜和水果、活牛、服装、玻璃；而哈萨克斯坦向吉尔吉斯斯坦出口石油和石油产品、煤、小麦、植物油、无机化学品、矿物原料、扁铁和不锈钢。据2018年资料统计，吉哈两国在哈萨克斯坦建立了多达824家合资企业，这些企业在以下领域开展业务：批发和零售贸易，制造业，专业科学和技术活动，建筑业，服务业。① 2017年，吉尔吉斯斯坦与哈萨克斯坦双边贸易额超过7.5亿美元。② 2018年，两国之间的相互贸易额增长了13%，达到8.5亿美元。③ 根据欧亚经济委员会的数据，2019年吉尔吉斯斯坦与欧亚经济联盟其他国家的双边贸易总额为42亿美元，其中与哈萨克斯坦的贸易额为9.416亿美元，占22.4%。吉尔吉斯斯坦向哈萨克斯坦出口的货物为3.375亿美元，而从哈萨克斯坦进口的商品为6.0404亿美元。相比而言，哈萨克斯坦对吉尔吉斯斯坦的出口与2018年相比下降了8%，而吉尔吉斯斯坦对哈萨克斯坦的出口增长了25%。

2017年12月2日，在吉尔吉斯斯坦政府代表团访问阿斯塔纳（今努尔苏丹）期间，吉尔吉斯斯坦副总理托尔昆别克·阿布迪古洛夫和哈萨克斯坦第一副总理阿斯卡尔·马明签署了一份关于双边经济合作的路线图。该50点文件是根据哈萨克斯坦总统纳扎尔巴耶夫当年11月30日在明斯克与吉尔吉斯斯坦总统索伦拜·热恩别科夫会晤后的指示达成的。路线图旨在解决双边合作的问题，包括边境、运输、植物检疫和兽医控制以及海关和税务管理。该文件规定了16项行动措施、5项短期措施和29项系统性措施。这些措施旨在使吉尔吉斯斯坦经济进一步适应欧亚经济联盟的规范和要求，以确保吉尔吉斯斯坦商品进入欧亚经济联盟市场。签署路线图后，哈萨克斯坦和吉尔吉斯斯坦将采取新的方法，共同确保在欧亚经济联盟外部边界的海关、税收、兽医、植物检疫和卫生流行病

---

① Abdul Kerimkhanov, "Kazakhstan, Kyrgyzstan Agree on Cooperation on Oil, Petroleum Products", Azer News, December 24, 2018 (https://www.azernews.az/region/143145.html).

② "Kazakhstan, Kyrgyzstan to Deepen Trade, Economic Cooperation", Azer News, October 03, 2018 (https://www.azernews.az/region/138556.html).

③ Nargiz Sadikhova, "Kyrgyzstan to Increase Bilateral Trade with Kazakhstan", Trend News Agency, July 15, 2019 (https://en.trend.az/business/economy/3090893.html).

学控制，并在欧亚经济委员会代表的参与下确保通过哈萨克斯坦与吉尔吉斯斯坦的边界出口、进口和过境。①

2021年3月2日至3月3日，吉尔吉斯共和国总统萨德尔·扎帕罗夫对哈萨克斯坦进行首次国事访问。在扎帕罗夫上台执政之后，其首先访问了俄罗斯，并表示之所以选择俄罗斯作为第一个访问对象是因为吉俄两国之间存在许多亟待签署的协议和文件，其次就将哈萨克斯坦作为第二个访问的国家（之后的国家分别是乌兹别克斯坦、中国和土耳其等）。此外，在国事访问前夕，扎帕罗夫对外表示，"哈萨克人和吉尔吉斯人是亲缘民族和兄弟民族，哈萨克斯坦和吉尔吉斯斯坦是友好邻邦"②，可见扎帕罗夫对吉尔吉斯斯坦与哈萨克斯坦两国关系的重视。对此，托卡耶夫也表示，"对我们来说，吉尔吉斯斯坦是一个盟友、睦邻、兄弟国家和一个可靠的伙伴"③。扎帕罗夫对外还表示，"哈萨克斯坦和吉尔吉斯斯坦之间没有未解决的问题。一切问题都能够通过对话解决"④。两国领导人强调要注意创造新的就业机会，发展制造业部门和金融市场，两国同意支持和保护相互投资。托卡耶夫总统谈到了旨在减少贸易壁垒、加强两国海关和税务当局之间的合作以及在工作中引入数字技术的协议。此外，两国还提出注重提高两国边境的能力，以改善两国公民流动和贸易流通的条件。⑤ 扎帕罗夫在与托卡耶夫会谈后发表联合声明，两国政府部门还签署多项协议，如两国政府签署了关于提供免费

---

① Aigerim Seisembayeva, "Kazakhstan Inks Economic Cooperation Roadmap with Kyrgyzstan, Eases Border Control", The Astana Times, December 02, 2017 (https://astanatimes.com/2017/12/kazakhstan-inks-economic-cooperation-roadmap-with-kyrgyzstan-eases-border-control/).

② "President Sadyr Japarov on the Eve of His State Visit to Kazakhstan Gave an Interview to MIA 'Kazinform'", March 02, 2021 (https://available-admission.blogspot.com/2021/03/president-sadyr-japarov-on-eve-of-his.html).

③ "Kyrgyz President Sadyr Japarov Visits Kazakhstan, Meets with President Tokayev", The Astana Times, March 03, 2021 (https://astanatimes.com/2021/03/kyrgyz-president-sadyr-japarov-visits-kazakhstan-meets-with-president-tokayev/).

④ "President Sadyr Japarov on the Eve of His State Visit to Kazakhstan Gave an Interview to MIA 'Kazinform'", March 02, 2021 (https://available-admission.blogspot.com/2021/03/president-sadyr-japarov-on-eve-of-his.html).

⑤ "The Presidents of Kazakhstan and Kyrgyzstan Held a Joint Media Briefing", «Akorda» Presidential Palace, March 02, 2021 (https://www.akorda.kz/en/the-presidents-of-kazakhstan-and-kyrgyzstan-held-a-joint-media-briefing-923817).

军事技术援助的协定；两国文化部签署了关于发展民族体育和民间运动的协定；两国国防部签署了2021年合作行动计划；两国外交部签署了2021—2022年合作方案；两国数字与信息发展部门签署了谅解备忘录；两国能源部门签署了关于电力交换的议定书。

2021年4月，吉尔吉斯斯坦与哈萨克斯坦召开政府间委员会会议，签署了关于在两国边境建立和运营联合工业贸易与物流综合体的构想。该综合体被认为是增加相互贸易和经济实体部门双边项目的新增长点。构想写道："创建哈萨克斯坦—吉尔吉斯斯坦联合工业贸易和物流综合体将有利于实施有利可图的出口导向项目，并提高某些经济部门的竞争力。这些综合体的建立将提供一个机会，将生产线设在一个具有经济吸引力的地区，那里有大量的原材料和发达的基础设施。"[1] 据悉，该综合体的重点是生产合作，创造新的产业和就业机会，增加具有高度竞争优势的消费品的产出，包括食品和农产品，并改善物流和基础设施。该综合体被纳入了阿拉木图—比什凯克国际经济走廊的范围。哈方建议将综合体设置在哈萨克斯坦江布尔州与吉尔吉斯斯坦楚河州之间的检查站处。

（3）吉尔吉斯斯坦与塔吉克斯坦的关系

塔吉克斯坦共和国和吉尔吉斯共和国于1993年1月14日通过签署议定书建立了外交关系。吉尔吉斯共和国大使馆自1997年3月起开始在杜尚别办公，随后塔吉克斯坦共和国大使馆在比什凯克也开始工作。

为了有效地解决优先问题并进一步深化两国间的双边合作，吉尔吉斯斯坦与塔吉克斯坦建立了多个联合机构，包括国家间协调委员会、外交部长理事会、划定与标定国界政府间委员会。两国之所以加强政治接触，其背景是加强该地区的安全和稳定，进一步促进一体化进程等共同目标。为此，两国在联合国、欧安组织、独联体、上海合作组织、集体安全条约组织、国际原子能机构以及两国参加的其他国际和区域组织框架内的合作非常重要。

然而，塔吉克斯坦和吉尔吉斯斯坦之间的边界划分问题长期未得到解

---

[1] "Kazakhstan and Kyrgyzstan to Create Industrial Hubs at Border", «24.kg» News Agency, August 20, 2021（https：//24.kg/english/204651_Kazakhstan_and_Kyrgyzstan_to_create_industrial_hubs_at_border/）.

决。自1991年苏联解体以来，中亚国家的许多边境地区一直存在着争议。在费尔干纳谷地的众多飞地附近，情况尤其复杂，因为塔吉克斯坦、乌兹别克斯坦和吉尔吉斯斯坦的边界在这里交汇。自苏联解体以来，吉尔吉斯斯坦和塔吉克斯坦的边境一再发生冲突。两国政府于2002年开始边界谈判。两国共有976公里的边界，但到2019年，只有504公里的边界被适当划定。边界谈判进展缓慢，边境冲突却不断升级。仅在2019年，就发生了至少14起暴力事件，其中6名塔吉克斯坦人和1名吉尔吉斯斯坦人死亡，另有60多人受伤。① 2021年4月底发生在塔吉克斯坦与吉尔吉斯斯坦共同边界上的冲突是两国边境发生冲突几十年来最严重的暴力事件，造成55人死亡，另有300多人受伤，这次冲突使两国的相互敌意从以前的地方层面上升到全国范围。这种状况因2022年9月16日两国再次爆发的边境冲突而变得更加突出。

尽管如此，吉尔吉斯斯坦与塔吉克斯坦两国领导人一直在试图解决两国间存在的矛盾与分歧，以维护两国友好关系。

2021年4月6日，塔吉克斯坦内政部长拉马宗·拉希姆佐达在塔吉克斯坦北部的索格特省会见了吉尔吉斯斯坦内政部长乌兰·尼亚兹别科夫，讨论了与双边合作有关的广泛问题。据报道，两人指出有必要采取联合行动，为塔吉克斯坦索格特省和吉尔吉斯斯坦巴特肯州的边境地区提供安全和稳定。同一天，两国相关警察单位的高级代表举行了扩大会议。他们讨论了如何在打击跨国犯罪、恐怖主义、极端主义和毒品贩运方面扩大双边合作的问题。②

2021年6月28日至29日，吉尔吉斯斯坦总统萨德尔·扎帕罗夫对塔吉克斯坦进行正式访问。这是萨德尔·扎帕罗夫作为吉尔吉斯斯坦总统首次访问塔吉克斯坦。萨德尔·扎帕罗夫对塔吉克斯坦的正式访问促成了四份合作文件的签署。双方签署了关于养老金和国家新闻机构霍瓦

---

① "Tajik, Kyrgyz Interior Ministers Discuss Cooperation to Provide Security in Border Areas", Asia-Plus, April 07, 2021 (https：//www. asiaplustj. info/en/news/tajikistan/politics/20210407/tajik-kyrgyz-interior-ministers-discuss-cooperation-to-provide-security-in-border-areas).

② "Tajik, Kyrgyz Interior Ministers Discuss Cooperation to Provide Security in Border Areas", Asia-Plus, April 07, 2021 (https：//www. asiaplustj. info/en/news/tajikistan/politics/20210407/tajik-kyrgyz-interior-ministers-discuss-cooperation-to-provide-security-in-border-areas).

尔和卡巴尔之间合作的两项协议，以及关于青年政策和公共服务领域合作的两项谅解备忘录。此外，两位总统还签署了一份联合声明。在随后的联合新闻发布会上，两国领导人指出双方边界的划定和标定问题是谈判的中心问题。拉赫蒙称，"根据文件草案，迄今已适当划定了约520公里，我们今天就另外32公里达成了协议"。他指出，"塔吉两国拥有发展塔吉克斯坦—吉尔吉斯斯坦关系的所有必要互动机制，包括政治对话。因此，我们有必要就各个合作领域进行定期的机构间磋商"。吉尔吉斯斯坦总统萨德尔·扎帕罗夫也表示，"此次边界的冲突（指2021年4月的冲突）是对两国关系的沉重考验，塔吉克斯坦和吉尔吉斯斯坦当局必须防止此类事件的重演，塔吉克人和吉尔吉斯人多年来一直有兄弟和邻居关系，我们正在尽最大努力维护友好关系"①。

2021年8月4日至9日，塔吉克斯坦和吉尔吉斯斯坦两国政府代表团地形工作组就共同边界的划定和标定问题举行会议。两国本着友好和相互理解的精神举行了会议，签署了相应的议定书。② 2022年9月发生的边界冲突使工作组加快了谈判进程。从2021年5月至2023年8月，该工作组共绘制了吉塔边界101.86公里长的地形图。虽然在谈判过程中两国之间存在一些分歧，如吉方提出了交换领土的意见，塔方认为需要按照1924—1927年的地图划分双方边界，③但到2024年1月，两国边界划定工作实现历史性突破，为边界地区的和平稳定创造了有利条件。

在经贸关系方面，吉尔吉斯斯坦与塔吉克斯坦两国的双边贸易额并不算大，但两国在2000—2014年、2017—2019年之间的贸易额总体呈上升趋势，只在2014—2016年与2019—2020年的贸易额呈现下降趋势。如表4-1所示，2010—2014年，塔吉克斯坦和吉尔吉斯斯坦之间的贸易额呈增长趋势，增长了3.3倍。吉尔吉斯斯坦主要从塔吉克斯坦进口

---

① "Tajikistan, Kyrgyzstan Sign Four Cooperation Documents", Asia-Plus, June 30, 2021 (https://www.asiaplustj.info/en/news/tajikistan/politics/20210630/tajikistan-kyrgyzstan-sign-four-cooperation-documents).

② "Tajik, Kyrgyz Topographic Working Groups Meet in Dushanbe", Asia-Plus, August 10, 2021 (https://www.asiaplustj.info/en/news/tajikistan/politics/20210810/tajik-kyrgyz-topographic-working-groups-meet-in-dushanbe).

③ "Неописанными Остаются Около 290 км Границы С Таджикистаном — Данные Кыргызстана", Sputnik Кыргызстан, 07 Августа 2023 (https://ru.sputnik.kg/20230807/kyrgyzstan-tadzhikistan-granica-peregovory-1077613560.html? ysclid = ln8hqy4owg481117280).

大米和石油、机油、润滑油。塔吉克斯坦主要向吉尔吉斯斯坦提供农产品和电力。

表4-1　　2000—2020年吉尔吉斯斯坦与塔吉克斯坦双边贸易额　　单位：美元

年份	贸易额	年份	贸易额
2000	9398100	2011	37290100
2001	8244800	2012	43779700
2002	13677100	2013	53996000
2003	21294600	2014	83043800
2004	24444300	2015	43154800
2005	24905000	2016	28331200
2006	26744700	2017	38778000
2007	30456900	2018	59904100
2008	30466800	2019	67766000
2009	19468300	2020	37236500
2010	19172300		

数据来源：根据吉尔吉斯斯坦国家统计委员会官网（http://www.stat.kg/ru/statistics/vneshneekonomicheskaya-deyatelnost/）资料整理而来。

（4）吉尔吉斯斯坦与土库曼斯坦的关系

相较于同中亚其他三国关系而言，吉尔吉斯斯坦与土库曼斯坦的关系较为疏远，在吉尔吉斯斯坦的外交政策中，土库曼斯坦的地位也略低于其他三国。但近年来，两国关系在政府和企业层面都变得更加活跃。2014年11月吉尔吉斯斯坦总统访问土库曼斯坦，2015年8月土库曼斯坦总统访问比什凯克，此后两国在各个领域加强了合作。

吉尔吉斯斯坦从土库曼斯坦进口坚果、植物油、聚合物、丙烯、肥料、生羊皮和蔬菜。吉尔吉斯斯坦向土库曼斯坦主要出口电器、农产品和塑料制品。2014年，土库曼斯坦占吉尔吉斯斯坦对外贸易总额的0.2%，比2013年增长46.3%。2016年8月，吉尔吉斯斯坦经济部长阿齐别克·科约舍夫在比什凯克举行的吉尔吉斯斯坦—土库曼斯坦政府间委员会会议上表示，2016年1月至5月，吉尔吉斯斯坦和土库曼斯坦的双边贸易增长了23.7%，达到520万美元。①

有学者认为，吉尔吉斯斯坦和土库曼斯坦之间的经贸合作不具有任何前景。吉土两国被乌兹别克斯坦和塔吉克斯坦分开，这阻碍了吉尔吉斯斯坦和土库曼斯坦两国开展合作。例如，2012年，吉尔吉斯斯坦打算从土库曼斯坦购买电力，但乌兹别克斯坦方面以技术困难为由，拒绝土库曼斯坦的电力通过其领土，吉尔吉斯斯坦被迫放弃了这一计划。吉尔吉斯斯坦经济部长科约舍夫表示，吉尔吉斯斯坦有兴趣加入伊朗、阿曼、土库曼斯坦、乌兹别克斯坦的国际运输走廊，以消除货物通过中亚的运输障碍。2010年10月，时任乌兹别克斯坦总统伊斯兰·卡里莫夫在阿什哈巴德启动了国际运输走廊的建设。2011年4月，伊朗、阿曼、土库曼斯坦和乌兹别克斯坦政府签署了《阿什哈巴德协议》。2016年4月，关于建立连接中亚和波斯湾港口的国际运输走廊的协议生效。2015年2月，协议参加国协调委员会会议批准哈萨克斯坦加入过境走廊。这条走廊从乌兹别克斯坦和土库曼斯坦经过伊朗的法拉布和萨拉克以及阿巴斯港到阿曼港口，大大提高了货物运输速度，降低了运输成本，简化和协调了官方文件和程序，并刺激了中亚国家和波斯湾国家之间的贸易。土库曼斯坦已开始建设符合国际标准的国际高速公路和国际机场。该国还在建设一个现代化的国际港口，可以通过里海运输任何货物。在该国际运输走廊的推动下，吉土两国关系获得进一步发展。

2021年6月27日，吉尔吉斯总统扎帕罗夫抵达土库曼斯坦，开启为期两天的国事访问。2021年是两国独立30周年，也是两国建交29周年，双方表示，此次谈判将成为两国关系史上的一个重要里程碑，为两国在政治、外交、经贸、人文等领域密切交往注入新的动力。土库曼斯坦总统表示，"此次访问框架内举行的所有活动，特别是双边会议，都是在建设性的、值得信赖的氛围中进行的，是吉尔吉斯斯坦—土库曼斯坦兄弟关系发展的历史阶段之一。为了两国人民的利益，吉尔吉斯共和

---

① Lidia Savina, "Kyrgyzstan and Turkmenistan Reviving Business Relations, International Business Council", International Business Council, September 07, 2016（http://www.ibc.kg/en/analysis/articles/2241_kyrgyzstan_and_turkmenistan_reviving_business_relations）.

国和土库曼斯坦之间的兄弟关系和战略伙伴关系将继续扩大和深化"①。吉尔吉斯斯坦与土库曼斯坦之间的关系具有战略性质，两国在经贸、教育、文化和体育等领域积极开展有利于两个友好国家共同利益的富有成效的合作。此外，两国外交部之间建立了定期联系机制，有助于提高政治外交互动的潜力。在扎帕罗夫总统访问土库曼斯坦的框架内举行了土库曼斯坦—吉尔吉斯斯坦经济论坛，两国商业界的代表签署了约20份向吉尔吉斯斯坦供应各种产品和进行生产的合同。政府间层面达成的协议有助于全面扩大土库曼斯坦和吉尔吉斯斯坦在运输、基础设施、能源、农业、投资项目等领域的关系。

在土库曼斯坦—吉尔吉斯斯坦扩大谈判结束时，举行了双边文件的签署仪式，两国签署了以下文件：《土库曼斯坦国防部和吉尔吉斯共和国紧急情况部2021—2025年预防和消除紧急情况领域合作行动计划》、《土库曼斯坦体育和青年政策部与吉尔吉斯共和国文化、新闻、体育和青年政策部关于青年政策领域的谅解备忘录》、《土库曼斯坦外交部与吉尔吉斯共和国外交部2021—2022年合作计划》、《土库曼斯坦政府与吉尔吉斯共和国部长内阁关于工业合作的协定》、土库曼斯坦与吉尔吉斯共和国内阁签署的《2021—2023年经贸合作计划》、《土库曼斯坦农业和环境保护部与吉尔吉斯共和国生态和气候国家委员会关于环境保护领域合作的谅解备忘录》等。②

在谈到吉土关系的理念基础时，两国元首强调，无论是对双边合作的重点和前景的看法上，还是对地区和国际发展趋势的看法上，两国关系的基础是相互理解。土库曼斯坦和吉尔吉斯共和国在维护全球和平与稳定、打击国际恐怖主义威胁、解决裁军问题和解决阿富汗局势等全球议程的关键问题上有着共同立场。会议指出，两国在联合国、欧洲安全和合作组织、独立国家联合体和经济合作组织等权威国际和区域组织中密切相互作用。别尔德穆哈梅多夫总统说，土库曼斯坦高度重视扩大和发展两国间的经贸关系，吉尔吉斯斯坦是一个重要和有前途的合作伙伴。

---

① "Turkmenistan and Kyrgyzstan Dynamically Develop Bilateral Relations", *Ministry of Foreign Affairs of Turkmenistan*, July 09, 2021 (https://www.mfa.gov.tm/en/news/2700).

② "Turkmenistan-Kyrgyzstan: To New Horizons of Strategic Partnership", *Neutral Turkmenistan*, No. 27 (496), 2021.

6. 中国

吉尔吉斯斯坦与中国是友好邻邦，友谊源远流长。吉中建交和边界问题解决后，两国在贸易、投资、地区事务、文化交流等方面保持了较为密切的联系。吉尔吉斯斯坦是中国"一带一路"倡议最早的支持者和参与者之一，两国在农业、基础设施建设和互联互通、贸易投资便利化等领域一直深化合作。

苏联解体前，随着20世纪80年代中苏关系正常化，吉尔吉斯斯坦就已经与中国建立了经济联系。戈尔巴乔夫的改革政策是吉尔吉斯斯坦与中国进行经济交往的一次重要历史实践。1988年7月15日，中苏两国签署了关于两国公民互通的协议，此后吉尔吉斯斯坦与中国新疆成为经济合作伙伴对象。在20世纪80年代末至90年代初进入吉尔吉斯斯坦的中国公民主要有两类：一类是到吉尔吉斯斯坦从事农业生产，特别是种植蔬菜的中国新疆居民，他们属于季节性移民，主要在楚河州和比什凯克周边地区劳动；另一类是把中国生产的服装、糖、酒等日用品贩卖给吉国的小商贩（俗称"倒爷"），他们大都在吉境内停留时间不长[1]。1990年代初，也有一些吉尔吉斯斯坦公民开始把中国商品贩运到吉尔吉斯斯坦，但自1990年代中期起，吉公民参与倒爷经济的难度加大，一方面是来自中国倒爷的竞争，另一方面则是中国企业和中吉合资企业在商品价格、运输成本和速度方面的优势越来越明显。

1992年1月5日，中国和吉尔吉斯斯坦正式建立了外交关系。中国与吉尔吉斯斯坦在中国西部新疆共有1063公里的边境线，在两国早期的外交讨论中，关于边界划分的争议最初是一个争议点。1996年7月4日，中吉两国签署了《中华人民共和国和吉尔吉斯共和国关于中吉国界的协定》；1999年8月25日，中吉哈三国在比什凯克签署了《中华人民共和国、吉尔吉斯共和国和哈萨克斯坦共和国关于三国国界交界点的协定》，确定三国国界交界点位于海拔6995米的汗腾格里峰上；1999年8月26日，为了明确和确定第21界点至终点之间已经达成一致的中吉两国界线走向，中吉两国签署了《中华人民共和国和吉尔吉斯共和国关于

---

[1] Амантур Жапаров, "Китайские Мигранты В Кыргызстане: Угроза Или Сотрудничество?" АКИpress, 05 Апреля 2012（http://www.akipress.org/kghistory/news：12171/）.

中吉国界的补充协定》；2000年7月5日，中吉塔三国在杜尚别签署了《中华人民共和国、塔吉克斯坦共和国和吉尔吉斯共和国关于三国国界交界点的协定》，确定三国国界交界点位于外阿赖山脉海拔6406米的无名山峰上。2004年9月，中吉两国正式签订两国国界线的勘定议定书。至此，中吉两国边界问题得到了完全解决。

吉尔吉斯斯坦是2001年在中国成立的上海合作组织最初的六个成员国之一，也是上海合作组织的前身"上海五国"的五个成员国之一。

1992年5月，中国和吉尔吉斯斯坦签署了双边投资协定，并于1995年9月生效。此后，中国对吉尔吉斯斯坦的投资主要分布在农业种植养殖、农产品和食品加工、石油天然气开采、有色金属采选、通信设备制造、工程承包、基建、运输、批发和零售业等领域。中国和吉尔吉斯斯坦于2002年6月24日在北京签订了《中华人民共和国和吉尔吉斯共和国政府关于对所得避免双重征税和防止偷漏税的协定》，于2003年3月29日生效。此后，中国和吉尔吉斯斯坦的双边经贸活动更加规范。

自2010年以来，中国与吉尔吉斯斯坦之间的经济活动大幅增长，中国逐渐成为吉尔吉斯斯坦最大的贸易伙伴和主要投资来源国。中国对吉尔吉斯斯坦的关注随着2013年"一带一路"倡议的出台而提高。吉尔吉斯斯坦东邻中国，西邻乌兹别克斯坦，对"一带一路"具有重要意义。吉尔吉斯斯坦是中国与中亚其他地区、西亚和欧洲连接的重要通道，是开放和确保通往该地区的贸易路线的关键。因此，中国迫切希望投资基础设施建设，改善交通互联互通，促进货物贸易便利化。中—吉—乌铁路将提供第一条从东到西的跨中亚铁路，连接更广泛的区域交通网络，以及在吉尔吉斯共和国边境省份纳伦州建设一个规模庞大的自由贸易区和物流中心。然而，该铁路项目迄今尚未完全贯通，而自由贸易区项目在吉尔吉斯斯坦当地民众抗议后被迫放弃。

在过去30年里，两国关系基本保持稳定和友好，但也并非没有紧张。吉尔吉斯斯坦国内的不稳定已经威胁到中国公民和投资的安全。频繁变动的政府也扰乱了吉中关系进展，而吉国内对外国投资项目的抗议，也影响着中国的投资者。尽管如此，中国在与吉尔吉斯斯坦的关系上保持了务实的立场，表示支持过去5年里的三任吉尔吉斯斯坦政府，并坚定承诺在该地区发展和投资。中国国家主席习近平在2021年2月会见吉尔吉斯新当选总统萨德尔·扎帕罗夫时，重申了中国对吉国政府的支持，希望吉尔吉斯实现稳定发展。他还强调，两国需要在国家安全与稳定以及经济、贸易、互联互通、农业等领域进行合作。中方将继续鼓励中国企业赴吉投资，欢迎吉农产品进口。2021年5月，中国向吉尔吉斯斯坦提供了5400万美元资金，支持其经济发展，并承诺提供15万剂疫苗，帮助抗击新冠病毒。

中国是吉尔吉斯斯坦最大的投资来源国，占外国直接投资近一半。此外，中国还是吉尔吉斯斯坦最大的债权国，持有吉尔吉斯斯坦40%以上的外债。2016年前8个月，中国在吉尔吉斯斯坦的投资达到1.2亿美元，比2015年同期增长57.5%。① 2019年，中国在吉尔吉斯斯坦投资3.01亿美元，其次是加拿大（1.15亿美元）、瑞士（1.03亿美元）和土耳其（7531万美元）。中国在吉尔吉斯斯坦的投资和经济合作项目包括交通、通信、电力、矿产资源开发、农业等。

吉尔吉斯斯坦第一副总理穆罕默特卡利·阿布尔加济耶夫说，中国是吉尔吉斯斯坦的主要贸易伙伴之一，中国的投资极大地促进了该国的经济发展。双方签署了关于贸易和投资、农业、林业、建筑、创新以及进出口产品检验等方面合作的联合议定书。

中国投资者在吉尔吉斯斯坦很活跃。中国在吉国成功的主要投资项目，包括楚河州的中大炼油厂和托克马克炼油厂、河左岸塔尔迪布拉克矿藏、南北汽车公路的建设、比什凯克热电厂的重建、比什凯克街道网络的修复以及在吉国南部的奥什建设一个酒店。

吉尔吉斯斯坦的大部分产品出口到欧亚经济联盟，特别是俄罗斯和哈萨克斯坦的市场。中国是吉尔吉斯斯坦的第二大贸易伙伴，仅次于俄罗斯。两国间的贸易严重不平衡。吉尔吉斯斯坦经济部副部长阿尔马兹·列特科夫说，吉尔吉斯斯坦的进口超过了出口。中国在吉尔吉斯斯坦的贸易总额中所占的份额约为30%，但吉国对中国的出口占2.1%，

---

① "Kyrgyzstan and China to Boost Investment, Trade", International Business Council, October 15, 2016 (http://www.ibc.kg/en/analysis/articles/2299_ kyrgyzstan_ and_ china_ to_ boost_ investment_ trade_).

进口占 25.2%。①

中国是吉尔吉斯斯坦最大的进口贸易伙伴，也是近 10 年来增长最快的进口市场。在出口方面，中国在 2019 年成为吉尔吉斯斯坦第 6 大贸易伙伴。中吉建交以来，双边贸易呈上升趋势。根据中国海关总署的数据，2019 年，中吉贸易额达 63.7 亿美元，同比增长 13.15%。2019 年，中国对吉尔吉斯斯坦出口额达 63.1 亿美元。中国出口的主要产品有服装及服装辅料、鞋、靴、护腿及配件、棉、化纤长丝、机械工具及配件等。相应地，2019 年吉尔吉斯斯坦向中国出口了 6596 万美元，主要包括矿石、矿渣和灰渣、铜、生皮和皮革、矿物燃料、矿物油、羊毛和其他动物毛、水果等。②

2019 年 6 月 12 日，中国国家主席习近平抵达比什凯克，开始对吉尔吉斯共和国进行国事访问并出席上海合作组织成员国元首理事会第十九次会议。6 月 13 日，中国和吉尔吉斯斯坦在比什凯克发表声明，同意进一步发展双边全面战略伙伴关系。③ 为落实两国领导人 2019 年 6 月在经贸领域达成的协议，推进共建"一带一路"合作，本着主权平等、互利合作的原则，兼顾各方国家利益，进一步深化全面战略伙伴关系，2022 年 7 月两国政府签署了《吉尔吉斯共和国与中华人民共和国 2030 年前政府间经贸合作中长期发展纲要》。该发展纲要的主要目标是"发展全面经贸合作；促进相互贸易；加强贸易政策协调；贸易自由化；确保资本自由流动；扩大投资合作；发展海关、信息通信、运输和物流基础设施的互联互通；发展工业合作和生产链；推动和支持吉尔吉斯斯坦与中国就共建'一带一路'开展合作的倡议"④。

---

① "Kyrgyzstan and China to Boost Investment, Trade", International Business Council, October 15, 2016 (http://www.ibc.kg/en/analysis/articles/2299_kyrgyzstan_and_china_to_boost_investment_trade_).

② "China and Kyrgyzstan: Bilateral Trade and Future Outlook", China Briefing, August 27, 2021 (https://www.china-briefing.com/news/china-and-kyrgyzstan-bilateral-trade-and-future-outlook/).

③ "China, Kyrgyzstan to Boost Trade, Economic Cooperation", CGTN, June 13, 2019 (https://news.cgtn.com/news/2019-06-13/China-Kyrgyzstan-to-boost-trade-economic-cooperation-Huq5FRKL16/index.html).

④ Министерство Экономики И Коммерции Кыргызской Республики, *Программа Торгово-экономического Сотрудничества С КНР До 2030 г*, Бишкек, 2022, с.1–2.

吉尔吉斯斯坦支持中方提出的"一带一路"倡议，并同中方达成共识，在"一带一路"框架下实施重大项目，将有力促进两国关系，巩固区域合作。习近平主席表示，共建"一带一路"已成为中吉合作的重要内容，双方将对接发展战略，挖掘合作新潜力。吉方表示并相信，习主席构建人类命运共同体的愿景具有划时代和历史意义。

习近平主席在2019年讲话中表示，中方欢迎吉企业积极参加中国国际进口博览会，愿购买更多吉优质农产品。同时，中方将继续为吉发展经济、改善人民生活提供力所能及的帮助和支持。例如，为帮助吉尔吉斯斯坦改善不发达的基础设施，中国支持在吉尔吉斯斯坦实施几个重大基础设施项目，因为不发达的基础设施阻碍了吉尔吉斯斯坦作为中国和西方市场之间货物和游客潜在中转枢纽的优势。随着共建"一带一路"倡议的不断推进，中吉合作前景广阔。

三　民众对吉尔吉斯斯坦与主要国家关系的评价

民众对本国与其他国家关系的感知和评价也从一个侧面体现着国家外交政策和对外交往的现实状况。在吉尔吉斯斯坦，时常有一些境内外组织对吉民众开展民意调查，对相关国家的评价是其中的重要内容之一。

2005年11月，按照俄罗斯欧亚研究所吉尔吉斯斯坦代表处的要求，吉尔吉斯斯坦"艾尔—比吉尔"民意研究中心就外国军事和政治在本国的存在问题对吉尔吉斯斯坦民众和政治精英进行了代表性调查。结果显示，吉尔吉斯斯坦民众对心目中的"朋友"的排序是俄罗斯（84%）、哈萨克斯坦（38%）、乌兹别克斯坦（9%）、美国（5%）。对"敌人"的排序是中国（23%）、美国（21%）、阿富汗（11%）。与此同时，在吉尔吉斯斯坦南部，民众将美国视为对手的比例明显更多，为25%。美国在吉尔吉斯斯坦被视为一个"富""强""远"的国家，它"帮助吉尔吉斯斯坦是为了提高自己的影响力"，特别是为了实现"世界霸权"（30%）和在中亚扩张（15%）。俄罗斯在吉尔吉斯斯坦被视为"朋友""富裕""强大"的国家，它向吉尔吉斯斯坦提供"无私帮助"且"不构成危险"，其目标被认为是"向国家提供援助"（43%）、"建立稳定的政府"（18%）。79%的人支持与俄罗斯的双重国籍。

受访者认为，吉尔吉斯斯坦存在的外国军事基地有以下积极作用：俄罗斯军事基地——"增加吉尔吉斯斯坦的安全"（26.7%），"为国库带来额外收入"（17.3%），创造"额外就业岗位"（15.6%），"有助于减少恐怖主义威胁"（12.3%）；美国军事基地——增加收入（21.7%），提高安全（17.7%），减少恐怖主义威胁（14.5%），创造就业岗位（11.2%）。消极影响有：俄罗斯军事基地——"使环境恶化"（27.4%），"使其依赖俄罗斯"（11.1%）；美国军事基地——"使环境恶化"（32.4%），"使其依赖美国"（14.5%），"使其与伊斯兰国家的关系复杂化"（13.9%），"使其与俄罗斯和上海合作组织的关系复杂化"（9.4%）。吉尔吉斯斯坦北部36%的受访者和吉尔吉斯斯坦南部51%的受访者赞成扩大外国军事存在。19%的受访者提议关闭外国军事基地，1%支持加强美国军事基地，28%支持加强俄罗斯军事基地。与此同时，74%的受访者坚决反对中国在吉尔吉斯斯坦部署军事基地。吉尔吉斯斯坦北部68%的受访者和南部74%的受访者反对在开发地下资源和矿产资源方面给予中国优惠待遇。①

2021年8月，为了解吉尔吉斯斯坦民众对某些国家的态度以及他们如何评估吉尔吉斯斯坦与其他国家的合作，"美国国际共和研究所"调查研究洞察力中心也进行了一次民意调查。结果显示，至少38%的受访者对吉尔吉斯斯坦和俄罗斯之间的合作非常满意，另外52%的人认为这种关系在某种程度上是好的，只有5%的人认为这种关系在某种程度上是坏的。60%的受访者认为吉国与土耳其的关系相当好，33%的人认为非常好。至于哈萨克斯坦，62%的受访者认为两国关系可以归类为良好，22%的人认为非常好。17%的受访者表示，吉尔吉斯斯坦与乌兹别克斯坦的合作进展良好，至少66%的人倾向于相信两国的关系在某些方面很好。4%的受访者认为与美国的合作进展非常糟糕，约38%的人认为不好也不坏。至少28%的人强调与欧盟的关系没有任何发展，26%的人同样认为与中国的关系没有发展，33%的人认为与日本的关系没有发展。至少55%的吉尔吉斯斯坦人认为与塔吉克斯坦的关系不好，约51%的受访者对吉尔吉斯斯坦当局继续与塔吉克斯坦建立互动的方式不满意，只

---

① "Итоги Соцопроса：Главные 'Недруги' Киргизии-Китай И США"，ЦентрАзия，July 21，2005（https：//centrasia.org/newsA.php？st=1133902920）.

有1%的人认为与塔吉克斯坦的关系发展良好。①

第三节　国际组织中的吉尔吉斯斯坦

参与国际组织既是一个国家参与国际事务、开展多边外交的重要平台，也是实现政权合法性、展现自身形象的有效途径。自独立以来，吉尔吉斯斯坦参与各种国际组织。据吉尔吉斯斯坦政府统计，吉尔吉斯斯坦参与的国际组织和一体化组织已达124个，这些组织涵盖政治、金融、贸易、农业、移民、能源、安全、交通运输、卫生保健、自然灾害防治等各个领域，其目标是实施外交政策优先事项。例如，吉尔吉斯斯坦政府计划扩大与联合国的项目合作，以实现国家层面的可持续发展目标、抗击冠状病毒大流行、适应气候变化等。② 这里，我们主要按照地域空间和成员属性对一些国际组织进行划分，并介绍吉尔吉斯斯坦在其中的表现和作用。

一　后苏联空间内的国际组织

在后苏联空间方向，吉尔吉斯斯坦参与的区域性国际组织主要是独联体、集体安全条约组织和欧亚经济联盟。

1. 独联体

独立国家联合体（简称"独联体"）始建于1993年9月24日，是后苏联地区多边合作的传统组织之一。现阶段，独联体对于苏联解体后大多数传统关系的保存具有积极影响，有利于独联体成员国各领域合作问题的解决，对地区稳定发挥着重要作用。

自独联体成立以来，吉尔吉斯斯坦就一直主张加强本组织内部的合作、扩大经贸联系、维护共同的人文空间、加强安全和法律制度领域的

---

① "At Least 55 Percent of Kyrgyzstanis Consider Relations with Tajikistan as Bad"，«24. kg» News Agency, August 27, 2021（https：//24.kg/english/205360_At_least_55_percent_of_Kyrgyzstanis_consider_relations_with_Tajikistan_as_bad/）.

② Кабинет Министров КР, Национальная Программа Развития Кыргызской Республики До 2026 Года，Бишкек，2021，с. 84.

互动。参与独联体框架下的一体化进程是吉尔吉斯斯坦对外政策活动的重要方向之一。整体而言,这种合作的经验对于该国外交政策和经济的形成和发展是有益的。吉尔吉斯斯坦参加了独联体的多个条约机构——国家元首理事会、国家政府首脑理事会、外长理事会、经济理事会,以及独联体的 69 个分支机构,从而促进了与其他独联体成员国在外交政策、经贸和金融领域、文化人文领域以及安全和法律关系问题上的进一步合作。

2016 年在担任独联体轮值主席期间,吉尔吉斯斯坦提出的主要优先目标是在平等、信任、相互理解和睦邻友好原则的基础上进一步加强独联体成员国之间的全面建设性互动、在对独联体各分支机构活动的有效性和实际利益进行评估的基础上优化和改革独联体分支机构、消除职能和任务重叠、为分支机构的活动创造一种更加经济的机制。关于优化独联体的问题,吉尔吉斯斯坦明确提出了自己的立场,即对独联体改革问题必须采取平衡和务实的态度。在吉方的提议下,独联体通过了一项关于最大程度地减轻独联体最高机构议程工作的决定,并优化和精减了部门机构及秘书处,建立了更加经济的活动机制。

吉尔吉斯斯坦在独联体内坚持的一贯立场是进一步深化独联体的一体化,因为独联体是一个原苏联国家就广泛关心的问题进行互动的最大的对话平台。与此同时,吉尔吉斯斯坦支持独联体转型并进一步改革其分支机构,包括缩减冗余结构、降低活动和设备维护费用,同时坚持对这些问题采取平衡和务实态度。①

值得注意的是,在俄罗斯的推动下,近年来独联体国家国防部长委员会下属的防空协调委员会正在抓紧建立统一区域防空系统。独联体联合防空系统的兵力包括 19 个航空部队、38 个防空导弹部队、15 个无线电工兵部队、9 个防空旅和 3 个电子战部队。这些部队和资产由各国国家司令部管理,联合行动由防空协调委员会主席协调。目前,俄罗斯把吉尔吉斯斯坦、哈萨克斯坦和亚美尼亚视为首批建立统一区域防空系统

---

① "О сотрудничестве Кыргызской Республики В Рамках СНГ", Министерство Иностранных Дел Кыргызской Республики, 17 Октября 2018 (https: // mfa. gov. kg/ru/osnovnoe-menyu/vneshnyaya-politika/mezhdunarodnye-organizacii/sng/o-sotrudnichestve-kyrgyzskoy-respubliki-v-ramkah-sng).

的对象。俄罗斯和吉尔吉斯斯坦关于建立统一区域防空系统的协议草案已进入国内协调程序。①

2. 集体安全条约组织

集体安全条约组织是一个区域性国际组织，其主要活动是在外交政策、军事和军事技术领域开展合作。目前，集体安全条约组织成员国有吉尔吉斯斯坦、俄罗斯、塔吉克斯坦、哈萨克斯坦、白俄罗斯和亚美尼亚。集安组织的活动遵循以下原则：政治手段优先于军事手段、严格尊重独立、自愿参与、成员国权利和义务平等、不干涉成员国主权管辖范围内的事项。为在解决国际安全问题上形成共同立场，集安组织积极对其成员国驻国际组织的代表进行集体指导。集安组织开展军事合作的目的是，通过支持和使确保每个成员国的国防潜力、集体安全系统力量和手段能够完成预定使命并能及时应对集安组织成员单个国家和集体安全的可能挑战和威胁，保障本组织集体的和单个成员国的安全。

集安组织的优先活动领域是进行外交政策领域的合作，发展和完善军事部门，打击国际恐怖主义、极端主义和非法贩运毒品、武器及其他威胁，以及为维护稳定和加强和平与国际组织和第三国开展合作。

驻扎在吉尔吉斯斯坦坎特市境内的俄罗斯军事基地是中亚地区集体安全条约组织成员国集体快速反应部队的组成部分。对吉尔吉斯斯坦而言，集安组织是该地区军事一体化的主要平台，并有利于共同解决安全问题、维护该地区的和平与稳定。吉尔吉斯斯坦希望在军事政治、军事技术和安全领域发展和加强区域合作，以维持欧亚空间的稳定。

2018年11月8日在阿斯塔纳召开的集体安全条约组织成员国首脑集体安全理事会会议上，吉尔吉斯斯坦作为下一任轮值主席，基于连续性和国家利益原则，提出了其任职期间的主要合作领域，包括扩大外交政策互动领域的合作、加强集安组织预防（解决）危机局势的能力、改进对集安组织部队（集体部队）的训练和使用、发展军事经济（技术）

---

① "Russia and Kyrgyzstan Agree Project on Unified Air Defense System"，«24. kg» News Agency，Сентября 01，2021（https：//24. kg/english/205665_ _ Russia_ and_ Kyrgyzstan_ agree_ project_ on_ unified_ air_ defense_ system）.

合作、积极应对现代挑战和威胁、加强集安组织活动的信息保障。①

2021年9月，吉尔吉斯斯坦总统萨德尔·扎帕罗夫接见了集体安全条约组织秘书长斯坦尼斯拉夫·扎斯。双方讨论了本组织内部互动、确保地区安全与稳定以及在杜尚别举行的集体安全条约组织峰会等热点问题。萨德尔·扎帕罗夫指出，吉尔吉斯斯坦特别重视集体安全条约组织成员国之间的合作，并将其作为本地区安全的保障。他认为，在该组织负责的领域面临着日益严重的威胁，需要密切合作。必须做好充足的准备，以消除风险，并在必要时迅速作出反应。斯坦尼斯拉夫·扎斯对同萨德尔·扎帕罗夫的会晤表示满意，强调就该区域的局势而言，会晤是必要的。②

3. 欧亚经济联盟

2014年5月24日，俄罗斯、白俄罗斯和哈萨克斯坦签署了《欧亚经济联盟条约》，2015年1月2日，亚美尼亚正式加入了欧亚经济联盟，2015年8月12日，吉尔吉斯斯坦成为欧亚经济联盟第五个成员国。

欧亚经济联盟的主要目标是为改善成员国生活水平、促进成员国经济稳定发展创造条件；致力于在成员国内形成统一的商品、服务、资本和劳动力市场；实现成员国的全面现代化，形成合作机制并提高国民经济在全球经济中的竞争力。欧亚经济联盟的最高机构是欧亚经济高级理事会，由成员国国家元首组成。其他主要机构有欧亚政府间理事会、欧亚经济联盟法院、欧亚经济委员会等。欧亚经济委员会是欧亚经济联盟的常设协调机构，是一个两级机构，分为理事会和执行委员会。欧亚经济委员会理事会成员由联盟成员国的副总理级别官员出任，执行委员会成员由成员国的部长级别官员担任。除执行委员会之外，欧亚经济联盟的所有机构都采取协商一致原则，每个成员国对欧亚经济高级理事会、欧亚政府间理事会和欧亚经济委员会理事会框架内的决定都享有否决权。执行委员会理论上可以

---

① "О Сотрудничестве Кыргызской Республики В Рамках ОДКБ", Министерство Иностранных Дел Кыргызской Республики, 21 Сентября 2018 Года（https：//mfa. gov. kg/ru/osnovnoe-menyu/vneshnyaya-politika/mezhdunarodnye-organizacii/odkb/o-sotrudnichestve-kyrgyzskoy-respubliki-v-ramkah-odkb）.

② "Sadyr Japarov Meets with CSTO Secretary General Stanislav Zas", «24. kg» News Agency, September 01, 2021（https：//24. kg/english/205724_ Sadyr_ Japarov_ meets_ with_ CSTO_ Secretary_ General_ Stanislav_ Zas/）.

按照超过三分之二的多数原则做出决定，但所有具有政治敏感性的议题都由高级理事会讨论和决定，不列入执行委员会讨论议程。

加入欧亚经济联盟，符合吉尔吉斯斯坦的国家利益，有利于保障吉尔吉斯斯坦商品、服务、资本和劳动力资源的自由跨境流动，从而为国民经济的稳定发展创造条件。

热恩别尔科夫担任总统期间的主要外交政策之一就是继续密切实施与欧亚经济联盟构架的一体化方针。在他在位期间，吉与欧亚经济联盟成员国之间的年度贸易总额基本上保持在23亿—26亿美元之间。受COVID-19影响，2020年1—8月，吉与欧亚经济联盟国家的贸易总额比2019年同期减少了19.4%，为15亿美元。①

2021年8月，欧亚政府间理事会定期会议在乔尔蓬阿塔市举行。欧亚经济联盟各成员国总理讨论了COVID-19对欧亚联盟经济的影响、存在的问题和解决办法。吉尔吉斯斯坦内阁部长乌鲁别克·马里波夫表示："欧亚经济联盟在商品、服务、资本和劳动力的自由流动方面仍有许多不足之处，阻碍着单一经济空间的构建。希望在欧亚经济联盟内实现商品、服务、资本、人力资源自由流动的目标。最近欧亚政府间理事会在查明障碍和消除障碍方面的作用下降，这不利于实现欧亚一体化。"② 俄罗斯联邦政府主席米哈伊尔·米舒斯京表示支持，认为五国需要继续积极努力，消除阻碍商品、服务、资本和劳动力自由流动的障碍。

二 跨区域型的国际组织

吉尔吉斯斯坦位于中亚地区，发展与中亚地区周边国家的关系也是其外交政策内容之一，参加像经济合作组织、上海合作组织这样的跨区域型国际组织有利于吉尔吉斯斯坦拓宽外交领域、开展多边外交。

1. 经济合作组织

经济合作组织成立于1985年，其前身是伊朗、巴基斯坦和土耳其于

---

① "Итоги Деятельности Сооронбая Жээнбекова На Посту Президента Киргизии"，*Тасс-досье*，16 Октября 2020 Года（https：//tass.ru/info/9735277）.

② Tatyana Kudryavtseva，"Eurasian Integration：Pandemic Risks, Barriers and Benefits for Kyrgyzstan"， «24.kg» News Agency，August 24，2021（https：//24.kg/english/204967_Eurasian_integration_Pandemic_risks_barriers_and_benefits_for_Kyrgyzstan/）.

1977年成立的"区域合作与发展组织"。1992年之前,经济合作组织框架内的合作主要是双边合作。自1992年以来,由于吉尔吉斯斯坦、哈萨克斯坦、塔吉克斯坦、土库曼斯坦、乌兹别克斯坦、阿塞拜疆和阿富汗7个国家的加入,经济合作组织的活动大大增强。

在秘书长和副秘书长的监督下,经济合作组织秘书处通过各部门开展活动,各部门负责审议和制定下列这些领域内互惠互利的项目和计划:贸易和投资、运输和电信、能源、矿产资源和环境保护、农业、工业和旅游业、人力资源和可持续发展、经济研究与统计、国际关系。外长理事会是决定本组织政策和做出决定的主要机构,由成员国外交部长或成员国政府任命的代表组成。秘书长由外长理事会选举和任命,任期三年,且不能连任。

经济合作组织的目标有:(1)促进成员国经济的可持续发展;(2)逐步消除贸易壁垒,促进区域内贸易;提高经济合作组织地区在世界贸易中的作用;使成员国经济体系逐步融入全球经济;(3)发展运输和通信基础设施,使成员国之间以及成员国与国际社会之间实现联通;(4)实施经济自由化和私有化;(5)动员并利用经济合作组织地区的物质资源;(6)有效利用经济合作组织地区的农业和工业潜力;(7)在麻醉品管制、生态和环境保护以及加强经济合作组织地区各国人民之间的历史文化联系方面进行区域合作;(8)与区域性组织和国际组织开展互利合作。

经济合作组织基于主权平等、相互尊重和成员伙伴关系的原则进行合作,其主要任务是通过在社会文化和科学技术发展等各个方面建立互利的区域内经济合作与互助,为本区域国家经济发展并分阶段地不断融入世界经济关系体系创造良好条件。在经济合作组织框架内的主要合作方向中,贸易和投资、运输和通信以及能源对吉尔吉斯斯坦而言是最优先事项。吉尔吉斯斯坦认为,经济合作组织是一个基于广大区域各国共同经济利益进行多边合作和各成员国之间发展双边关系的平台。①

---

① "Сотрудничество Кыргызской Республики В Рамках Организация Экономического Сотрудничества (ОЭС)", Министерство Иностранных Дел Кыргызской Республики, 17 Октября 2018 (https://mfa.gov.kg/ru/osnovnoe-menyu/vneshnyaya-politika/mezhdunarodnye-organizacii/oes/r-i-oes).

2. 上海合作组织

吉尔吉斯斯坦是上海合作组织（简称"上合组织"）的创始成员国之一，上合的前身是中国、俄罗斯、哈萨克斯坦、吉尔吉斯斯坦、塔吉克斯坦成立的上海五国机制。上合组织是2001年随着乌兹别克斯坦的加入而成立。上合组织的主要目标是在政治、经贸、文化教育和其他领域促进有效的区域合作，并维护和确保该区域的和平、安全与稳定。

吉尔吉斯斯坦积极参与上合组织框架内的合作。如，吉尔吉斯斯坦最先提出了建立上合组织区域反恐框架的想法，2002年10月中吉两国在边境地区举行了联合反恐军事演习，这是上合组织框架内首次举行的双边联合军事演习。吉尔吉斯斯坦努力促进上合组织的全面合作。特别是在2012—2013年担任上合组织轮值主席期间，吉尔吉斯斯坦召开了两次上合组织高级会议，即2012年12月上海合作组织成员国总理第十一次会议和2013年9月上合组织成员国元首理事会，这是史无前例的。2016年吉尔吉斯斯坦举办了上海合作组织成员国第十三次会议政府首脑（总理）理事会、上合组织经贸部长会议、上合组织财政部长和央行行长会议。2017年6月，吉尔吉斯斯坦总统参加了在哈萨克斯坦阿斯塔纳举行的上合组织成员国元首理事会，与其他各成员国领导人共同签署了《阿斯塔纳宣言》《新闻公报》《上海合作组织反极端主义公约》、7项国家元首决定、旅游纲要实施计划、上合组织秘书处与红十字会国际委员会合作备忘录、共同打击恐怖主义国家元首声明等文件，并完成了印度和巴基斯坦成为上合组织正式成员国的程序。在此次峰会期间，吉尔吉斯斯坦总统还提出了将上合组织银行设在比什凯克的建议。2017年11月至12月在俄罗斯索契举办的上合组织成员国政府首脑（总理）理事会第十六次会议上，吉尔吉斯斯坦总理提出了建设数字丝绸之路的建议，并表示希望中国—吉尔吉斯斯坦—乌兹别克斯坦铁路建设项目早日启动。2018年6月吉尔吉斯斯坦总统出席了在青岛举办的第十八次上海合作组织峰会。此次峰会签署了一系列关于上合组织进一步发展的联合文件，批准了包括《青岛宣言》在内的政治、经济、文化人文领域以及安全和外部联系领域的文件。会议结束后，吉尔吉斯斯坦接任上合组织轮值主席。

在担任2018—2019年度上合组织轮值主席期间，吉尔吉斯斯坦重点关注以下优先领域：（1）进一步巩固和发展作为区域性国际组织的上合组织，增强其在世界舞台上的威望和影响力，进一步协调上合组织成员国的外交活动；（2）利用上合组织平台，维护和促进吉尔吉斯斯坦的外交政策利益；（3）落实商定措施，提高上合组织各机构及其合作机制的活动有效性；（4）为上合组织空间内的一体化进程和互利合作提供政治支持；（5）在打击恐怖主义，极端主义，非法贩运麻醉品、精神药物及其原材料，人口贩卖和非法移民等领域开展合作，加强上合组织框架下的专门机制建设；（6）扩大上合组织在人文领域的合作；（7）恢复上合组织成员国议会合作。为了有效完成这些任务，在担任轮值主席期间，吉尔吉斯斯坦推动成员商定并批准了一个包括在政治和经贸领域实施约40项措施的行动计划、一个涉及筹备礼宾问题的计划和一个单独的人文活动计划。根据这些计划以及《上海合作组织2019年行动计划》，在吉尔吉斯斯坦担任上合组织轮值主席框架下，在吉尔吉斯斯坦境内及其他成员国境内共召开了60次部长级和专家级会议。

2019年6月在比什凯克举办的上海合作组织成员国元首理事会第十九次会议，取得了丰硕的成果。上合组织成员国国家元首、观察员国元首、多个国际组织负责人以及上合组织常设机构负责人出席了比什凯克峰会。峰会上，元首们回顾了2018年青岛峰会成果的执行情况，讨论了在当前世界政治和经济进程背景下上合组织进一步发展的优先任务。各方协商一致后签署了《比什凯克宣言》，并通过了22份文件，这是上合组织有史以来签署文件最多的一次会议。在这次会议上，吉尔吉斯斯坦总统热恩别科夫还提出了一些措施，旨在把上合组织打造成具有权威性的区域组织。这些措施有：（1）成立一个上合组织打击经济犯罪机构；（2）加强经济安全领域合作；（3）继续实施数字化和信息通信技术领域内的构想以及区域间合作方案；（4）继续磋商建立上合组织开发银行，包括向本币结算过渡；（5）发展上合组织的经济功能，包括通过商业理事会和跨银行联盟；（6）发展农业部门，生产和加工环保农产品；（7）扩大上合组织与区域经济一体化组织的国际联系；（8）建立上合组织国家与丝绸之路国家文化融合中心；（9）建立上合组织成员国议会间合作机制；（10）进一步加强青年理事会参与上合组织活动的积极性；（11）加强实施中国—吉尔吉斯斯坦—乌兹别克斯坦铁路项目工作。总之，比什凯克峰会的成功举办，为在上合组织框架内讨论和进一步解决关切彼此利益的问题、就与会国政治、经贸和人文领域合作问题以及上合组织自身的发展前景交换意见，提供了一次良好的机会。此外，上合组织平台还为实现本组织既定目标提供了机会，包括在与上合组织国家的双边合作框架下，将上合组织国家元首参加峰会与对吉尔吉斯斯坦进行双边访问相结合，如中国国家主席习近平和印度总理莫迪对吉尔吉斯斯坦进行的国事访问，俄罗斯总统普京对吉尔吉斯斯坦进行的工作访问。

2019年11月，吉尔吉斯斯坦总统出席了在乌兹别克斯坦塔什干举行的上合组织成员国政府首脑会议（总理）理事会第十八次会议，并与各国元首一起签署了14份文件。在此次峰会上，各国元首就世界和地区经济发展问题交换了意见，讨论了上合组织框架下的经贸和人文合作问题，并发表了联合公报。吉尔吉斯斯坦在此次峰会上强调了以下内容：（1）为进一步深化上合组织框架内的经贸合作，吉方提议加快设立上合组织银行和上合组织发展基金；（2）吉方强调，它将为中—吉—乌铁路项目的实际实施作出积极贡献；（3）吉方建议加强信息技术领域合作，并愿意与伙伴国积极推动这一领域的合作；（4）为落实吉方在2019年6月上合组织比什凯克峰会上提出的倡议，吉方指出必须进一步开展工作，建立一个上合组织打击经济犯罪的机构。

此外，吉尔吉斯斯坦还积极参与了上合组织大学的建设项目。吉尔吉斯斯坦拉扎科夫国立技术大学（能源学）、吉尔吉斯伊萨诺夫国立建筑交通大学（信息技术）、吉尔吉斯巴拉萨根民族大学（区域学）、比什凯克卡拉萨耶夫人文大学（区域学）、奥什国立大学（能源学）、奥什阿德舍夫理工大学（生态学）、吉尔吉斯斯克里亚宾国立农业大学（生态学）、吉尔吉斯国立阿拉巴耶夫大学（区域学）8所院校成为上合组织大学外方项目院校。

吉尔吉斯斯坦根据其国家利益和经济机会参与上合组织的活动，它将继续以务实的态度参与上合组织的工作。在这种情况下，吉尔吉斯斯坦参加上合组织是由于客观上希望扩大与上合组织伙伴国的互动关系。与印度、中国、俄罗斯和邻国在同一平台上的活动是吉尔吉斯斯坦外交政策多元化的要素之一，而这种多元化正支撑着该国国内局势的稳定。

上合组织的合作是吉尔吉斯斯坦多边外交的优先方向之一。① 吉尔吉斯斯坦会继续积极参加上合组织的各项活动，并提出一些建设性意见。

三 具有民族宗教特性的国际组织

在民族宗教信仰状况方面，吉尔吉斯斯坦是一个以操突厥语和伊斯兰教信仰为主的国家，这种客观情况成为吉尔吉斯斯坦参与相关国际组织的有利条件。

1. 突厥语国家组织

突厥语国家组织的前身是 2009 年由土耳其、阿塞拜疆、哈萨克斯坦和吉尔吉斯斯坦成立的突厥语国家合作委员会。突厥语国家合作委员会是一个政府间组织，其目标是促进突厥语国家之间的全面合作。2018 年 9 月匈牙利获得了观察员国地位，2019 年 9 月乌兹别克斯坦总统签署法令，以成员国身份正式加入突厥语国家合作委员会。2021 年 11 月，第八届突厥语国家合作委员会领导人峰会在伊斯坦布尔召开。会议决定将突厥语国家合作委员会提升到国际组织的地位，将其更名为"突厥语国家组织"。吉尔吉斯斯坦与土耳其、阿塞拜疆、哈萨克斯坦、乌兹别克斯坦顺理成为新组织的成员国，匈牙利顺理成为观察员国，土库曼斯坦则被接纳为观察员国。

2018 年 9 月至 2019 年 10 月，吉尔吉斯斯坦担任突厥语国家合作委员会轮值主席国。2018 年 9 月 3 日，在吉尔吉斯共和国总统热恩别科夫的主持下，第六届国家元首峰会在乔尔蓬阿塔市举行。此次峰会具有较高的组织性和实用性。除了突厥语国家合作委员会成员国的所有首脑之外，乌兹别克斯坦共和国总统米尔齐约耶夫和匈牙利总理奥本首次作为贵宾参加了此次峰会。会议签署了《第六届元首峰会宣言》《关于给予匈牙利突厥语国家合作委员会观察员地位的决定》《关于改革突厥语国家合作组织的决定》《关于任命突厥委员会秘书长、副秘书长、突厥研究院院长的决定》，并通过了由吉尔吉斯斯坦方面发起的关于《钦吉

---

① "Сотрудничество Кыргызской Республики В Рамках Шанхайской Организации Сотрудничества", Министерство Иностранных Дел Кыргызской Республики, 13 Января 2020 Года (https：//mfa. gov. kg/ru/osnovnoe-menyu/vneshnyaya-politika/mezhdunarodnye-organizacii/shos/sotrudnichestvo-kyrgyzskoy-respubliki-v-ramkah-shanhayskoy-organizacii-sotrudnichestva).

兹·艾特玛托夫诞辰90周年》和《关于在民族体育项目和青年领域发展合作》的国家元首联合声明。

在2021年11月举行的第八届元首峰会上,吉尔吉斯斯坦总统扎帕罗夫在向峰会与会者致辞时提议建立"中亚—世界领土"平台。他说,"这首先与阿富汗最近几个月的事态发展有关。这是中亚的一个问题。我们当然希望通过双边投资条约和平解决所有问题。如果阿富汗局势恶化,将直接影响中亚国家,对我们来说,没有什么比和平更珍贵的了"。吉尔吉斯斯坦国家元首表示,当前全球地缘政治形势依然紧张,在这方面,比什凯克向"突厥世界"和整个国际社会提出了建立"中亚—世界领土"平台的想法。①2022年11月在突厥语国家组织元首峰会上,扎帕罗夫强调:"我们各国的经济还没有从冠状病毒的负面影响中完全恢复过来,由于国际紧张局势,我们正在经历新的冲击。面对目前的危机,我们各国需要进一步密切合作,扩大本组织内部的贸易关系,并寻找新的供应链。我想指出的是,2021年吉尔吉斯斯坦与突厥语国家组织其他国家的贸易额增长了40%。为了增加进出口,必须优化贸易结构,建立出口导向型联合生产,发展投资联系。""我们知道,力量在于团结。吉尔吉斯斯坦作为"突厥世界"不可分割的一部分,将继续积极努力,在相互理解和支持的基础上加强突厥兄弟般的关系。"②吉尔吉斯斯坦领导人像其他中亚国家的统治精英一样,并不希望建立一个政治上统一的突厥语国家。他们为自己的国家选择了国家独立的道路,同时又倾向于突厥语国家之间的相互接近,但前提是这不会威胁到他们的主权。

2. 伊斯兰合作组织

伊斯兰合作组织是一个由伊斯兰国家组成的国际组织,其前身是伊斯兰会议组织。1969年9月25日,在摩洛哥拉巴特举行的伊斯兰国家元首和政府首脑首次会议上,沙特阿拉伯国王费萨尔·本·阿卜杜勒·

---

① "Тюркский Совет Переименовали В Организацию Тюркских Государств",ТАСС,13 Ноября 2021 Года(https://tass.ru/mezhdunarodnaya-panorama/12912505).

② "Садыр Жапаров Выступил На Девятом Заседании Саммита Лидеров Стран-участниц Организации Тюркских Государств",Кабар,11 Ноября 2022 Года(https://kabar.kg/news/sadyr-zhaparov-vystupil-na-ix-zasedanii-sammita-liderov-stran-otg-v-samarkande/?ysclid=ln9mbvc0q7204427750).

阿齐兹·阿勒沙特和摩洛哥国王哈桑二世共同倡议成立伊斯兰会议组织，作为对以色列当局挑衅耶路撒冷阿克萨清真寺的回应。最初，伊斯兰会议组织包括亚洲和非洲的25个国家以及巴勒斯坦解放组织，其目标是确保伊斯兰国家在政治领域的团结，在联合国形成统一的伊斯兰阵线。2005年11月，沙特阿拉伯国王阿卜杜拉召集召开了麦加首脑会议，宣布了伊斯兰会议组织活动和改革的新原则。新的伊斯兰会议组织宪章于2008年3月14日在塞内加尔达喀尔举行的本组织第11届首脑会议上获得批准。2011年6月28日，在阿斯塔纳举行的第38届外长会议决定，伊斯兰会议组织更名为伊斯兰合作组织。

伊斯兰合作组织当前的活动重点是深化伊斯兰国家之间的合作，共同参与国际事务，实现参与国的稳定发展。目前，伊斯兰合作组织已成为世界上最具影响力的伊斯兰国际组织，它联合了57个伊斯兰国家，人口约15亿。另外，伊斯兰合作组织还有5个观察员国（波斯尼亚和黑塞哥维那、中非共和国、泰国、俄罗斯、北塞浦路斯土耳其共和国）和5个国际观察员组织（联合国、不结盟运动、阿拉伯联盟、非洲联盟、经济合作组织）。在伊斯兰世界中，中亚地区被视为伊斯兰世界不可分割的一部分，为伊斯兰文明的繁荣作出了重大贡献，因此，包括吉尔吉斯斯坦在内的中亚国家也加入了伊斯兰合作组织。

伊斯兰合作组织设有国王、国家元首和政府首脑理事会（峰会）、外交部长理事会、总秘书处以及一些附属机构。国王、国家元首和政府首脑理事会（峰会）决定伊斯兰国家的总体政策，每三年举行一次。外交部长理事会每年举行一次，也可在成员国的倡议下召开特别会议。总秘书处是伊斯兰合作组织的执行机构，由秘书长领导。秘书长由外交部长理事会选举产生，任期四年，且只能连任一次。秘书长有四名副手，分别负责政治事务、科学技术事务、经济事务、社会文化和信息事务。除了副秘书长外，还有一位内阁主任负责秘书处的纯技术性工作。总秘书处下设多个部门，如社会经济科、科技科、亚洲事务科、非洲事务科、国际事务科、新闻科、人权和宗教少数群体科、穆斯林非政府组织科等。伊斯兰合作组织的附属机构有：伊斯兰国家统计、经济、社会研究中心（位于土耳其安卡拉），伊斯兰历史、艺术和文化研究中心（位于土耳其伊斯坦布尔），伊斯兰科技大学（位于孟加拉国达卡），伊斯兰贸易发展中心（位于摩洛哥卡萨布兰卡），国际伊斯兰宗教学院（位于沙特阿拉伯吉达），伊斯兰团结基金会（位于沙特阿拉伯吉达）。

吉尔吉斯共和国于1992年12月1日在沙特阿拉伯吉达举行的伊斯兰会议组织外交部长第六次特别会议上加入了伊斯兰会议组织。2011年6月28日至30日在阿斯塔纳举行的伊斯兰会议组织外长理事会第38届会议上，吉尔吉斯斯坦加入了伊斯兰合作组织宪章。2012年7月31日，吉尔吉斯斯坦共和国签署法令，批准了伊斯兰合作组织宪章。吉尔吉斯斯坦加入伊斯兰合作组织的主要动机之一是需要与阿拉伯—伊斯兰世界各国建立政治联系，为实施经济部门的各种项目寻找新的机会，解决国家的社会经济困难。

自加入以来，吉尔吉斯斯坦与伊斯兰合作组织的关系逐步得到加强，双方保持着高层互访和接触。吉尔吉斯斯坦重视发展与伊斯兰合作组织的关系，一直努力为提高该组织在现代世界的作用和意义作出贡献，完全支持该组织成员国不断呼吁宽容、透明和共同克服在加强穆斯林团结的道路上遇到的困难。加入该组织，也有利于吉尔吉斯斯坦建立与其成员国的关系，促进吉尔吉斯斯坦参与伊斯兰空间的政治和经济进程。值得一提的是，2010年6月27日吉尔吉斯斯坦就修订宪法进行全民公投，伊斯兰合作组织是最早承认公投结果的国际组织。该组织派出独立观察员参加了2010年10月举行的吉尔吉斯斯坦议会选举。伊斯兰合作组织代表团还作为观察员参加了吉尔吉斯斯坦分别于2016年12月和2017年10月举行的全民公投和总统大选。①

四　欧美方向的国际组织

欧洲安全与合作组织（简称"欧安组织"）的前身是欧洲安全与合作会议，成立于1975年8月1日签署的《赫尔辛基最后文件》，1995年1月1日改称现名。1992年1月30日，吉尔吉斯斯坦与乌克兰、白俄罗斯、摩尔多瓦、亚美尼亚、阿塞拜疆、哈萨克斯坦、乌兹别克斯坦、土

---

① "Интервью Постпреда КР В ОИС По Случаю 25-летия Вступления КР В Организацию"，Кабар，04 Декабря 2017 Года（http：//kabar.kg/news/interv-iu-postpreda-kr-v-ois-po-sluchaiu-25-letiia-vstupleniia-kr-v-organizatciiu/）.

库曼斯坦、塔吉克斯坦等一批新独立国家一起加入了欧安组织。1992年6月8日，吉尔吉斯斯坦签署了《赫尔辛基最后文件》，1993年3月吉尔吉斯斯坦驻维也纳大使馆和吉尔吉斯斯坦常驻欧安组织代表处同时挂牌成立，1994年6月3日吉尔吉斯斯坦通过了《欧洲安全巴黎宪章》。1998年7月23日，欧安组织常任理事会决定在比什凯克开设欧安组织中心，该中心于1999年初开始工作。目前，该中心负责人是俄罗斯大使谢尔盖·卡皮诺斯。奥什市还有一个欧安组织中心办公室。

1992年成为泛欧会议的正式参与者后，吉尔吉斯斯坦积极参与了其后来的发展进程。吉尔吉斯斯坦高级代表团参加了赫尔辛基（1992年）、布达佩斯（1994年）、里斯本（1996年）、伊斯坦布尔（1999年）和阿斯塔纳（2010年）欧安组织峰会。吉尔吉斯斯坦外交部门代表每年都参加欧安组织部长理事会会议，吉尔吉斯斯坦议员也积极参加欧安组织议会大会的工作。目前，吉尔吉斯斯坦与欧安组织之间及双方机构和部门之间建立起了动态合作，欧安组织的建议和专家咨询援助在吉尔吉斯斯坦的多个领域都有实际应用，包括促进政治、法律和民主改革。欧安组织方向上的访问也实现了常态化。

2002年欧安组织与吉尔吉斯斯坦政府签署了关于成立欧安组织学院的备忘录，随后，欧安学院在比什凯克成立。该学院是欧安组织在中亚的教育和研究中心，工作人员为吉尔吉斯斯坦、中亚国家、独联体国家、欧洲和其他国家的顶级专家。目前，它在三个领域开展工作，即教育、科研和培训。在教育领域，2004年欧安组织学院开始设立政治与安全硕士专业，重点招收中亚地区国家的学生；2012年开始设立经济管理与发展硕士专业，旨在为中亚地区国家培养管理人才和政策制定者；2023年开始设立人权与可持续发展硕士专业，旨在培养和加强青年人在公共行政、民间社会组织和国际组织中工作和积极参与的能力。

为维持国内族裔间和谐，吉尔吉斯斯坦积极与欧安组织少数民族事务高级专员进行合作。在高级专员的支持下，目前主要开展的合作有促进吉尔吉斯斯坦人民大会的活动、实施"通过教育实现融合"项目（在中学教育中采用"融合"教育的创新教育形式、方法和技术）等。

欧安组织还协助吉尔吉斯斯坦实施该国通过的各种国家政策文件，如《2012—2017年吉尔吉斯共和国可持续发展国家战略》《2012—2016

年吉尔吉斯共和国"УМУТ-2"监狱系统改革国家纲要》《吉尔吉斯共和国禁止酷刑国家预防机制》等。欧安组织还为吉尔吉斯斯坦议会制的发展、打击跨国威胁、解决生态经济问题、内务机构改革及其他活动领域作出了贡献。①

上述方向是吉尔吉斯斯坦参与国际组织的部分呈现。对于吉尔吉斯斯坦参与的其他国际组织，如联合国、世界银行、世界贸易组织、世界卫生组织、世界气象组织等全球性国际组织，我们不再一一论述。但是，应该指出的是，吉尔吉斯斯坦在参与国际组织方面面临一个比较突出的问题，即会费问题。在吉尔吉斯斯坦参加的 120 个国际组织中，有 92 个需要支付年费。为支付会费，吉尔吉斯斯坦每年从预算中拨款约 1.3 亿—1.99 亿索姆，但只占会费总额的 80%—85%。这样一来，吉尔吉斯斯坦就形成了对一些国际组织的累积债务，主要是国际原子能组织、世界旅游组织、世界银行、世界贸易组织、联合国工业发展组织、能源宪章、万国邮政联盟、国际电信联盟和国际民航组织。由于会费债务，吉尔吉斯斯坦在一些国际组织中没有投票权。② 2018 年 8 月 7 日吉尔吉斯斯坦政府批准了支付 2018 年度会员费和分担额的国际组织和一体化协会名单，需从国家预算支付的这类费用达到了 4.5 亿索姆。③ 显然，高额的会费是吉尔吉斯斯坦参与国际组织活动时必须给予考虑和解决的问题。

---

① "Кыргызская Республика-ОБСЕ", Министерство Иностранных Дел Кыргызской Республики, 18 Октября 2019 Года（https：//mfa.gov.kg/ru/osnovnoe-menyu/vneshnyaya-politika/mezhdunarodnye-organizacii/obse/kyrgyzskaya-respublika---obse）.

② "Киргизия Ежегодно Не Выплачивает До 20% Членских Взносов В Международные Организации", ИА Регнум, 22 Июня 2021 Года（https：//regnum.ru/news/polit/1544325.html）.

③ "27 Лет Независимости：Кыргызстан В Международных Экономических Организациях", Евразийский Банкразвития, 03 Сентября 2018 Года（https：//eabr.org/press/news/27-let-nezavisi-mosti-kyrgyzstan-v-mezhdunarodnykh-ekonomicheskikh-organizatsiyakh/）.

第五章

"一带一路"倡议上的吉尔吉斯斯坦

2013年9月,中国国家主席习近平应邀访问哈萨克斯坦。在纳扎尔巴耶夫大学做题为"弘扬人民友谊 共创美好未来"的演讲时,习主席提出了共同建设"丝绸之路经济带"的倡议。同年10月,习主席在印度尼西亚国会发表了题为"携手建设中国—东盟命运共同体"的演讲,提出共同建设"21世纪海上丝绸之路"。① 自此,"丝绸之路经济带"和"21世纪海上丝绸之路"共同构成了"一带一路"的倡议。

"一带一路"倡议自提出以来,就得到了沿线国家和人民的广泛关注和普遍支持,吉尔吉斯斯坦就是最早加入"一带一路"倡议的国家之一。自2013年加入"一带一路"倡议以来,吉尔吉斯斯坦在经贸往来、基础设施建设、人文交流等方面与中国展开合作,并且取得了重要成就。2019年4月18日,"吉尔吉斯斯坦与'一带一路'"圆桌会议在吉尔吉斯斯坦首都比什凯克举行,"一带一路"倡议给吉尔吉斯斯坦带来的发展机遇再次受到肯定。同年6月13日,习近平主席在比什凯克同吉尔吉斯斯坦时任总统热恩别科夫会谈时强调,"共建'一带一路'已成为中吉合作的主线,新形势下,双方要推动两国发展战略深入对接,挖掘新的合作潜力,开辟新的合作空间"。② 热恩别科夫指出,"吉尔吉斯斯坦国家发展战略同共建'一带一路'倡议契合,吉方愿同中方建立机制化

---

① 《什么是"一带一路"》,中国一带一路网(http://www.yidaiyilu.gov.cn/info/iList.jsp?tm_id=540)。
② 杜尚泽、曲颂:《习近平同吉尔吉斯斯坦总统热恩别科夫会谈》,《人民日报》2019年06月14日(https://baijiahao.baidu.com/s?id=1636260637706698922&wfr=spider&for=pc)。

安排推进对接合作"①。2021年6月，扎帕罗夫总统同样指出，"'一带一路'倡议得到了全世界的认可，团结了各大洲的诸多国家"。他还重申"愿意继续开展建设性工作，进一步在各领域发展吉中关系"。② 虽然，吉尔吉斯斯坦在不断为本地区发展以及中吉合作伙伴关系而努力，但是，在参与"一带一路"项目过程中，吉尔吉斯斯坦同样也面临一些问题。吉尔吉斯斯坦国内冲突影响该国参与"一带一路"的进程。国际局势对吉尔吉斯斯坦参与"一带一路"也具有重要影响。其他国家在中亚的战略角逐同样会在无形中影响吉尔吉斯斯坦参与"一带一路"的深度与广度。通过分析这些问题与原因，有利于更好地推动吉尔吉斯斯坦共建"一带一路"高质量发展。

第一节　吉尔吉斯斯坦参与"一带一路"倡议的内容与成就

一　"一带一路"倡议与吉尔吉斯斯坦

"一带一路"倡议秉承了和平合作、开放包容、互学互鉴、互利共赢为核心的丝路精神。它是全球公共产品以及重要的国际合作平台，是全球治理和世界经济发展中的"中国方案"。通过政策沟通、设施联通、贸易畅通、资金融通、民心相通等内容，"一带一路"倡议为沿线国家的发展与国家间合作提供便利。

吉尔吉斯斯坦位于中亚的中心地带，与中国、哈萨克斯坦、乌兹别克斯坦以及塔吉克斯坦接壤，是"一带一路"倡议连接东西、贯穿南北的重要支点国家，具有重要的战略地位。但是，在中亚国家当中，吉尔吉斯斯坦自然资源缺乏，经济发展严重依赖劳务移民汇款，是中亚五国中经济与政治双脆弱的国家。吉尔吉斯斯坦需要更多的发展机会，以提

---

① 《中国与吉尔吉斯斯坦共建"一带一路"收获哪些硕果?》，央广网 2019 年 06 月 14 日（http://m.cnr.cn/news/20190614/t20190614_524649998.html）。

② "Садыр Жапаров Поздравил Си Цзиньпина С Днем Рождения"，Sputnik Кыргызстан，15 Июня 2021 Года（https://ru.sputnik.kg/politics/20210615/1052865388/kyrgyzstan-china-zhaparov-xi-jinping.html）.

高国家包容性和经济发展。因此，吸引外国资本就成为吉尔吉斯斯坦的一项重大任务。2012年，吉尔吉斯斯坦时任总统阿坦巴耶夫宣布《吉尔吉斯斯坦2013—2017年稳定发展战略》，其中就提到有必要为引入外资创造良好的环境。2013年吉尔吉斯斯坦宣布加入"一带一路"倡议就是实施该战略的重要举措之一。

"一带一路"倡议得到了吉尔吉斯斯坦政府的高度重视，为吉中发展双边关系注入新动力。2016年，吉尔吉斯斯坦驻华大使卡奈厄姆·巴克特古洛娃表示非常看好"一带一路"。[1] 2017年5月，吉尔吉斯斯坦经济部与中国国家发展和改革委员会在北京经过磋商，签订了一份关于加强工业能力和投资合作的备忘录，其附件列出了投资项目清单。2019年4月，吉时任第一副总理库巴特贝克·博罗诺夫在参加第十三届中国投资与贸易国际论坛时，对中国在"一带一路"建设中向吉提供的大量技术和经济援助表示感谢。[2] 吉尔吉斯斯坦政治分析师、教育部长顾问奥斯莫纳利耶夫在2019年的比什凯克圆桌会议上认为，"'一带一路'是一项宏伟的工程"。[3] 同年6月，吉时任总统热恩别科夫在会见习近平时表示，愿意与中国建立机制以推进双方的对接合作。在同期举行的"吉尔吉斯斯坦—中国"商业论坛上，两国政府签署了24份文件，总价值超过70亿美元，主要涉及黄金开采、农业、厂房和住宅建筑、教育、食品加工、供水业等。[4] 这些项目的实施不仅促进了吉尔吉斯斯坦社会的发展，而且也彰显了"一带一路"倡议的活力。

为加快基础设施建设，在2022年1月举行的中国同中亚五国建交30周年视频峰会上，吉尔吉斯斯坦总统萨德尔·扎帕罗夫说，"中国—吉尔

---

[1] 《驻华使节畅谈"多元文化在丝路"》，《孔子学院》2016年第6期。

[2] "Биринчи Вице-премьер-министр Кубатбек Боронов XIII Кытай Инвестиция Жана Соода Боюнча Эл Аралык Форумунун Ишине Катышты", Кыргыз Республикасынын Өкмөтү, 11 Апреля 2019 Года（https：//www.gov.kg/ky/post/s/russkiy-pervyiy-vitse-premer-ministr-kubatbek-boronov-prin-yal-uchastie-v-rabote-xiii-kitayskogo-mezhdunarodnogo-foruma-po-investitsiyam-i-torgovle）.

[3] 《吉尔吉斯斯坦与"一带一路"圆桌会议在比什凯克举行》，新华网2019年04月19日（http：//www.xinhuanet.com/2019-04/19/c_1124390351.htm）。

[4] "Айдай Иргебаев."Китай И Кыргызстан Подписали Соглашения На $7,5 Млрд. Рассказываем, Куда Пойдут Инвестиции", Kloop, 16 Июня 2019 Года（https：//kloop.kg/blog/2019/06/16/kitaj-i-kyrgyzstan-podpisali-soglasheniya-na-7-5-mlrd-rasskazyvaem-kuda-po-jdut-investitsii/）.

吉斯斯坦—乌兹别克斯坦铁路的建设应该成为'一带一路'倡议框架内的旗舰项目"。他表示,"作为习近平主席的外交政策,'一带一路'倡议无疑是我们这个时代最关键和最重要的国际基础设施项目之一","进一步成功实施该倡议将有助于深化和扩大中亚的经济伙伴关系,改善基础设施和文化互动"①。

二 吉尔吉斯斯坦参与"一带一路"倡议的主要内容

自从加入"一带一路"倡议后,吉尔吉斯斯坦在经贸往来、基础设施建设以及人文交流等多方面加强了与中国的合作。

吉尔吉斯斯坦参与"一带一路"倡议,首先体现在中吉国家间贸易往来,包括商品、资金、人员的跨国流动。中吉贸易特点是贸易规模较大,潜力大,贸易额增长较快,在全球贸易疲软背景下表现特别突出,属于潜力增长型。② 中国是吉尔吉斯斯坦最大的经贸伙伴。目前,吉尔吉斯斯坦境内有397家中资企业和170家中吉合资企业。③ 2017年,有中国资本的大型企业的缴税额为36.6亿索姆(约5320万美元),约占吉尔吉斯斯坦国家税收总额的2.5%。④ 2018年为38亿索姆,比2017年增长了3.8%。⑤

从贸易情况来看,吉尔吉斯斯坦从中国的进口额明显高于出口额,贸易逆差高达数百倍。而且,还存在从中国向吉尔吉斯斯坦且再向俄罗

---

① "Садыр Жапаров Высказал Мнение По Проекту Железной дороги Китай—КР—РУз", Sputnik Кыргызстан, 25 Января 2022 Года (https://ru.sputnik.kg/20220125/kyrgyzstan-zheleznaya-doroga-kitay-proekt-zhaparov-1061519058.html？ysclid = lmzmvfspdp861479757）.

② 国家信息中心"一带一路"大数据中心、大连东北亚大数据中心、一带一路大数据技术有限公司、大连瀚闻资讯有限公司:《"一带一路"贸易合作大数据报告(2017)》(简版),2017年版,第15页。

③ "Ресурсы, Инвестиции, Серый Импорт: Что Происходит В Отношениях Кыргызстана и Китая", Рамблер, 10 Июля 2019 Года (https://news.rambler.ru/other/42478302/？utm_content = news_media&utm_medium = read_more&utm_source = copylink）.

④ Роман Могилевский, *Кыргызстан И Инициатива Пояса И Пути*, Доклад Института Государственного Управления И Политики Высшей Школы Развития Университета Центральной Азии № 50, 2019, c. 13–14.

⑤ "Ресурсы, Инвестиции, Серый Импорт: Что Происходит В Отношениях Кыргызстана и Китая", Рамблер, 10 Июля 2019 Года (https://news.rambler.ru/other/42478302/？utm_content = news_media&utm_medium = read_more&utm_source = copylink）.

斯及中亚邻国的灰色进口。特别是自2010年起，随着俄白哈关税同盟的成立，中国的纺织品、鞋类产品以及其他大众消费品从吉尔吉斯斯坦流入哈萨克斯坦。随着2015年吉尔吉斯斯坦加入欧亚经济联盟，情况开始改变，中国商品开始流回吉尔吉斯斯坦，但贸易逆差仍然明显。如表5-1所示，2016—2022年，吉尔吉斯斯坦在与中国的对外贸易中，贸易逆差分别为13.883、14.026、18.811、16.535、6.947、13.997、40.087亿美元。2013—2022年，吉尔吉斯斯坦从中国的进口额增长了1.8倍，2022年占到吉尔吉斯斯坦进口总额的42.3%。吉尔吉斯斯坦向中国的出口额较小，2022年为6080万美元，占出口总额的2.8%。2013—2022年，该指标增长了69.4%。吉尔吉斯斯坦向中国出口的商品主要是矿石和贵金属（黄金）精矿。吉中贸易中这种巨大的负平衡也对吉尔吉斯斯坦某些经济部门的发展产生了不利影响，特别是加强了其经济的资源依赖性。

在对外投资方面，如图5-1所示，2006—2022年中国对吉尔吉斯斯坦的投资整体呈上升趋势。自2012年起，中国成为吉尔吉斯斯坦经济最大的外国直接投资来源国。2006—2022年，来自中国的投资流入总额达到96.4亿美元，占吉尔吉斯斯坦外国直接投资流入额（910.7亿美元）的10.6%。其中，2015年的比重最高，达到22.4%。2018年，吉尔吉斯斯坦在"一带一路"国别合作度中的得分为62.95分，高于平均分47.12分，吉中合作水平在"一带一路"沿线国家中高于平均水平。[1] 在2019年的第14次吉中商务论坛中，双方签署了24份总值超过70亿美元的文件，合作领域包括能源、贸易、水资源、教育等。"亚洲之星农业产业合作区"于2016年8月被中国商务部、财政部确定为国家级"境外经济贸易合作区"，该合作区是目前在"一带一路"沿线国家中亚地区产业链条完整、基础设施完善的农业产业合作区，已成为中国企业响应"一带一路"倡议，深耕中亚沃土的典范之作。[2] 吉尔吉斯斯坦不仅借助与中国的贸易积累财富，并且通过贸易提升中吉两国国家关系。

---

[1] 于施洋、王璟璇、杨道玲：《数说"一带一路"国别合作度》，《中国投资》2018年第19期。

[2] 《吉尔吉斯斯坦亚洲之星农业产业合作区》（http：//www.asiastar.com/index.php/culture.html）。

表 5 – 1　　　　　　2011—2022 年吉尔吉斯斯坦与中国双边贸易情况　　　　单位：百万美元

	2011	2012	2013	2014	2015	2016	2017	2018	2019	2020	2021	2022
对外贸易总额	6503.4	7503.9	8089.4	7618.4	5636.8	5463.7	6259.0	7128.8	6975.1	5692.0	8332.4	11815.8
其中												
出口额度*	2242.2	1927.6	2019.6	1883.7	1482.9	1544.6	1764.3	1836.8	1986.1	1973.2	2752.2	2186.7
其中，向中国出口额度	42.0	61.4	35.9	32.8	36.2	80.1	97.5	61.2	81.5	43.2	64.1	60.8
进口额度	4261.2	5576.3	6069.8	5734.7	4153.9	3919.1	4494.7	5292.0	4989.0	3718.8	5580.2	9629.1
其中，从中国进口额度	923.5	1214.9	1452.8	1106.9	1049.5	1468.4	1500.1	1942.3	1735.0	737.9	1463.8	4069.5

注：*2016 年前的数据包括农产品出口量的估计数值，2016 年以来的数据包括吉尔吉斯斯坦与哈萨克斯坦过境口岸自然人抽样调查结果。

资料来源：Национальный Статистический Комитет Кыргызской Республики, *Кыргызстан В Цифрах（Статистический Сборник）*, Бишкек, 2014, с. 243 – 244；Национальный Статистический Комитет Кыргызской Республики, *Кыргызстан В Цифрах（Статистический Сборник）*, Бишкек, 2017, с. 257 – 258；Национальный Статистический Комитет Кыргызской Республики, *Кыргызстан В Цифрах（Статистический Сборник）*, Бишкек, 2020, с. 329 – 330；Национальный Статистический Комитет Кыргызской Республики, *Кыргызстан В Цифрах（Статистический Сборник）*, Бишкек, 2023, с. 280 – 283.

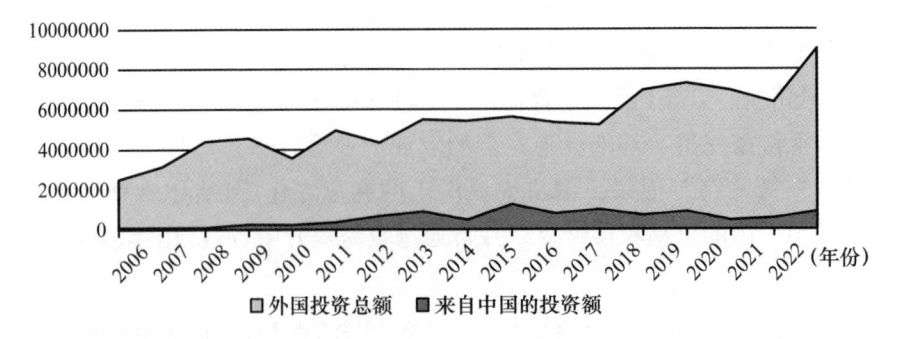

图 5 – 1　2006—2022 年中国在吉尔吉斯斯坦外国投资流入额中的占比

资料来源：根据本书附件 4 绘制。

中国在吉尔吉斯斯坦投资的主要部门是地质勘探、采矿业和石油产品工业。与矿产资源开采（地质勘探和采矿工业）有关的外国投资集中在吉尔吉斯斯坦的金矿开采上。中国企业正在吉尔吉斯斯坦开发大约10座中等规模的金矿，生产黄金精矿并出口到中国生产纯金。近年来，对中国投资者最具吸引力的行业是制造业，其次是专业科技活动，之后是不动产业务。2018年，这三大领域的中国投资分别占中国在吉尔吉斯斯坦投资额度的48.8%、20%、17.6%。①

基础设施建设是吉尔吉斯斯坦参与"一带一路"建设的重要领域之一。中国资助了吉尔吉斯斯坦几项价值数百万美元的项目，包括建设达特卡变电站和铺设长达405公里的达特卡—克明输电线，以及提供4亿美元贷款用于修建吉尔吉斯斯坦南北方向的第二条公路。② 尽管吉尔吉斯斯坦背负着对中国的巨大债务，但是仍期望借助"一带一路"吸引中国资本来进行国内的基础设施建设。③ 在参与"一带一路"过程中，吉尔吉斯斯坦十分重视公路建设。

公路项目旨在改善吉尔吉斯斯坦境内南北方向和东西方向的交通状况。同时，这些项目还是中亚区域经济合作交通走廊的组成部分，其目的是改善中亚区域内部的交通通道，并将该区域与中国、南亚、西亚和欧洲连接起来。比什凯克—纳伦—吐尔尕特公路是走廊的1C段，南北第二条公路将走廊的1段和3段连接起来，而奥什—萨雷塔什—伊尔克什塔姆公路和奥什—巴特肯—伊斯法纳公路属于走廊的2段。这些公路对于吉尔吉斯斯坦具有国家战略意义。比什凯克—纳伦—吐尔尕特公路和奥什—萨雷塔什—伊尔克什塔姆公路是连接吉尔吉斯斯坦与中国的主要道路，而奥什—巴特肯—伊斯法纳公路的建设是为了绕过乌兹别克斯坦和塔吉克斯坦的飞地，为巴特肯州与吉尔吉斯斯坦其他州之间的无障碍交通创造机会。

---

① Информационная Справка Агентства По Продвижению И Защите Инвестиций Кыргызской Республики (Министерство Экономики КР), *Сотрудничество Кыргызской Республики И Китайской Народной Республики*, Бишкек, 2018, с. 17.

② Kemel Toktomushev, *Central Asia and the Silk Road Economic Belt*, University of Central Asia: Policy Brief 2016-1, p. 2.

③ Danny Anderson, "Risky Business: A Case Study of PRC Investment in Tajikistan and Kyrgyzstan", *The Jamestown Foundation*, *China Brief*, Vol. 18, Issue 14, August 10, 2018.

表5–2 2008—2017年中国政府支持的吉尔吉斯斯坦主要基础设施项目

	协议签署年份	金额 百万美元[1]	主要条款				备注
			偿还期年	宽限期年	利率	手续费	
修复奥什—萨雷塔什—伊尔克什塔姆公路（190—240公里路段）	2008	25.3	该项目以"资源换投资"计划为基础。由中方的中国开发银行和中国企业联合会为公路改造提供全部资金；作为交换，吉尔吉斯斯坦政府允许中国富金矿业有限公司开发伊什坦贝尔德矿床				其他路段的修复由多边金融机构供资
修复奥什—萨雷塔什—伊尔克什塔姆公路（123—190公里路段）	2009	75.3	20	5	2%	0.5%	
修复比什凯克—纳伦—吐尔尕特公路（9—272公里路段）	2009	200.0	20	5	2%	0.5%	其他路段的修复由多边金融机构供资
吉尔吉斯斯坦南部输电线现代化	2011	208.0	20	7	2%	0.5%	
建设达特卡—克明500千伏输电线和达特卡500千伏变电站	2012	389.8	20	9	2%	0.5%	CASA-1000区域项目的一部分
比什凯克市热电站现代化	2013	386.0	20	11	2%	0.43%	
南北第二条公路（卡扎尔曼—贾拉拉巴德段和巴雷克奇—阿拉尔段）	2013	400.0	20	11	2%	0.43%	
吉尔吉斯斯坦—中国天然气管道	2013	1000—12000	中国全资投入，建成后向吉尔吉斯斯坦缴税，30年内预计缴税总额约为21.5亿美元				中国—中亚天然气管道D线
修复奥什—巴特肯—伊斯法纳公路（220—232公里、248—360公里段）和比什凯克—巴雷克奇公路（147—172公里段）	2015	129.8	20	11	2%	0.5%	其他路段的修复由多边金融机构供资

续表

	协议签署年份	金额百万美元1	主要条款				备注
			偿还期年	宽限期年	利率	手续费	
南北第二条公路（阿拉尔—卡扎尔曼段）	2015	185.3	20	11	2%	0.36%	约项目总成本的62%
	2015	112.0	25	11	1.5%	0.36%	约项目总成本的38%
比什凯克市街道网络发展（第1阶段）	2015	78.6	无偿援助				
比什凯克市街道网络发展（第2阶段）	2017	42.3	无偿援助				

注：在目前的工作中，中国和吉尔吉斯斯坦的所有经济关系都可以纳入"一带一路"倡议。中国在吉尔吉斯斯坦实施的一些项目开始于2013年之前，有些项目是由中国私营企业实施的，所有这些活动和项目都有利于"一带一路"倡议实现加强区域凝聚力、改善有形基础设施和体制环境、促进欧亚地区内外的经济联系和人文交流等方面的目标。

1 按世界银行世界发展指标的当年平均汇率换算而来。

资料来源：Роман Могилевский, Кыргызстан И Инициатива Пояса И Пути, Доклад Института Государственного Управления и Политики Высшей Школы Развития Университета Центральной Азии № 50, 2019, с. 7–8.

能源项目主要是进行电网改造，包括建设具有战略意义的达特卡—克明输电线和达特卡变电站。高压电是中国在电力领域的优势技术。中国很好地解决了吉尔吉斯斯坦在苏联时期就存在的电力问题。迄今为止，吉尔吉斯境内所有电网改造项目累计将近10亿美元。吉尔吉斯斯坦南部输电线现代化的目的有：（1）使吉尔吉斯斯坦摆脱苏联时期形成的中亚统一能源系统，确保吉能源独立；（2）成为CASA-1000大型项目的一部分，形成从塔吉克斯坦和吉尔吉斯斯坦向南亚国家输送电能的可能。另一个能源项目比什凯克市热电站现代化，旨在改善首都的能源和热供应状况。2017年作为中吉最大能源合作项目的比什凯克热电厂改造项目竣工，该项目于2013年9月中吉两国元首见证下签署，中国对此进行大量投资，改变了吉电力短缺、严重依赖他国的困境，吉自主用电的梦想得以实现。在天然气管道建设方面，吉尔吉斯斯坦将发挥中国—中亚天然气管道 D 线的过境作用。此外，中国还在参与萨雷扎兹水电站、卡姆巴拉金水电站、乌奇库尔干水电站项目。

中国政府还将其在吉尔吉斯斯坦的基础设施建设活动扩大到城市发展领域，提供了 2 笔总额为 1.21 亿美元的捐款，用于改造和发展比什凯克的街道网络。此外，2016 年，作为发展丝绸之路经济带的一部分，吉尔吉斯斯坦经济部提出了中国过剩产能转移落脚企业名单，共 42 家①。承接中国过剩产能转移，可使吉尔吉斯斯坦一方面获得新的中国投资，另一方面可节省基础设施建设费用，有助于增加新的就业岗位、增加出口、增加吉尔吉斯斯坦的财政税收。②

在吉尔吉斯斯坦从事基础设施建设的中国企业首先是大型企业，特别是国企。例如，中国路桥工程有限责任公司摸索出了一种新的合作模式。一方面该公司依靠国际金融机构的贷款，通过竞标进入吉尔吉斯斯坦；另一方面它也运用中国政府的贷款来实施重大骨干项目。现在在吉尔吉斯境内，由该公司建成和修复的国家级的、地区级的公路长度，将近 1000 公里。③ 吉尔吉斯斯坦的"塔扎库姆"智能国家计划愿景也是中国大型企业参与吉尔吉斯斯坦基础设施建设的重要例子。该愿景旨在促使吉尔吉斯斯坦迈向更加智能的国家，以成为中国新丝绸之路的"数字枢

---

① 它们是：1."Кристалл"股份公司，2."ОРЭМИ"股份公司，3. 阿克苏维塔股份公司，4. 玛依卢乌·苏乌依灯具股份公司，5. 电器生产股份公司，6. 吉中造纸股份公司，7. 国企卡拉—巴尔塔酒厂，8. 该隐肉联厂股份公司，9. 国企卡比科尔酒厂，10. 伊万诺夫村制革厂，11. Агропласт 合成橡胶厂，12. 烟草发酵车间，13."Келечек"股份公司，14. 什图克—卡拉科尔肉类加工有限责任公司，15. 奥什市私营棉纱生产厂，16. 贾拉拉巴德州原棉加工、植物油和颗粒饲料生产私营企业，17. 托克马克建筑材料联合工厂股份公司，18. 艾丽玛依有限责任公司，19. 吉尔吉斯精粗梳毛纺织联合厂股份公司，20. Илбирс 股份公司，21."时空"有限责任公司，22. Касиет 有限责任公司，23. МАТА 股份公司，24. 皮革服饰饰品试点企业股份公司，25."Алтын-Ажыдар"有限责任公司，26. Картон 封闭式股份公司，27. 卡达姆扎依锑厂股份公司，28. 克孜勒基亚机器制造公司，29. 卡因迪电缆厂，30. 伊塞克湖建材股份公司，31. 纳伦肉类联合加工厂，32. Шалбар 缝纫厂，33. 奥什棉纺织联合企业，34. 伊万诺夫建筑材料联合工厂，35. 吉尔吉斯地毯股份公司，36. 贝茨特洛夫油毡厂，37. 托克马克钢筋混凝土制品厂，38. 卡拉科尔酒厂，39. 伊万诺夫野战肉品联合工厂，40. 塔拉斯钢筋混凝土制品厂，41. 托克马克罐头食品厂，42. 巴尔克奇肉类联合加工厂。

② "Ресурсы, Инвестиции, Серый Импорт: Что Происходит В Отношениях Кыргызстана и Китая", Рамблер, 10 Июля 2019 Года（https: //news. rambler. ru/other/42478302/? utm_ content = news_ media&utm_ medium = read_ more&utm_ source = copylink）.

③ 马晓霖、李靖云：《吉尔吉斯斯坦：好邻居，深合作》，《华夏时报》2016 年 11 月 9 日。

纽"，现在，华为和中国电信等中国公司已与"塔扎库姆"项目合作。① 在2022年5月举行的中国—中亚峰会上，中铁二十局集团有限公司与吉方签署了伊塞克库尔1000兆瓦光伏项目协议。该项目预计2025年完成，将耗资11.5亿美元，其中7.5亿美元将由中方投资，中铁二十局集团有限公司持有项目50%的股份。在2023年7月27日举行第七届"伊塞克库尔2023"国际经济论坛期间，中国电建集团西北勘测设计研究院有限公司、绿金能源和中铁二十局集团有限公司联合与吉方签署了一份将由中国投资24亿至30亿美元的卡扎尔曼梯级水电站建设项目协议。②

借助"一带一路"倡议，中吉两国人文交流日益密切，这有利于吉尔吉斯斯坦人民形成对中国的良好印象，也为该国长远参与"一带一路"建设提供保障。2013年，奥什国立大学孔子学院创立，成为世界上第一所以汉语本科学历教育为起点的孔子学院。孔子学院被认为是中国与其他国家文化交流的重要中介。孔子学院在吉尔吉斯斯坦的发展，体现了吉尔吉斯斯坦对中国的友好态度以及对"一带一路"文化交流的重视。2014年，中国、哈萨克斯坦、吉尔吉斯斯坦联合申报的"丝绸之路：长安—天山廊道的路网"，开启了丝路成功申遗的起点。这体现了中吉两国对"丝路精神"的共同认知以及"丝路历史"的共同感知。借"一带一路"倡议提供的机遇，吉尔吉斯斯坦国内的东干人成立了东干文化协会，并且定期与中亚其他国家的东干文化协会展开协会联谊活动。③ 通过东干人之间的文化往来，中吉国家民间文化认同感进一步增强。2019年4月25日至26日，"一带一路：21世纪与教育科学的融合"国际教育论坛在吉尔吉斯斯坦首都比什凯克人文大学举办。在论坛上，中国驻吉尔吉斯斯坦大使馆经济商务参赞李跃在致辞中指出，在习近平主席提出"一带一路"倡议五年以来，越来越多的国家参与了"一带一

---

① Danny Anderson, "Risky Business: A Case Study of PRC Investment in Tajikistan and Kyrgyzstan", *The Jamestown Foundation*, *China Brief*, Vol. 18, Issue 14, August 10, 2018.

② "Китайские Компании Построят В Кыргызстане Два Энергетических Объекта Стоимостью Почти 4 Миллиарда Долларов", News Central Asia, 31 Июля 2023 Года (https://www.newscentralasia.net/2023/07/31/kitayskiye-kompanii-postroyat-v-kyrgyzstane-dva-energeticheskikh-obyekta-stoimostyu-pochti-4-milliarda-dollarov/).

③ 马海龙：《中亚华人、互惠实践与"一带一路"建设——以吉尔吉斯斯坦的东干人为例》，《青海民族研究》2019年第3期。

路"建设。中国政府愿意在教育领域同包括吉尔吉斯斯坦在内的"一带一路"沿线国家充分合作。吉尔吉斯斯坦比什凯克丝绸之路发展基金会主席马拉米多夫·阿卜杜勒哈曼·伊兹拉伊扎诺维奇希望与会专家能够通过论坛分享大家的学术成果和治学经验，在教育领域互相了解，促进交流与合作。此次论坛的最终成果是达成了《比什凯克国际教育共识》。2021年10月，吉尔吉斯斯坦巴拉萨根国立民族大学与河南大学共建的丝绸之路学院正式揭牌，中吉教育合作再上一个新台阶。可以说，教育是每个国家应该关心的一大问题，在"一带一路"领域内可以大力发展。对于中国与吉尔吉斯斯坦来说，这也是两国交流合作的途径之一。

根据吉尔吉斯斯坦教育和科学部提供的资料，吉尔吉斯斯坦共有7所高校开设汉语专业，它们是吉尔吉斯斯坦巴拉萨根国立民族大学、比什凯克卡拉萨耶夫国立大学、吉尔吉斯斯坦阿拉巴耶夫国立大学、吉尔吉斯—俄罗斯叶利钦斯拉夫大学、纳伦国立大学、奥什国立大学、奥什人文教育学院。其中，吉尔吉斯斯坦巴拉萨根国立民族大学吉尔吉斯—中文系约有1200名学生学习中文相关专业（文学、国际法、国际经济关系、国际新闻等），这在中亚国家高校中首屈一指。

根据吉中两国教育部长2015年12月16日在北京签订的教育合作协议以及《上合组织成员国政府间教育合作协定》，中方每年为吉尔吉斯斯坦公民提供免费留学名额，其中吉中政府协议是30个名额，上合组织协议是40个名额。事实上，除了这两个教育合作协议，吉尔吉斯斯坦公民还可通过孔子学院奖学金、中国政府奖学金、某些中国高校提供的奖学金等途径到中国高校学习。据相关资料，截至2019年1月，有约3000名吉尔吉斯斯坦大学生在中国留学，355名中国大学生在吉尔吉斯斯坦留学。[①] 目前，中吉两国间的教育合作呈现稳步发展。

值得注意的是，随着中吉交往日益频繁，吉尔吉斯斯坦学术界成长起了一批从事当代中国相关问题研究的学者，像 З. Т. 穆拉塔利耶娃、Г. Э. 吐尔松巴耶娃这样的80后已崭露头角。

---

① "3 тысячи Студентов Из Кыргызстана Обучаются В Китае, 355 Китайских Студентов Обучаются В Кыргызстане", Информационное Агентство АКИpress, 17 Января 2019 Года（https://bilim.akipress.org/ru/news：1490906）.

表5-3　　　　　　从事当代中国问题研究的吉尔吉斯斯坦学者

	姓名	单位、职务	主要作品
1	З. Т. 穆拉塔利耶娃（1984— ）	政治学副博士，吉尔吉斯—俄罗斯叶利钦斯拉夫大学战略分析与预测研究所学术秘书、政治学系副教授	《吉尔吉斯斯坦外交政策中的中国和俄罗斯倡议》《上海合作组织的演变及其首要任务的失衡》等
2	Б. Т. 托克托巴耶夫（1956— ）	法学副博士，吉国立民族大学吉尔吉斯—中国研究所所长、教授	《现代吉中关系在政治法律层面的发展阶段》《从历史法律和组织视角看中国学在吉尔吉斯斯坦的发展》等
3	Г. Э. 吐尔松巴耶娃（1980— ）	毕业于吉尔吉斯斯坦国家科学院历史和文化遗产研究所，史学副博士	《中国外交政策中的中亚：关系形成和发展的主要阶段》《吉尔吉斯斯坦与中国的关系：从双边合作到全方位伙伴》
4	Р. К. 萨比洛夫（1976— ）	毕业于吉尔吉斯斯坦国家科学院历史和文化遗产研究所、吉尔吉斯斯坦巴拉萨根国立民族大学，史学副博士	《吉尔吉斯斯坦与中国发展政治经济关系的历史分析》等

资料来源：张玉艳：《中亚地区的中国学：历史、现状与前景》，《国际汉学》2022年第2期。

三　吉尔吉斯斯坦参与"一带一路"倡议的效果

1. 投资、贸易、就业与国家收入

2011—2017年，中国在吉尔吉斯斯坦实施的主要基础设施建设项目和外国直接投资项目，投入资金总额为41亿美元，其中基础设施建设项目22亿美元，外国直接投资额为19亿美元。这些资金中的一部分还没有被实际投入，但80%—90%已经投资在了吉尔吉斯斯坦。这些流入的资金额相当于吉尔吉斯斯坦年国内生产总值的7%—8%。这对吉尔吉斯斯坦经济是一个非常重要的贡献，特别是通过现代化的道路、输电线和变电站、炼油厂、采矿场等积累固定资本。[①]

"一带一路"倡议还通过两个渠道促进吉尔吉斯斯坦的对外贸易：一是通过吉尔吉斯斯坦和中国的双边贸易，二是通过吉尔吉斯斯坦与第

[①] Роман Могилевский, *Кыргызстан И Инициатива Пояса И Пути*, Доклад Института Государственного Управления И Политики Высшей Школы Развития Университета Центральной Азии № 50, 2019, с. 13-14.

三国之间的贸易。21世纪初，吉尔吉斯斯坦成为其他国家产品向中亚国家和俄罗斯再出口的过境国。从事中国轻工业产品（服装、鞋类等）向吉尔吉斯斯坦出口和再出口的主要是一些私营企业和小型企业，得益于"一带一路"基础设施建设项目的推进，中国向吉尔吉斯斯坦出口的轻工业产品保持稳定发展。近年来，在中吉双边贸易中，吉尔吉斯斯坦向中国主要出口黄金精矿，主要从中国进口用于基础设施建设项目的机械设备。2016—2017年，吉尔吉斯斯坦向中国出口的黄金精矿价值为每年3000万—4000万美元，约占吉尔吉斯斯坦商品出口总额的2%；2011—2017年，吉尔吉斯斯坦向中国进口的机械设备处于相当高的水平，达到3亿—5亿美元，相当于吉尔吉斯斯坦机械设备进口总额的25%—50%或者进口商品总额的6%—10%。

"一带一路"项目对吉尔吉斯斯坦与第三国贸易产生影响的一个显著例子是陕煤集团中大中国石油公司生产的石油产品从吉尔吉斯斯坦向塔吉克斯坦和阿富汗出口。2015—2017年，这一出口额维持在200万—1600万美元之间，占到了吉尔吉斯斯坦商品出口总额的0.2%—1.1%。

吉尔吉斯斯坦和中国之间的服务贸易额相对较小，吉尔吉斯斯坦向中国出口的服务和从中国进口的服务分别占到其服务出口和进口总额的4.7%、7.9%。两国间的主要服务贸易是吉尔吉斯斯坦境内的旅游业和建筑业。吉尔吉斯斯坦从中国进口的服务贸易主要是汽车和航空运输以及物流服务。

"一带一路"项目的实施，也带动了劳动力人口的流动。据2017年吉尔吉斯斯坦国家移民局统计，2017年有14768名外国人获准进入吉尔吉斯斯坦工作，其中11593人为中国公民。另据吉尔吉斯斯坦国家登记局统计，2017年吉境内登记有27566名中国公民，其中14354人在比什凯克。2010—2018年，有268名原中国公民加入吉尔吉斯斯坦国籍，其中吉尔吉斯族171人，维吾尔族72人，乌孜别克族9人，汉族6人，东干族9人，哈萨克族1人。[1]

---

[1] Жамыйкат Орозбековна Омурова, "Сотрудничество Кыргызской Республики С Китайской Народной Республикой В Рамках Проекта 'Один пояс-один путь'", *Вестник ВолГУ. Серия 4, История Регионоведение Международные Отношения*, Т. 24. № 5, 2019.

中国企业投身吉尔吉斯斯坦"一带一路"项目,不仅为当地民众提供了就业机会,而且对于推动当地经济发展、增加吉尔吉斯斯坦国家收入都发挥着一定作用。下面分地区做简要介绍。

楚河州。陕煤集团中大中国石油公司位于卡拉巴德市东部工业区,总占地面积350公顷,分为运输仓储区、生产区和住宅区,厂房面积70公顷。2011年投资者投入108亿索姆建设厂房,2014年5月该公司正式启动,2012—2017年固定资产吸引投资额为424.755亿索姆。目前约有601名当地居民和260名中国公民在该公司工作。该公司的原油加工生产能力为80万吨/年,重油加工能力为20万吨/年。工厂每年可生产约46万吨汽油(95号、92号、80号),38万吨柴油和7.4万吨液化气。目前,在吉尔吉斯斯坦的最大纳税人排行榜上,陕煤集团中大中国石油公司排名第5位,已向吉政府纳税16.58亿索姆。①

2011年11月吉—俄—中合资企业"Diamond Glass"玻璃厂在楚河州落成开幕。该玻璃厂是由私人投资建成,投资额为350万美元,主要生产容量在100毫升至3升的玻璃容器,产品种类有玻璃瓶、罐、药品行业容器。

2015—2017年在楚河州索库卢克斯克区,中国企业参与的项目主要有:(1) 2016年9月开始建造天山陶器有限责任公司的新瓷砖厂,其设计生产能力为每年生产1000万平方米的瓷砖。该工厂的建设吸引了来自中国的5000万美元投资。该工厂最具吸引力和最有力的是其所在地,18.76公顷的厂址位于楚河州索库卢克斯克区的安东诺斯克军事区。工厂由两条生产瓷砖的线路组成。第一条投资了3000万美元,第二条投资了2000万美元。第一条线路的昼夜生产率约为2万平方米。工厂所用的原材料均在吉尔吉斯斯坦境内开采。(2) 托克马克实业炼油厂是新疆国际实业公司根据2009年9月与吉尔吉斯斯坦政府签订的备忘录,于2012年8月在吉境内登记注册的。2012年11月,举办了炼油厂动工开幕式。自2013年4月开始修建,新疆国际实业公司累计投入6000万美元。2015年11月该炼油厂正式投产,炼油量逐渐增加到40万吨/年。截至2018年2月1日,该炼油厂共有员工127人,其中93人为吉尔吉

---

① "ОсОО Чайна Петроль Компани «Джунда»"(https://who.ca-news.org/company:75).

斯斯坦公民，34人为中国公民。① 目前，该炼油厂是吉尔吉斯斯坦第二大炼油厂，其生产的汽油、柴油、液化气和燃料油不仅可供吉国内市场销售，还会根据市场情况，将成品油返销回中国，同时也可销往吉尔吉斯斯坦周边国家。②

除建设达特卡—克明500千伏输电线和达特卡500千伏变电站外，中国企业在楚河州克明区参与的另一个重要项目是投资组建了负责运营第二大世界级黄金项目塔尔得布拉克地下矿的阿尔滕肯公司。该公司是吉尔吉斯国有黄金公司和中国紫金矿业集团的合资公司，投资额达2.48亿美元，其中前者占40%，后者占60%。该公司于2015年开始投产，批准占地250公顷。

伊塞克湖州。巴雷克奇—塔姆齐—乔尔伯纳—阿塔—科鲁姆渡公路修复项目属于由青岛龙海路桥集团承揽的吉尔吉斯共和国伊塞克湖环湖公路项目。该项目签订于2015年11月，为伊塞克湖州公路拓宽及改造，公路总长104公里，工程造价68.035亿索姆。截至2022年8月8日，该项目已投入49.963亿索姆，完成了厚度为9厘米的沥青路62公里（剩余22公里）、厚度为6厘米的沥青路54公里（剩余26公里）、建设和修复桥梁16座（剩余1座）、安装了300个配套管道（剩余30个）。③

伊塞克湖区卡拉—奥伊灌溉土地项目计划开垦灌溉土地面积330公顷，中国提供5000万索姆的援助资金。

在伊塞克湖州托恩斯克区阿克—奥隆水利设施和主干渠重建项目中，516公顷新土地已投入使用，3565公顷土地的水利设施将得到改善。项目投入约5亿索姆，计划2021年完工。该项目被列入2017—2026年吉

---

① Жамыйкат Орозбековна Омурова, "Сотрудничество Кыргызской Республики С Китайской Народной Республикой В Рамках Проекта «Один пояс-один путь»", *Вестник ВолГУ. Серия 4, История Регионоведение Международные Отношения*, Т. 24. № 5, 2019.

② 张楠：《中国新疆企业投资吉尔吉斯斯坦第二大炼油厂》，中新网2015年12月11日（https://www.sohu.com/a/47879588_115402）。

③ "С 25 Мая 2022 Года Начаты Строительные Работы По Реконструкции Автомобильной Дороги Балыкчы-Тамчы-Чолпон-Ата-Корумду На Участке С 5 Км По 10 Км, Также Здесь Ведутся Работы По Нанесению Разметки На Участке С 23 Км По 77 Км.", *Министерство Транспорта И Коммуникаций Кыргызской Республики*, 09 Августа 2022 Года（https://mtd.gov.kg/s-25-maya-2022-goda-nachaty-stroitelnye-raboty-po-rekonstruktsii-avtomobilnoj-dorogi-balykchy-tamchy-cholpon-ata-korumdu-na-uchastke-s-5-km-po-10-km-takzhe-zdes-vedutsya-raboty-po-naneseniyu-razmetki/）。

尔吉斯共和国国家灌溉发展计划水管理设施名单。

纳伦州。为促进地区社会经济发展、吸引投资和技术、发展运输基础设施、创造新的就业机会、提高居民生活水平，吉尔吉斯斯坦政府在2014年8月批准成立了纳伦自由经济区，中国企业积极参与经济区的建设。除参与修复比什凯克—纳伦—吐尔尕特公路及其海关检查站、10公里长的阿特巴什斯克区阿特巴什—阿克—扎尔内部公路外，中国企业参与的项目还有：中吉合资企业"Ренессанс"制鞋有限责任公司于2014年在纳伦州科奇克尔斯克区科奇克尔镇成立，主要生产儿童鞋、女士鞋、橡胶鞋和运动鞋，工业产量为700双/天。企业现有员工108人，其中78人为吉尔吉斯斯坦公民，30人为中国公民。2016年产量为2505630双鞋，产值达到39551.02万索姆。产品主要销往俄罗斯和哈萨克斯坦。

在科奇克尔斯克区，中吉合资企业"仓和"（音译，OcOO Сан хе）有限责任公司从事建筑石材开采。2017年该企业的工业生产额价值8556万索姆，增长率达到120.2%。金源有限责任公司（音译，OcOO Цзинь Юань）是一家在科奇克尔斯克区阿尔萨矿区进行地质勘探的企业，该矿区蕴藏黄金和锡矿。中吉米宁有限责任公司（音译，OcOO ZhongJiMining）则在纳伦区开发布楚克黄金矿床。①

巴特肯州和贾拉拉巴德州。这是吉尔吉斯斯坦南部的两个州，中国在这里的商业项目和投资项目主要有：（1）卡达姆扎伊锑厂股份公司。该公司始建于1936年，曾是苏联境内最大的矿产企业。苏联解体后，由于原材料问题，该公司的发展逐渐陷入困境。为拯救该公司，卡达姆扎伊市政府、卡达姆扎伊区政府、吉尔吉斯斯坦政府驻巴特肯州全权代表和吉尔吉斯斯坦政府于2017年3月6日签署了第62-b号命令授权文件，该公司2018年与中国"中腾"（音译，OcOO Чжунтэн）公司签订合同，启动废料回收，但没有取得明显进展。2020年6月16日，吉最高法院宣布该公司破产，公司债务总额达到5.42亿美元。②（2）卡达姆扎伊区

---

① Жамыйкат Орозбековна Омурова, "Сотрудничество Кыргызской Республики С Китайской Народной Республикой В Рамках Проекта «Один пояс-один путь»", Вестник ВолГУ. Серия 4, История Регионоведение Международные Отношения, Т. 24. № 5, 2019.

② "Как обанкротить Целый Город: Крах Кадамжайского Сурьмяного Комбината", КыргСоц（https：//kyrgsoc.org/krah-kadamzhajskogo-surmyanogo-kombinata/? ysclid=lmzxuyadbj666143973).

迈丹斯克镇沙姆贝塞油田。根据吉尔吉斯共和国《矿产法》和《矿产资源使用许可证法》的要求，油田开发的先驱 Z-Explorer 股份有限公司于 2012 年 12 月获得了开采沙姆贝塞油田地下矿产资源的 3164 AE 许可证。2017 年 1 月，中国天地国际矿业有限公司对油田进行了投资，获得了 Z-Explorer 股份有限公司母公司、澳大利亚人的马纳斯（吉尔吉斯）控股公司的全部股份。截至 2017 年 12 月，中国天地国际矿业有限公司在吉尔吉斯斯坦境内的地质工作中共投资了 22 亿索姆，其中 3.4 亿索姆构成了国家和地方预算的税收和非征税收入。(3) 中国黄金集团公司于 2012 年在吉尔吉斯斯坦注册成立了第一家海外子公司凯奇—恰拉特公司，2013 年凯奇—恰拉特公司获得了贾拉拉巴德州库鲁—捷盖列克铜金矿资源开采许可证。凯奇—恰拉特公司已投入了 105 亿索姆，创造了大约 500 个就业岗位。随着投入的加大，该公司为当地民众创造的就业岗位也会继续增加。(4) 2018 年 4 月 23 日，吉尔吉斯斯坦投资促进和保护局与中国国储能源化工贸易有限公司签署了水泥厂建设合作备忘录，投资额为 2.1 亿美元。该厂计划每年生产 100 万—130 万吨水泥，创造 320 个就业岗位。水泥的主要消费者将是吉尔吉斯斯坦和独联体国家的企业。厂房设计修建期限约为 19 个月。①

2. 国家外债

国家基础设施项目流入大量外来资金，致使吉尔吉斯斯坦对中国进出口银行的国家债务迅速增长。从 2008 年的 900 万美元增长至 2017 年 17.01 亿美元。截至 2017 年底，中国已成为吉尔吉斯斯坦政府的主要债权国，中国进出口银行的债务占吉政府外债总额的 42%，占吉国内生产总值的 24%。

如表 5-2 所示，吉尔吉斯斯坦基础设施项目贷款主要由中国政府以优惠贷款形式提供，年利率在 1.86%—2.5% 之间，偿还期是 20—25 年，宽限期 5—11 年。吉尔吉斯斯坦国内不少人士表示，在 2020 年代大部分贷款额度宽限期结束后，吉政府将感受到偿债负担。

---

① Жамыйкат Орозбековна Омурова, "Сотрудничество Кыргызской Республики С Китайской Народной Республикой В Рамках Проекта "Один пояс-один путь"", Вестник ВолГУ. Серия 4, История Регионоведение Международные Отношения, Т. 24. No 5, 2019.

根据国际货币基金组织和国际开发协会的联合评估，吉尔吉斯斯坦面临着中等债务风险，其债务状况仍然容易受到重大外部因素的冲击。吉尔吉斯斯坦是一个债务大国，外债总额已超过38亿美元，约为国内生产总值的一半。中国是吉第一大债权国，吉国政府和民众非常担心由此可能造成的经济依赖和主权受损。如2018年10月，吉财政部长阿德尔别克·卡西马利耶夫建议议会预算和财务委员会停止向中国进出口银行贷款，因为该银行在吉国外债总额中的占比高达44.8%。

3. 区域合作

对于吉尔吉斯斯坦而言，"一带一路"项目是与多个其他区域经济合作倡议同时实施的，包括中亚区域经济合作组织和欧亚经济联盟。

中亚区域经济合作组织日程的一个重要组成部分是协调中亚的多个运输项目和能源项目。目前，"一带一路"的基础设施发展项目已很好地融入了中亚区域经济合作组织的议程。在吉尔吉斯斯坦利用中国提供优惠贷款修复的所有道路都是中亚区域经济合作走廊的构成部分。中国的贷款往往被用来修复这些道路的一部分，道路的剩余部分则由其他发展伙伴（亚洲发展银行、世界银行、欧洲复兴开发银行、伊斯兰开发银行、日本国际协力事业团、阿拉伯协调小组等）出资修复。同样，中国在吉尔吉斯斯坦的输电线路和变电站项目也符合CASA-1000的设计以及中亚区域经济合作组织电力部门的发展计划。此外，其他捐助方资助的一些项目也是由中国公司作为承包商实施的，如中国路桥工程有限责任公司就承包了亚洲发展银行的项目。

作为欧亚经济联盟的成员国，吉尔吉斯斯坦支持欧亚经济联盟与"一带一路"的对接，2018年5月17日签署的《欧亚经济联盟与中华人民共和国经贸合作协定》是朝这一方向迈出的实质性步伐。该协定包括各种旨在促进相互投资、简化贸易手续、减少和消除中国与欧亚经济联盟成员国之间的非关税贸易壁垒的措施。该协定于2019年10月25日生效。

在表5-2中所示"一带一路"项目中，有一些项目也属于欧亚经济联盟基础设施发展计划的构成部分。例如，第二条南北公路被视为将俄罗斯和哈萨克斯坦与塔吉克斯坦和南亚连接通道的构成部分。

一些"一带一路"项目，特别是能源领域的项目，旨在加强吉尔吉斯斯坦对区域市场的独立性。例如，达特卡—克明输电线路项目旨在减少吉尔吉斯斯坦电网对通过哈萨克斯坦和乌兹别克斯坦电网输送电力的依赖。比什凯克热电厂改造项目的目标之一是改用当地煤炭发电，而不是使用进口煤炭和燃料油。

还应该指出的是，吉尔吉斯斯坦与其邻国的关系可能影响某些"一带一路"项目的效率。例如，中国在吉尔吉斯斯坦主要外国直接投资项目中大炼油厂，其盈利能力因俄罗斯政府决定不向吉尔吉斯斯坦供应的石油产品征收出口关税而受限。这一决定使吉尔吉斯斯坦国内市场上的俄罗斯汽油和柴油价格较低，从而对中大炼油厂生产的石油产品的销售造成了不利的价格局面。①

第二节 影响吉尔吉斯斯坦参与"一带一路"的因素

影响吉尔吉斯斯坦参与"一带一路"的因素，既有国内因素，也有国外因素。

一 国内因素

在对外开放的同时，吉尔吉斯斯坦自身仍面临着很多阻碍发展的问题。21 世纪以来，外国投资商与当地民众之间的冲突在吉尔吉斯斯坦时有发生，高峰时发生在 2010—2012 年，当时每年发生的冲突多达 300 起。② 这些事件暴露出吉尔吉斯斯坦的两个机制非常薄弱：使投资商的利益免受当地民众侵害的保护机制、投资商通过贪污和伪造政府文件侵

---

① Роман Могилевский, *Кыргызстан И Инициатива Пояса И Пути*, Доклад Института Государственного Управления И Политики Высшей Школы Развития Университета Центральной Азии № 50, 2019, с. 15 – 18.

② Елена Короткова, "В Бишкеке Нашли Способ Предотвращения Конфликтов Между Инвесторами И Местными Сообществами", *Международный Еженедельник "МК Азия"*, 01 Февраля 2018 Года (https://www.mk.kg/articles/2018/02/01/v-bishkeke-nashli-sposob-predotvrashheniya-konfliktov-mezhdu-investorami-i-mestnymi-soobshhestvami.html).

犯当地民众权利的惩罚机制。这种情况也在一定程度上影响到中国企业在吉尔吉斯斯坦的发展，进而使当地民众对"一带一路"倡议产生某些误解。

吉尔吉斯斯坦持续存在的问题包括民主化进程复杂、地方腐败严重、政权更迭频繁，有时还包括民间暴力频发、族裔间关系紧张、边界安全脆弱以及恐怖主义威胁上升。[1] 吉尔吉斯斯坦政治动荡、经济转轨困难、社会转型艰难的一个根本性原因在于国内缺乏凝聚力。长久以来，吉尔吉斯斯坦北部以首都为中心，发展速度较快，但是南部则以农牧业为主，经济发展缓慢。国家难以形成一个统一的发展模式来整合南北方经济，造成南北经济发展不平衡。2005年与2010年，吉尔吉斯斯坦发生两次动乱。南北矛盾、种族矛盾、政治动荡，无不体现这个国家的内部混乱。例如，2010年，南部奥什发生的严重骚乱，离不开民族间的仇视以及长时间不同民族间政治与经济发展的不平衡。[2] 2012年，吉政府推出乌兹别克语可以在南方作为与国语和官方语言并列的考试题目用语，又引起两个民族之间的冲突。这样复杂的国内环境势必对吉尔吉斯斯坦参与"一带一路"产生重要影响。2010年中国对吉尔吉斯斯坦投资量明显减少，主要受到了吉内部政治动荡的影响。中—吉—乌铁路迟迟不能完成的一个很重要的原因也在于吉尔吉斯斯坦与乌兹别克斯坦之间存在矛盾。[3]

中国企业在吉尔吉斯斯坦开展的项目合作中，争议较大的是金矿开采问题。目前，吉的金矿床主要由中国投资商进行开采，他们与当地民众有时会发生冲突。以2017年9月中国一投资商持1100万美元与吉合作伙伴注册成立的中吉合资金矿加工厂为例，自工厂开建起，当地居民就以生态环保问题为由表示不满，抗议时间长达半年。2018年2月底，当地居民骑马破坏了围栏，闯进了厂区。3月5日，抗议者举行了新闻

---

[1] "Central Asia: Kyrgyzstan"（https://www.cia.gov/library/publications/resources/the-world-factbook/geos/kg.html）.

[2] 顾德警、冯玉花：《2010年政变后吉尔吉斯斯坦面临的安全挑战》，《前沿》2013年第12期。

[3] Lam Kin-chung, Cai Chimeng, Dai Jinping and Lee Hiu-wai, *Hong Kong in the Belt and Road Initiative*, The Chinese University of Hong Kong Press, 2020.

发布会，提出了对工厂的合法性进行检查的要求。3月10日，吉政府成立了由30人组成的跨部门委员会，负责解决当地居民的不满情绪问题。4月1日，当地民众第一次举行游行，要求停止建设加工厂。4月8日，区政府颁布了关于该金矿加工厂暂停工作的命令，但当地人认为金矿加工厂采取了昼息夜作的方式。4月11日，跨部门委员会计划于当天上午10时对当地居民做解释工作，现场大概有1000名居民。谈话还没开始，就有一些人闹事，并向这些官员和警察投掷石块，造成区内务所副所长、两名警察和一名当地居民受伤，个别人进入停建的厂区并实施纵火和破坏。[①] 事件发生后，吉总理萨帕尔·伊萨科夫解除了吉列克·伊季利萨夫的贾拉拉巴德州托古兹—托罗乌兹区长职务，并责令内务部进行仔细调查。据不同报道，当地居民是受到了错误信息的误导才对金矿加工厂进行抢劫、纵火。一是吉列克·伊季利萨夫，如他对抗议者说"如果你们决心坚定，就可以停止建造这家工厂"；二是"马克马尔"金矿加工厂的工人为了自己的利益，通过收买当地民众，组织了上述活动。

在"一带一路"建设上，一方面是吉尔吉斯斯坦领导人频频发声支持"一带一路"，数额巨大的投资项目接踵而至，也有越来越多的中国企业参与吉尔吉斯斯坦的经济发展。另一方面却是吉尔吉斯斯坦部分人士屡次指出"一带一路"建设可能带来的问题，如民族工业的发展问题、经贸合作的多元化问题、对中国的债务依赖问题、中国投资项目的透明度问题等，部分民众更是采取了一些过激行为。

二 外部因素

苏联解体后的中亚建立起几个脆弱的新生国家，她们没有独立建立、治理国家的经验，也没有充分的材料和人力，方方面面都需要外部力量的帮助，尤其是实力雄厚的大国的帮助，这就为国际社会中的大国提供了向中亚渗透的机会，美国、欧盟、日本、韩国、伊朗、土耳其，巴基斯坦、伊斯兰世界、中国当前在中亚都有自身的利益所在。[②] 由于日本、

[①] 《中吉合资企业被人纵火，吉尔吉斯斯坦总理怒了!》，《环球网新媒体》2018年4月13日。
[②] 陈柯旭：《美国中亚战略研究——基于地缘政治视角》，博士学位论文，华东师范大学，2012年，第308页。

欧盟、印度、韩国等地区性国家在战略上对美国具有一定的追随性，再加上国家实力有限，各有其战略侧重，因而这些大国在中亚的影响是有限的、局部的和策略性的。所以，将中亚作为重要战略支点、并服务于大国战略的主要包括中国、美国和俄罗斯，这三个国家在中亚进行战略性地缘竞争。

俄罗斯积极和中亚国家建立独联体、独联体集体安全条约（后改为独联体集体安全条约组织）、关税同盟、欧亚经济共同体以及欧亚联盟，这些均表明俄罗斯试图全方位通过与中亚的政治、经济交往以及安全吸引来保障俄罗斯在中亚的战略优势，让中亚对俄罗斯产生依赖性。美国在中亚的行动，一方面包括以打击恐怖主义为口号的军事驻军。另一方面则以"新丝绸之路经济计划"为代表的经济联系，打造一条连接中亚、南亚和西亚经济贸易和交通运输国际网络。而中国，最为显著的就是上合组织与"一带一路"倡议。

目前，尽管俄罗斯对"一带一路"的态度比较积极，但是很难排除俄罗斯会担心中国借机扩大在中亚的影响力，以及未来俄罗斯与西方国家关系缓和导致对"一带一路"倡议的态度转变。① 吉尔吉斯斯坦2013年加入"一带一路"倡议之后，2014年12月俄罗斯就与吉签署了《吉尔吉斯斯坦加入欧亚经济联盟条约》②，将吉拉入欧亚经济联盟。2020年4月，俄罗斯总理米哈伊尔·米舒斯京在欧亚政府间理事会特别会议上指出，欧亚经济联盟愈发成熟，准备进入更高层次的一体化。③ 在俄罗斯看来，"一带一路"从多个方面挑战俄罗斯在中亚的影响力，例如多条绕过俄罗斯的运输通道以及影响俄罗斯与中亚的贸易和能源往来。④

美国认为，吉尔吉斯斯坦的民主发展可以作为中亚地区的典范，并

---

① 爱卡：《"一带一路"战略对中吉两国贸易的影响研究》，硕士学位论文，北京邮电大学，2017年，第27页。

② "Submitting the Treaty on the Accession of Kyrgyzstan to the Eurasian Economic Union to the Russian President for Ratification", *The Russian Government*, December 22, 2014（http://government.ru/en/docs/16232/）.

③ Мишустин, "ЕАЭС 'Созрело' К Более Глубокой Интеграции", *PNAOBOCTN*, April 23, 2020（https://radiosputnik.ria.ru/20200423/1570481776.html）.

④ Michal Makocki and Nicu Popescu, *Russia and China in Central Asia*, European Union Institute for Security Studies（EUISS），2016，p.40.

且，它的稳定与发展有利于稳定阿富汗和巴基斯坦的局势。① 中国实施"一带一路"倡议，被美国认为是对现有地缘政治和经济结构的挑战，是美国的首要挑战对手。② 在2017年的美国《国家战略报告》中，中亚还作为中东地区的一个附属地区。③ 之后中亚在美国国家战略中的地位上升，美国在中亚的地位被认为会影响美国在整个亚洲的地位。④ 在美国最新的《中亚战略（2019—2025年）》中，中亚成为一个独立的区域，甚至包括阿富汗。由此可以看出，美国在中亚的战略不仅具有连续性，还不断突出中亚的地缘性特征。

此外，吉尔吉斯斯坦民众对"一带一路"倡议的态度有时还会受到历史因素的影响、政治精英的操纵或外部势力的干扰。一方面，在帝俄和苏联大家庭里，中亚地区长期处于被支配地位，当代中亚国家都非常珍视得之不易的独立主权，害怕再次受制于任何大国，中国的崛起无疑给他们造成了心理压力和猜疑。另一方面，在苏联对国内中国研究的分工下，乌兹别克斯坦塔什干成为当时中国西北，特别是新疆状况的最重要的研究中心，哈吉两国则成为苏联对华，特别是对新疆政策的直接实施地，两国都有不少民众直接参与其中，并接收了不少新疆移民。苏联的这些影响使哈、吉两国部分民众有时会把中国作为一个假想敌，中苏关系问题、移民问题、新疆问题等成为相互交往当中的敏感话题。此外，对于吉尔吉斯斯坦而言，"中国威胁论"还被用作与中方和第三方国家谈判的工具。其一，夸大本国所受威胁的程度，引起地缘政治大玩家的关注。其二，通过多元外交政策，有利于从多个在该地区存在利益的权力中心获得资源。

吉尔吉斯斯坦的地理位置，既为国家发展带来机会，但在某些时候也会成为国家发展阻力。对于吉尔吉斯斯坦来说，"一带一路"倡议是

---

① USAID/Mali, *Country Development Cooperation Strategy*（2015-2020）, p. 4.

② Lam Kin-chung, Cai Chimeng, Dai Jinping and Lee Hiu-wai, *Hong Kong in the Belt and Road Initiative*, The Chinese University of Hong Kong Press, 2020.

③ *National Security Strategy of the United States of America*, The White House Washington, DC., 2017, p. 50.

④ Muqtedar Khan, "Where is Central Asia in the Current U. S. Grand Strategy", August 07, 2019（https：//cgpolicy. org/articles/where-is-central-asia-in-the-current-u-s-grand-strategy/）.

以中国为中坚力量的发展平台。参与"一带一路"意味着吉尔吉斯斯坦要将自身的国家战略与中国的发展战略有所契合。但是,吉尔吉斯斯坦除了选择"一带一路"之外,还拥有其他国家所提供的选择,例如美国的"新中亚战略"与俄罗斯的欧亚经济联盟。美国推行的"新中亚战略"可能会提升中亚国家与美国合作的热情与兴趣。① 而"新中亚战略"实施是为了平衡地区邻国对中亚国家的影响。② 这种情况带来的是,吉尔吉斯斯坦会基于国家利益,选择自身认为最有利的方案。这为吉尔吉斯斯坦参与"一带一路"的深度和广度增加了不确定性。

第三节 推动共建"一带一路"高质量发展的具体途径

"一带一路"倡议是新时代中国为世界发展提供的公共产品,具有重要的发展价值。吉尔吉斯斯坦基于发展的需求参与"一带一路"。自2013年吉尔吉斯斯坦加入"一带一路"倡议,吉尔吉斯斯坦就与中国开展了众多项目的合作。但是,需要正视的是,在吉尔吉斯斯坦融入"一带一路"倡议过程中,存在一些问题。这些问题的存在,影响吉尔吉斯斯坦参与"一带一路"的深度与广度。当前,吉尔吉斯斯坦急需发展,同时又面临许多问题。在推动共建"一带一路"高质量发展方面,可优先考虑从道路连通、民心互通两个方面开展相关工作,同时还要积极应对"中国威胁论"对吉尔吉斯斯坦参与"一带一路"倡议的负面影响。

一 道路连通

道路连通是"一带一路"倡议的主要内容之一。在中亚地区,有多个基础设施建设项目属于该领域。其中,中国—吉尔吉斯斯坦—乌兹别

---

① 曾向红:《美国新中亚战略评析》,《国际问题研究》2020年第2期。
② "United States Strategy for Central Asia 2019 – 2025: Advancing Sovereignty and Economic Prosperity",February 06,2020(http://icas.lzu.edu.cn/f/202002/729.html)。

克斯坦铁路是"丝绸之路经济带"中南部分支的一部分，经过南高加索、伊朗、土耳其将中国西部与欧洲连接起来。这是从中国西部到波斯湾港口的最短路线。

早在1995年，中国、吉尔吉斯斯坦和乌兹别克斯坦就已经开始讨论修建中—吉—乌铁路的问题。当时提出了两种方案：喀什—伊尔克什坦—奥什—安集延；喀什—吐尔尕特—巴雷克奇—卡拉克彻—贾拉拉巴德—安集延。其中，吉尔吉斯斯坦段的争议最大。到21世纪初，中吉两国政府讨论了中—吉—乌铁路吉尔吉斯斯坦段4种铁路建设方案：安集延—奥什—伊尔克什坦；贾拉拉巴德—巴噶什—卡扎尔曼—吐尔尕特；卡拉库利贾—阿莱库；卡拉苏—库尔纱布—乌兹根—阿尔帕—喀什。其中，第四种方案受到吉方支持。2001年6月，吉尔吉斯斯坦政府曾宣称"已就修建中—吉—乌铁路达成协议"，但此后项目的实施却一再推迟。其原因主要是中—吉—乌铁路建设项目在吉境内引发了不少质疑和批评。争议主要围绕以下主题：(1)该项目的资金及其来源。根据不同的估算，中—吉—乌铁路吉尔吉斯斯坦段的造价也一路从9亿美元攀升至65亿美元。吉长期缺乏资金，外债压力较大。对吉政府和人民来说，修建该条铁路是一笔巨大的投入。这也是该项目进展较慢的主要原因之一。为了融资，吉政府曾提出两种解决方法，即向中国寻求长期优惠贷款或用矿产产地向中国换取投资，但都遭到了部分力量的反对。(2)对地区防御能力的威胁。在铁轨标准上，中方主张1435毫米的欧洲标准，吉方主张1520毫米的俄罗斯标准。对此，俄罗斯边境合作联合会战略规划办公室主任亚历山大·索比亚宁认为，"从西部保障自身安全，中国需要修建中—吉—乌铁路，对俄罗斯的安全而言也是如此。在修建该铁路上，中国主张的1435毫米的欧洲标准会危及西伯利亚、伏尔加河沿岸以及乌拉尔地区的安全。吉尔吉斯斯坦打算签署的文件是犯罪文件，中国修筑铁路是为了获得吉尔吉斯斯坦的铝、铜、煤，同时从西部确保自身的安全。"① 俄罗斯人的观点无疑对吉尔吉斯斯坦在铁路修建问题上的态度产生

---

① Виктория Панфилова， "Китайская Дорога Разрежет Киргизию Пополам Версия Для печати"，*Независимая Газета*，17 Сентября 2013 Года（https：//www.ng.ru/cis/2013-09-10/7_kirgizia.html）.

第五章 "一带一路"倡议上的吉尔吉斯斯坦

了一定影响。时任吉尔吉斯斯坦总统战略分析研究所所长谢尔盖·马萨乌罗夫认为,"从吉尔吉斯斯坦和乌兹别克斯坦的利益出发,根本没有必要修这条铁路。除了矿产和油气资源外,吉乌两国根本不生产亚洲市场所需的商品。这完全是中国的利益。北京铺设天然气管道,修筑铁路和公路,这些基础设施都是中国从经济上利用中亚从而满足自身需求的一种方式"。欧亚大陆中部基础设施项目专家库巴特·拉希莫夫认为,"目前的情况只会使吉尔吉斯斯坦进一步分离成南方和北方两部分,而且铁路线的建设还会带来其他危险:利用吉、塔、乌国内的中国移民扩张领土"。"该铁路不会使吉尔吉斯斯坦增强国力,而是使乌兹别克斯坦变强,这会打破该地区的势力平衡。"① (3) 环境破坏问题。环保人士认为,没有对该项目进行可靠的环境评估,该项目的开发会给当地生态造成不可弥补的损害,加深冰川的融化,从而引发水资源和能源危机。(4) 其他方案的竞争。例如,"Temir Royal AG"吉尔吉斯—德国公司联合主席努尔兰·库尔曼别克夫声称,德方计划投资 20 亿欧元修建一条将吉南北部与通往中国的支线连接起来的铁路,条件是吉把铁路租赁给德方 49 年。② 这个德国方案由于多种原因而被搁置。除了德国方案,在包括吉尔吉斯斯坦在内的中亚地区铁路建设上,还有俄罗斯方案、伊朗方案、突厥语国家方案等。面对这些方案,吉尔吉斯斯坦政府时常陷入选择困境。

当前,吉尔吉斯斯坦、中国和乌兹别克斯坦三个国家对中—吉—乌铁路建设有着共同的政治愿望,但仍有许多悬而未决的问题:轨距、融资、建设和运营条件、具体路线、换料站的位置等。最初,该铁路计划从中国新疆喀什经过吉尔吉斯斯坦纳伦州和奥什州抵达乌兹别克斯坦安集延。后来,比什凯克提出了一条更长的替代路线:从纳伦州阿特—巴什区出发穿过贾拉拉巴德州卡扎尔曼后继续往南。在吉尔吉斯斯坦看来,

---

① Виктория Панфилова, "Китайская Дорога Разрежет Киргизию Пополам Версия Для печати", Независимая Газета, 17 Сентября 2013 Года (https: //www. ng. ru/cis/2013 - 09 - 10/7_ kirgizia. html) .

② Аскар Акталов, "Компания «Temir Royal AG» Намерена Построить Две Железные Дороги В Кыргызстане На 2 Миллиарда Евро", K-News, 05 Марта 2012 Года (https: // knews. kg/2012/03/05/kompaniya-temir-royal-ag-namerena-postroit-dve-jeleznyie-dorogi-v-kyirgyizstane-na-2-milliarda-evro/) .

这条铁路非常重要，希望它能连接该国南部和北部，并为开发矿产资源创造条件。不过，乌兹别克斯坦主张路线尽可能短。通过实施该项目，塔什干希望扩大与阿富汗、土库曼斯坦和伊朗的交通联系，成为平衡哈萨克斯坦的交通枢纽。

现在，中—吉—乌铁路吉尔吉斯斯坦路段（奥什—伊尔克什坦—喀什）尚未建成，所以货物在这一路段上通过公路运输。随着2016年6月卡姆奇克隧道和安格莲—帕普电气化铁路（造价约20亿美元）的开通，中—吉—乌铁路乌兹别克斯坦路段对中国与中亚国家之间道路连通发展的价值大幅增加，因为这条电气化铁路不仅把费尔干纳河谷与乌兹别克斯坦其他地区连接起来，而且还绕过塔吉克斯坦，直接将乌兹别克斯坦与吉尔吉斯斯坦的铁路系统连接起来。① 在《吉尔吉斯共和国2018—2040年国家发展战略》中，吉尔吉斯斯坦提出要在2023年达成中—吉—乌铁路协议并开始修建该铁路。这对于加快推进该条铁路建设是一个契机。在2022年1月举行的中国同中亚五国建交30周年视频峰会、2023年5举行的"中国中亚峰会"上，吉总统萨德尔·扎帕罗夫多次谈到了中—吉—乌铁路的建设问题。他强调："该战略项目的实施将使中亚地区摆脱交通僵局，连接约40亿人，扩大从亚洲经土耳其到欧洲、中东、伊朗、海湾国家和北非的运输地理范围。"② 在吉方的积极态度下，中—吉—乌铁路项目取得重大进展。2024年6月6日，三国政府间协定签字仪式在北京举行，为铁路的顺利开建铺平了道路。

相比而言，中国—吉尔吉斯斯坦—乌兹别克斯坦公路和比什凯克—纳伦—吐尔尕特公路进展较快。中—吉—乌公路全长959公里，贯穿喀什、伊尔克什坦、奥什、安集延、塔什干，是新疆塔里木盆地和阿姆河流域之间最长的贯通公路，可为建立通往欧亚、伊朗、阿富汗等地的跨境货物运输走廊奠定坚实基础，已于2018年2月开通运

---

① Сизов Георгий Андреевич, "Китайская Инициатива 'Пояс И Путь' В Центральной Азии: Успехи, Проблемы И Перспективы", *Проблемы Национальной Стратегии*, № 2 (65), 2021.

② "Почему Важно Построить ж/д Китай — Кыргызстан — Узбекистан, Рассказал С. Жапаров", Sputnik Кыргызстан, 19 Мая 2023 Года（https://ru.sputnik.kg/20230519/zhaparov-vazhnost-zhd-kitay-kyrgyzstan-ruz-1075460380.html?ysclid=lmzmyflqnx431250037）.

营。比什凯克—纳伦—吐尔尕特公路是吉尔吉斯斯坦第二条南北公路，已进入最后建设阶段，预计2024年投入使用。该公路将缩短比什凯克和奥什之间的距离，有助于中国货物通过该公路进入乌兹别克斯坦和塔吉克斯坦。

此外，为实现交通运输和贸易便利化，中国、巴基斯坦、吉尔吉斯斯坦和哈萨克斯坦早在1995年3月就签署了《过境运输四方协议》。该协议自2004年5月开始正式实施，后因2010年1月喀喇昆仑山高速公路发生塌方，车辆过境受阻而暂停运营。经过中巴两国工程师的努力，该路段于2015年9月重新开放通车。2020年5月，乌兹别克斯坦希望加入四方协议，以借助中巴经济走廊的公路基础设施和瓜达尔港的出海口发展本国经济。对吉尔吉斯斯坦而言，四方协议为其加强北上南下的经贸联系提供了保障，在乌兹别克斯坦加入的情况下还可使吉尔吉斯斯坦成为货物东来西往的重要交通枢纽，有利于刺激吉尔吉斯斯坦的经济活力，加快本国发展。

二 民心相通

在民心相通方面，历史文化因素具有特殊重要性。该问题呈现出涉及面广、主观性强、影响范围大、可解释性强等特点。在中吉两国交往过程中，历史文化因素发挥着重要的黏合剂的作用，但与此同时也存在个别有争议的问题，影响着两国人民对彼此的认知。

在吉尔吉斯斯坦的693.4万人口中，约有3.2万维吾尔人，在各民族人口中居第六位，而且主要居住在比什凯克及其周边地区以及奥什市和贾拉拉巴德市。在吉维吾尔人中有少数人支持新疆分裂主义。1989年吉国境内成立了一个名为"伊吉帕克"（团结）的维吾尔人协会，1994年该协会开始发行同名报纸（现每月出两期，每期印刷5800份）。该协会及其所属报纸长期发表支持新疆分裂的反华言论和文章，业已成为境外新疆分裂势力的主要力量之一。吉尔吉斯斯坦的某些精英人物时常利用"伊吉帕克"，发表反华言论，有时是为了把民众对政府的不满转移到外部因素上。但是，也应看到，上述情况只是问题的一个方面。吉尔吉斯斯坦境内有不少对中友好的维吾尔人，甚至有"伊吉帕克"协会成员脱离该组织，转而支持中国政策的情况。例如2014年发生的"卡拉汉事件"。H. M. 卡拉汉是吉国社会中具有一定影响力的维吾尔人之一。长期以来，他在新疆维吾尔问题上的思想一直被外界认为比较激进，曾因公开宣扬"中国在对'东突厥斯坦'的所有非汉族民众实施种族灭绝"的言论而得到"伊吉帕克"和境外新疆分裂势力的支持。但2009年在美国华盛顿举办的世界维吾尔人大会上，卡拉汉因受到了热比娅·卡德尔的排挤而开始与他们分道扬镳。2013年，卡拉汉在比什凯克用英文、俄文和维吾尔文发表《我是维吾尔人》一书（发行量为500册），明确指出外部势力对新疆问题的干涉、境外少数维吾尔人以新疆问题为由开展的利己活动是新疆分裂的两大根源。

此外，吉尔吉斯斯坦境内的华人华侨绝大部分对中国充满了深厚的感情，他们是中吉两国人民加强民间交往、增强互通互信的重要桥梁。吉尔吉斯斯坦独立后，其境内陆续成立了吉尔吉斯华裔协会、吉尔吉斯华侨协会、吉尔吉斯斯坦中亚华侨华人友好协会、吉尔吉斯中亚河南商会、吉尔吉斯斯坦中国和平统一促进会等社会团体和组织。他们通过各种形式向吉尔吉斯斯坦社会展现中国坚持和平发展、中华民族睦邻友好的形象，对于推进吉尔吉斯斯坦共建"一带一路"倡议和保护吉尔吉斯斯坦境内华人华侨的合法利益发挥了重要作用。2021年11月，吉尔吉斯华裔协会和吉尔吉斯华侨协会合并为吉尔吉斯斯坦华人华侨联合会。联合会将高举爱国主义旗帜，同心协力，与时俱进，继续发挥中吉两国人民的黏合剂作用。

三 积极应对"中国威胁论"对吉尔吉斯斯坦的影响

近代以来，国际经济重心和政治权力中心长期集中分布在北大西洋两岸，西欧诸国和北美国家占了世界经济的绝大部分。二战结束之初，以美国为首的西方国家经济总量占全球经济总量的70%以上。[①] 与之相适应，自近代以来，欧美国家主导的国际体系实质上是一种权力政治的关系，国家之间遵行着"势力均衡的法则"。西方主流观点认为，"世界是竞争性、冲突性、二元对立的，国际政治是零和游戏；各国只考虑自

---

① 徐步：《构建新型国际关系的理论内涵及时代意义》，《国际问题研究》2021年第3期。

己的利益，必然是各自为政，以邻为壑"①。特别是在大国关系上，西方传统学说大都强调大国之间为了争夺世界霸权而进行斗争，甚至是战争。这种旧的国际关系模式可以分为两种类型：一类是强权政治模式，主要由欧洲国家实施，以在世界划分势力范围和进行殖民扩张为主要目的，奉行殖民主义、强权政治、弱肉强食、优胜劣汰的丛林法则，结果是在世界各地引发了无数的冲突和战争；另一类是霸权政治模式，主要由美苏两个超级大国在二战结束后推行，以意识形态对抗和霸权争夺为主要目的，奉行霸权主义、零和游戏、赢者通吃的霸权法则，结果是使广大发展中国家的独立自主和发展能力受到严重威胁。无论是苏联推行的"社会主义大家庭"，还是美国推动的"自由民主阵营"，以及冷战后的"民主输出"和"华盛顿共识"，最后都在中东、中亚、非洲、拉丁美洲等地区陷入困境，引发了无数人间悲剧。② "搞意识形态划线、阵营分割、集团对抗，结局必然是世界遭殃。冷战的恶果殷鉴不远。"③ 几个世纪的争霸传统使西方国家的政府和智库也时常以自身的历史经验对待中国的崛起与发展，于是就产生了各种各样的"中国威胁论"。由于担忧中国会取代美国的世界霸权地位，格雷厄姆·艾利森提出了"修昔底德陷阱"，约瑟夫·奈提出了"金德尔伯格陷阱"，约翰·米尔斯海默则认为，"塑造国际体系的大国相互提防，其结果是争权夺利，终极目标是取得凌驾于他国的支配性权力，因为拥有支配性权力是保障自身生存的最好方式"④。长期以来，这种大国必定冲突、争夺霸权的理论指导着欧美国家的对外政策实践，并在全球范围内掀起了新一轮"中国威胁论"。

近年来，在西方国家掀起新一轮"中国威胁论"的影响下，周边国家的反华情绪明显上升，吉尔吉斯斯坦亦受此影响，在以下几方面表现出对华不友好：1. 金矿开采问题。目前，吉的金矿床主要由中国投资商

---

① 徐可清、王齐龙：《在"强起来"的过程中，外交如何作为？——专访外交学院院长兼中国外交培训学院院长秦亚青》，《中国新闻周刊》2017年第43期（总No.829）。

② 赵可金、史艳：《构建新型国际关系的理论与实践》，《美国研究》2018年第3期。

③ 《相互尊重 和平共处 合作共赢 习近平提出新时期中美关系三原则》，国际在线2021年11月16日（http://news.cri.cn/special/2e452f88-293d-4226-bbb3-79490fa39ea4.html）。

④ ［美］约翰·米尔斯海默：《大国政治的悲剧》，王义桅、唐小松译，上海人民出版社2014年版，第36页。

进行开采，他们与当地民众有时会发生冲突，如 2018 年 4 月发生的中吉合资金矿加工厂遭当地民众抢劫、纵火事件。2. 对中国的债务依赖问题。吉尔吉斯斯坦是一个债务大国，外债总额已超过 38 亿美元，约为国内生产总值的一半。中国是吉第一大债权国，吉尔吉斯斯坦政府和民众非常担心由此可能造成的经济依赖和主权受损。3. 维吾尔人问题。如前文提到的维吾尔人的"伊吉帕克"协会。

面对吉尔吉斯斯坦反华情绪的上升，我们应该积极应对，加强以下方面的工作。第一，加强对外宣传工作，以更加公众化的形式开展人文交流与合作，促使"民心相通"取得实效。除了用文字、数据阐释中国的民族政策和人权状况外，还应该更多地结合图片、视频、声音等资料，把具有生活气息和展现中国发展成就的影视剧作配上俄语声音和吉文字幕在两国当地媒体播放，使我们的宣传更接地气、更加生动，也更加真实。同时，更多地在吉尔吉斯斯坦开展民族文化展、科学技术展、教育成就展等，让更多的民众走进中国、认识中国。

第二，加强上合组织框架下的合作，加快成员国之间的安全一体化进程，使吉尔吉斯斯坦更加深刻地感受其与中国在安全上的相互依赖，消除吉尔吉斯斯坦对中国可能侵犯它们领土完整和主权独立的担忧，加强中吉两国"命运共同体"理念。

第三，选取一些在吉境内已取得实效的"一带一路"合作项目作为双方合作的样板工程，在吉尔吉斯斯坦等中亚国家多加宣传。在开展更多的合作项目之前，需要进行深入、系统的项目可行性研究，而且尽可能实施与民生相关的合作项目，使"丝绸之路经济带"建设切实惠及中吉两国民众。另外，在项目实施与验收过程中，有选择地吸纳吉尔吉斯斯坦境内一些较为中立的非政府组织参与进来。通过它们宣传参与"一带一路"建设给吉尔吉斯斯坦带来的收益，远比中国开展的公共外交成效更为明显，也更有说服力。最后，应尽量增强和确保双方项目确定、实施、验收等过程的透明性，杜绝项目运作当中出现腐败的可能性。

第四，"国民形象的魅力"是软实力的重要组成部分，它在一定程度上体现着国家的形象。所以，塑造国家形象不仅是政府行为，更应成为国民的公共责任。在全球化日益发展的今天，信息、资本、人员在世界市场上的流通达到了空前水平，随之传播的是国家和国民的形象。尤其是在对外交往过程中，人员发挥着"形象代言人"的作用，而且这种作用往往更直接、更真实，也更有效。每一个中国公民在对外交往中都应积极展现中国人民热爱和平、与邻为善、中国积极承担大国责任、不图争霸的形象。只有这样，所谓的"中国威胁论"才能不攻自破，"一带一路"倡议才能实现高质量发展。

参考文献

一 中文文献

（一）著作、学位论文

曹春艳：《吉尔吉斯斯坦政治稳定问题研究——基于政治制度化的视角》，硕士学位论文，兰州大学，2012年。

陈柯旭：《美国中亚战略研究——基于地缘政治视角》，博士学位论文，华东师范大学，2012年。

国家信息中心"一带一路"大数据中心、大连东北亚大数据中心、一带一路大数据技术有限公司、大连瀚闻资讯有限公司：《"一带一路"贸易合作大数据报告（2017）》（简版），2017年版。

蒋新卫：《冷战后中亚地缘政治格局变迁与新疆安全和发展》，社会科学文献出版社2009年版。

焦一强：《吉尔吉斯斯坦政治转型研究》，博士学位论文，华东师范大学，2009年。

刘庚岑、徐小云编著：《吉尔吉斯斯坦》，社会科学文献出版社2005年版。

赵会荣：《中亚国家发展历程研究》，社会科学文献出版社2016年版。

［美］肯尼思·华尔兹：《人、国家与战争：一种理论分析》，信强译，上海人民出版社2012年版。

［美］约翰·米尔斯海默：《大国政治的悲剧》，王义桅、唐小松译，上海人民出版社2014年版。

［美］兹比格纽·布热津斯基：《大棋局：美国的首要地位及其地缘战略》，中国国际问题研究所译，上海人民出版社2007年版。

［英］哈·麦金德：《历史的地理枢纽》，林尔蔚、陈江译，商务印书馆2010年版。

（二）论文、报道

邓浩：《苏维埃时期吉尔吉斯斯坦的民族自决问题（二）》，《喀什师范学院学报》（社会科学版）1999年第3期。

顾德警、冯玉花：《2010年政变后吉尔吉斯斯坦面临的安全挑战》，《前沿》2013年第12期。

焦一强：《影响吉尔吉斯斯坦政治转型的部族主义因素分析》，《俄罗斯中亚东欧研究》2010年第3期。

李玮：《吉尔吉斯斯坦境内极端组织及其极端化》，《现代国际关系》2018年第10期。

李志芳、田佳妮、徐明、朱荷琴、金轲：《吉尔吉斯斯坦农业发展概况》，《世界农业》2015年第4期。

廖成梅、杨航：《吉尔吉斯斯坦政党制度研究》，《新疆大学学报》（哲学·人文社会科学版）2015年第6期。

马海龙：《中亚华人、互惠实践与"一带一路"建设——以吉尔吉斯斯坦的东干人为例》，《青海民族研究》2019年第3期。

时事概览：《吉尔吉斯斯坦选举机构确认扎帕罗夫当选总统》，《世界知识》2021年第3期。

孙铭：《哈萨克斯坦构建威权政治制度研究》，《俄罗斯学刊》2017年第1期。

王林兵、雷琳：《吉尔吉斯斯坦议会制政体建构面临四大困境》，《新疆大学学报》（哲学·人文社会科学版）2014年第3期。

徐步：《构建新型国际关系的理论内涵及时代意义》，《国际问题研究》2021年第3期。

徐方清、王齐龙：《在"强起来"的过程中，外交如何作为？——专访外交学院院长兼中国外交培训学院院长秦亚青》，《中国新闻周刊》2017年第43期（总No.829）。

杨莉：《吉尔吉斯斯坦：实行议会制后的政局走向》，《当代世界》2018年第8期。

杨心宇：《吉尔吉斯"郁金香革命"的若干问题》，《俄罗斯研究》2006年第4期。

于施洋、王璟璇、杨道玲：《数说"一带一路"国别合作度》，《中国投资》2018 年第 19 期。

曾向红：《美国新中亚战略评析》，《国际问题研究》2020 年第 2 期。

张寒：《汉代兵役制度研究》，《人民论坛》2011 年第 26 期。

张玉艳：《中亚地区的中国学：历史、现状与前景》，《国际汉学》2022 年第 2 期。

赵可金、史艳：《构建新型国际关系的理论与实践》，《美国研究》2018 年第 3 期。

中央统战部研究室四处：《吉尔吉斯斯坦因民族问题引发骚乱对我国做好民族工作的启示》，《重庆社会主义学院学报》2010 年第 6 期。

《驻华使节畅谈"多元文化在丝路"》，《孔子学院》2016 年第 6 期。

二　俄文文献

（一）著作

Александр Князев, *Государственный Переворот 24 Марта 2005 г В Киргизии*, Бишкек, 2007.

Борис Акимович Исаев, *Политическая История：Революции*, ЛитРес, 2019.

Информационная Справка Агентства По Продвижению И Защите Инвестиций Кыргызской Республики（Министерство Экономики КР）, *Сотрудничество Кыргызской Республики И Китайской Народной Республики*, Бишкек, 2018.

Олкотт М. Б., *Второй Шанс Центральной Азии*, Москва, Вашингтон, 2005.

Решетняк А. В., *Терроризм И Религиозный Экстремизм В Центральной Азии：Проблемы Восприятия Кейс Казахстана И Кыргызстана*, Астана：КИСИ При Президенте РК, 2016.

Тураева М. О., *Экономика Киргизии：Институты И РесуРсы Развития：Научный Доклад*, М.：Институт Экономики РАН, 2016.

Чегирин Н. Я., *Политические Интересы Европейского Союза, НАТО, США И Российской Федерации В Кыргызской Республике*, Б.：Кырг. гос. ун-т им. И. Арабаева, 2018.

（二）论文

Артем Петров, "Артем Петров, "В Киргизии Отменили Режим ЧС Из-за

Снижения Случаев COVID – 19", *Российская Газета «Неделя Киргизия»*, №253（8901）, 2022.

Ботоева Ч. К., "Понятие Национальной Безопасности Кыргызской Республики", *Вестник КРСУ*, Том 15. № 1, 2015.

Е. Ионова, "О Смене Власти в Киргизии", *Россия И Новые Государства Евразии*, № 4（49）, 2020.

Георгиев А., "Грузия, Украина, Молдавия, Киргизия... Зона Влияния России На Постсоветском Пространстве Сжимается Как Шагреневая Кожа", *Военнопромышленный Курьер*, №11, 2005.

Жамыйкат Орозбековна Омурова, "Сотрудничество Кыргызской Республики С Китайской Народной Республикой В Рамках Проекта «Один пояс-один путь»", *Вестник ВолГУ. Серия 4, История Регионоведение Международные Отношения*, Т. 24. № 5, 2019.

И. Рыжов, М. Бородина, "Основные Приоритеты Внешней Политики Кыргызстана", *Россия И Новые Государства Евразии*, № 3（44）, 2019.

Кожемякин С. В., "Внешняя Политика Киргизии В Зеркале Интеграционных Процессов В Центральной Азии", *Постсоветский Материк*, № 1（1）, 2014.

Леонид Гусев, "Борьба Центральноазиатских Государств С Угрозой Исламизма", *Новое Восточное Обозрение*, №10, 2012.

Никита Мкртчян, Булат Сарыгулов, "Миграция В Современном Кыргызстане", *Демоскоп Weekly*, № 481 – 482, 2011.

Роман Могилевский, *Кыргызстан И Инициатива Пояса И Пути*, Доклад Института Государственного Управления И Политики Высшей Школы Развития Университета Центральной Азии № 50, 2019.

Самигулин Э. В., Парманасова А. Д., "Внешнеторговые Итоги Кыргызстана", *КМЮА Вестник*, №2, 2011.

Сизов Георгий Андреевич, "Китайская Инициатива 'Пояс И Путь' В Центральной Азии: Успехи, Проблемы И Перспективы", *Проблемы Национальной Стратегии*, № 2（65）, 2021.

（三）政策文件、统计报告

"В Ⅲ Квартале Загрузка Производственных Мощностей На

Предприятиях Составила 47，9％", Нацстатком，31 Октября 2020 Года（https：//news. myseldon. com/ru/news/index/239964721）．

Государственное Агентство Связи При Государственном Комитете Информационных Технологий И Связи Кыргызской Республики，*Отчет О Деятельности За 2018 Год*，Бишкек，2019．

Жогорку Кенеш Кыргызской Республики，*Закон Кыргызской Республики от 21 Сентября 2001 Года № 83 О Государственном И Негосударственном Долге Кыргызской Республики（В Редакции Законов КР От 26 Июля 2011 Года № 138，2 Июня 2014 Года № 86，20 Мая 2016 Года № 67）*，Министерство Юстиции Кыргызской Республики，22 Декабря 2020 Года（http：//cbd. minjust. gov. kg/act/view/ru-ru/916）．

Жогорку Кенеш Кыргызской Республики，*Закон КР От 24 Июля 2009 Года № 242 "Об Обороне И Вооруженных Силах Кыргызской Республики"（В Редакции Законов КР От 3 Февраля 2014 Года № 24，29 Ноября 2014 Года № 161，18 Марта 2017 Года № 46，1 Декабря 2017 Года N 197（2））*，Министерство Юстиции Кыргызской Республики，20 Ноября 2020 Года（http：//cbd. minjust. gov. kg/act/view/ru-ru/202668/70？mode＝tekst）．

Заключение Национальной Комиссии По Трагическим Событиям，Происшедшим На Юге Республики В Июне 2010 Года，Январь 2011 г．（http：//www. fergananews. com/article. php？id＝6871）．

Кабинет Министров КР，*Национальная Программа Развития Кыргызской Республики До 2026 Года*，Бишкек，2021．

"Конституция Кыргызской Республики"，*Министерство Юстиции Кыргызской Республики*，27 Июня 2010 Года（http：//cbd. minjust. gov. kg/act/view/ru-ru/202913）．

"Конституция Кыргызской Республики"，*Министерство Юстиции Кыргызской Республики*，05 Мая 2021 Года（http：//cbd. minjust. gov. kg/act/view/ru-ru/112213？cl＝ru-ru）．

Министерство Экономики И Коммерции Кыргызской Республики，*Программа Экономического Сотрудничества С РФ На 2022－2026 гг.*，

Бишкек, 2022.

Министерство Экономики И Коммерции Кыргызской Республики, *Программа Торгово-экономического Сотрудничества С КНР До 2030 г.*, Бишкек, 2022.

Национальный Совет Кыргызской Республики, *Национальная Стратегия Развития Кыргызской Республики На 2018–2040 Годы*, Бишкек, 2018.

Национальный Статистический Комитет Кыргызской Республики, *Кыргызстан В Цифрах (Статистический Сборник)*, Бишкек, 2014.

Национальный Статистический Комитет Кыргызской Республики, *Кыргызстан В Цифрах (Статистический Сборник)*, Бишкек, 2016.

Национальный Статистический Комитет Кыргызской Республики, *Кыргызстан В Цифрах (Статистический Сборник)*, Бишкек, 2017.

Национальный Статистический Комитет Кыргызской Республики, *Кыргызстан В Цифрах (Статистический Сборник)*, Бишкек, 2019.

Национальный Статистический Комитет Кыргызской Республики, *Кыргызстан В Цифрах (Статистический Сборник)*, Бишкек, 2020.

Национальный Статистический Комитет Кыргызской Республики, *Кыргызстан В Цифрах (Статистический Сборник)*, Бишкек, 2021.

Национальный Статистический Комитет Кыргызской Республики, *30 Лет Независимости Кыргызской Республики: Цифры И Факты*, Бишкек, 2021.

Национальный Статистический Комитет Кыргызской Республики, *Кыргызстан В Цифрах (Статистический Сборник)*, Бишкек, 2023.

Национальный Статистический Комитет Кыргызской Республики, *Перепись Населения И Жилищного Фонда Кыргызской Республики 2022 Года (Книга II)*, Бишкек, 2023.

Национальный Статистический Комитет Кыргызской Республики, *Уровень Бедности В Кыргызской Республике В 2022 Году*, Бишкек, 2023.

Национальный Статистический Комитет Кыргызской Республики, *Основные Показатели Социально-экономического Развития Кыргызской Республики в Январе-августе 2023 Года*, Бишкек: Экспресс-информация,

11 сентября 2023года.

Правительство Кыргызской Республики, "Постановление Об Утверждении Методики Определения Черты Бедности От 25 Марта 2011 Года № 115"（http：//cbd. minjust. gov. kg/act/view/ru-ru/92513？cl＝ru-ru#p1）.

Президент Кыргызской Республики, *Военная Доктрина Кыргызской Республики（Утверждена От 15 Июля 2013 Года, В Редакции Указа Президента КР От 20 Ноября 2017 Года УП № 266）*, Министерство Юстиции Кыргызской Республики, 20 Ноября 2020 Года（http：//cbd. minjust. gov. kg/act/view/ru-ru/900232）.

Президент Кыргызской Республики, *Военная Доктрина Кыргызской Республики（Утверждена Указом Президента Кыргызской Республики От 6 Июля 2023 Года № 170）*, Министерство Юстиции Кыргызской Республики, 02 Октября 2023 Года（http：//cbd. minjust. gov. kg/act/view/ru-ru/435095？ysclid＝ln5nm64huz580024597）.

Президент Кыргызской Республики, *Концепции Иациональной Безопасности Кыргызской Республики*, Министерство Юстиции Кыргызской Республики, 20 Декабря 2021 Года（http：//cbd. minjust. gov. kg/act/view/ru-ru/430815？ysclid＝ln5npqxpig856027716）

Президент Кыргызской Республики, *Концепция Внешней Политики Кыргызской Республики*, Министерство Юстиции Кыргызской Республики, 10 Января 2007 Года（http：//cbd. minjust. gov. kg/act/view/ru-ru/4569？cl＝ru-ru）.

Президент Кыргызской Республики, *Концепция Внешней Политики Кыргызской Республики*, Министерство Юстиции Кыргызской Республики, 11 Марта 2019 Года（http：//cbd. minjust. gov. kg/act/view/ru-ru/430045）.

三　英文文献

（一）著作

James Hackett, ed., *The Military Balance 2023*, Taylor & Francis, 2023.

Kemel Toktomushev, *Central Asia and the Silk Road Economic Belt*, University of Central Asia: Policy Brief 2016 – 1.

Lam Kin-chung, Cai Chimeng, Dai Jinping and Lee Hiu-wai, *Hong Kong in the Belt and Road Initiative*, The Chinese University of Hong Kong Press, 2020.

Michal Makocki and Nicu Popescu, *Russia and China in Central Asia*, European Union Institute for Security Studies (EUISS), 2016.

National Security Strategy of the United States of America, The White House Washington, DC., 2017.

（二）论文

Ariel Cohen, "Kyrgyzstan's Tulip Revolution", *The Washington Times*, March 27, 2005.

Danny Anderson, "Risky Business: A Case Study of PRC Investment in Tajikistan and Kyrgyzstan", *The Jamestown Foundation*, *China Brief*, Vol. 18, Issue 14, August 10, 2018.

Theodor Tudoroiu, "Rose, Orange, and Tulip: The Failed Post-soviet Revolutions", *Communist and Post-communist Studies*, Volume 40, Issue 3, September 2007.

"Turkmenistan-Kyrgyzstan: To New Horizons of Strategic Partnership", *Neutral Turkmenistan*, No. 27 (496), 2021.

（三）研究报告

European Training Foundation, *Country Analysis 2005: Kyrgyzstan*, 2005.

Kyrgyzstan Inquiry Commission, *Report of the Independent International Commission of Inquiry into the Events in Southern Kyrgyzstan in June 2010*, Bishkek, 2011.

Linda Kartawich, Kyrgyzstan: Parliamentary Elections February 2005, *NORDEM Report*, September 2005.

USAID, *Country Development Cooperation Strategy (2015 – 2020)*, Mali Forward: Public Version, 11.

本书附件

附件1　1991—2022年吉尔吉斯斯坦GDP、军费开支、通货膨胀率、美元与索姆汇率一览表

年单位	1991	1992	1993	1994	1995	1996	1997	1998	1999	2000	2001	2002	2003	2004	2005	2006
GDP总额，亿美元	25.7	23.2	20.8	16.8	16.6	18.3	17.7	16.5	12.5	13.7	15.3	16.1	19.2	22.1	24.6	28.3
人均GDP，美元	993.5	845.7	714.8	571.4	535	564.5	611.5	675.06	689.42	718.34	749.42	742.44	786.35	831.48	820.72	837.13
军费开支，百万美元	—	—	—	12.1	26.7	28.3	31.2	26.1	23.1	25.8	22.2	25.9	32.6	37.2	39.7	47.2
通货膨胀率，%	—	—	1086.2	180.7	42.2	31.9	23.4	10.5	35.9	19.7	6.9	2.1	3	4.1	4.3	5.6
索姆/美元	—	—	3.1	8.11	10.72	11.07	16.89	17.48	31.39	47.23	48.79	48.46	46.15	43.34	41.9	40.65

续表

年单位	2007	2008	2009	2010	2011	2012	2013	2014	2015	2016	2017	2018	2019	2020	2021	2022
GDP 总额, 亿美元	38	51.4	46.7	47.9	62	66.1	73.4	74.7	66.8	68.1	77	82.7	88.7	77.8	87.4	109.3
人均 GDP, 美元	900.03	966.42	982.38	966.15	1011.32	993.74	1080.55	1101.71	1121.08	1146.1	1177.44	1197.61	1226.82	1102.66	1151.1	1211.74
军费开支, 百万美元	50.9	61.1	67.2	77.2	86.4	107.5	119	128	117	115.6	121.5	127.1	128.9	131.1	133.3	149.8
通货膨胀率, %	10.2	24.5	6.8	8.0	16.6	2.8	6.6	7.5	6.5	0.4	3.2	1.5	1.1	6.3	11.9	13.9
索姆/美元	38.51	36.12	36.77	44.41	47.24	46.64	47.51	49.89	59.64	76.18	69.43	68.99	69.85	69.66	84.55	84.89

资料来源:"Киргизия-ВВП", 20 Сентября 2023 Года (https://ru.tradingeconomics.com/kyrgyzstan/gdp);"Киргизия-ВВП На Душу Населения", 20 Сентября 2023 Года (https://ru.tradingeconomics.com/kyrgyzstan/gdp-per-capita);"Киргизия-Военные Расходы", 20 Сентября 2023 Года (https://ru.tradingeconomics.com/kyrgyzstan/military-expenditure);"Уровень Инфляции В Киргизии", 20 Сентября 2023 Года (https://svspb.net/danmark/infljacija.php?l=kirgizija&yselid=lmskk1gdm468356 0200);"Киргизия-Валюта", 20 Сентября 2023 Года (https://ru.tradingeconomics.com/kyrgyzstan/currency) 及吉尔吉斯斯坦官方的相关报道。

附件 2　1990—2022 年吉尔吉斯斯坦国家预算与资金来源情况

单位：万索姆

	1990	1991	1992	1993	1994	1995	1996	1997	1998	1999	2000	2001	2002	2003	2004	2005	2006
预算收入	1243	1773	12811	84795	189117	274592	393308	509029	626272	809146	1002912	1253969	1441171	1620904	1833573	2036730	2507852
预算支出	1590	2437	23108	122577	281275	461052	520236	669568	729834	931196	1130822	1225573	1518861	1689059	1884152	2014325	2529661
预算赤字	-347	-664	-10297	-37782	-92158	-186460	-126928	-160539	-103562	-122050	-127910	28396	-77690	-68155	-50579	22405	-21809
资金来源总额			12169	40934	96443	186460	126834	160539	98689	137684	148016	-24092	77638	59619	71827	20092	93615
国内融资			11703	32930	44929	101353	60385	28788	1995	-17407	-9887	-5600	-3865	-18159	41649	-3523	96106
国外融资			466	8004	51513	85108	66449	131751	96695	155090	157903	-18492	81503	77778	30177	23615	-2490

	2007	2008	2009	2010	2011	2012	2013	2014	2015	2016	2017	2018	2019	2020	2021	2022
预算收入	3598844	4659764	5566944	5801322	7788039	8700812	10194085	11942812	12842290	13066994	14954745	15160709	16741223	15213989	20993716	30074163
预算支出	3585935	4503203	5862821	6878120	9154410	10724043	10427133	12130366	13457222	15155887	16602361	15779599	16784394	17187392	21170080	31114232
预算赤字	12909	156561	-295877	-1076798	-1366371	-2023231	-233048	-187554	-614932	-2088893	-1647616	-618890	-43171	-1973404	-176364	-1040069
资金来源总额	82559	15969	436709	1306410	1838419	2221592	785607	1209546	1939761	2687184	2280679	1316969	1118939	2915071	1781038	3329861
国内融资	13091	88568	-1073258	642453	896092	663399	-985365	-1004243	309946	768803	520459	1132262	824841	909500	531686	637656
国外融资	-48350	-72599	1509966	663957	942327	1558193	1770972	2213789	1629815	1918381	1760220	184707	294098	2005572	1249353	2692205

资料来源：根据吉尔吉斯斯坦国家统计委员会官网（http：//www.stat.kg/ru/statistics/finansy/）资料绘制而成。

附件3　　1992—2022年吉尔吉斯斯坦国家外债结构

单位：万美元

债权方		1992	1993	1994	1995	1996	1997	1998	1999	2000	2001	2002	2003	2004	2005	2006	2007
双边优惠贷款	总额	497	497	458	8190	10521	10019	13531	21102	22819	22272	26260	31289	33840	31402	33419	35621
	①	497	497	497	497	458	343	229	114	—	603	1029	1342	1363	1394	1440	856
	②	—	—	—	—	—	101	443	387	355	337	408	513	568	503	570	646
	③	—	—	4045	6592	8376	7679	10532	16975	18356	17171	19704	23071	24819	22525	22776	23850
	④	—	—	41	1101	1688	1896	2288	2123	2001	1978	2431	3392	3882	3743	5209	6772
	⑤	—	—	—	—	—	—	—	1358	1327	1235	1386	1419	1651	1677	1839	1821
	⑥	—	—	—	—	—	—	39	145	781	949	1301	1553	1557	1561	1584	1677
	⑦	—	—	—	—	—	—	—	—	—	—	—	—	—	—	—	—
	⑧	—	—	—	—	—	—	—	—	—	—	—	—	—	—	—	—
	⑨	—	—	—	—	—	—	—	—	—	—	—	—	—	—	—	—
	⑩	—	—	—	—	—	—	—	—	—	—	—	—	—	—	—	—
双边非优惠贷款	总额	—	3456	5555	4237	16384	16994	21258	21369	23497	23729	24301	25360	26203	26084	26167	26338
	（1）	—	—	—	—	—	—	—	—	—	—	—	—	—	—	—	—
	（2）	—	—	—	—	—	—	—	111	524	646	582	585	589	300	315	327
	（3）	—	—	—	—	—	—	—	—	—	46	219	496	672	421	911	967

续表

债权方		1992	1993	1994	1995	1996	1997	1998	1999	2000	2001	2002	2003	2004	2005	2006	2007
	总额	—	8338	16034	29850	39501	52580	66408	77927	82818	88608	101323	117713	130674	127965	136532	144494
	1	—	6072	10058	12445	13939	16563	17473	19059	18794	17901	18400	20190	20694	20555	16537	14983
	2	—	—	—	—	—	—	—	—	226	374	670	730	682	648	561	493
	3	—	—	—	3259	5709	10673	15528	23250	24119	29014	34029	40154	47717	46688	53251	58348
多边优惠贷款	4	—	—	—	—	—	—	—	—	—	—	—	—	—	—	—	—
	5	—	—	—	—	—	—	—	—	—	—	—	—	—	—	—	—
	6	—	—	—	—	—	—	—	—	—	—	—	—	—	—	—	—
	7	—	2266	5976	14146	19683	25120	32837	34258	37613	38867	45321	52910	57422	55828	61204	65653
	8	—	—	—	—	170	172	165	654	1178	1527	1805	2368	2549	2749	3311	3255
	9	—	—	—	—	—	52	118	225	396	452	575	721	922	901	1003	1027
	10	—	—	—	—	—	—	288	481	492	473	525	638	688	596	666	736
	总额	—	—	—	924	3242	4820	5149	600	646	578	510	442	374	306	238	170
多边非优惠贷款	i	—	—	—	—	9	53	48	—	—	—	—	—	—	—	—	—
	ii	—	—	—	924	3233	4767	5101	600	646	578	510	442	374	306	238	170
吉政府担保贷款		—	2301	2301	2301	3114	3142	3574	10207	9856	8433	5511	6049	3851	2467	1659	1037
共计		497	14592	28473	45502	72761	87555	109920	131204	139635	143621	157905	180852	194942	188223	198014	207660

续表

债权方		2008	2009	2010	2011	2012	2013	2014	2015	2016	2017	2018	2019	2020	2021	2022
多边优惠贷款	总额	41457	75662	89486	103219	126438	151766	186805	206048	221010	243022	220189	224168	224568	224691	218532
	①	914	4679	15095	27263	52747	75843	111589	129640	148283	170813	171938	177851	176600	179776	178223
	②	619	640	593	577	588	615	541	485	469	533	499	469	489	449	403
	③	30308	30347	34141	35738	32057	26312	22939	22902	23599	24363	24437	23919	24205	21720	17949
	④	6599	6777	6553	6826	7367	9044	9553	9402	7599	8697	8088	7657	8314	7379	6652
	⑤	1358	1466	1492	1483	1595	1737	1666	1562	1512	1704	1595	1482	1492	1327	1182
	⑥	1659	1753	1613	1332	1066	926	865	973	855	758	1106	691	797	807	807
	⑦	—	30000	30000	30000	30000	30000	30000	30000	2700	24000	—	—	—	—	—
	⑧	—	—	—	—	18	128	387	743	1117	1549	1766	1957	2890	4199	4966
	⑨	—	—	—	—	1000	7055	9000	9700	9700	9700	9700	9327	8954	8214	7468
	⑩	—	—	—	—	—	106	265	642	876	906	1060	815	846	820	882
双边非优惠贷款	总额	25959	25424	25401	25054	19997	1122	1015	927	886	935	871	815	828	754	656
	(1)	—	—	—	14	7	—	—	—	—	—	—	—	—	—	—
	(2)	344	335	335	335	334	331	327	321	313	303	292	277	260	251	227
	(3)	866	752	757	752	764	791	688	606	573	631	579	538	568	503	429

续表

债权方		2008	2009	2010	2011	2012	2013	2014	2015	2016	2017	2018	2019	2020	2021	2022
总额		144619	146176	146102	150392	153787	158981	151826	149039	148133	159938	156335	155013	191306	199945	224271
多边优惠贷款	1	16458	16714	17665	18181	19054	20273	18520	18821	18804	20028	16684	14034	37638	34045	45370
	2	421	346	275	203	132	394	400	451	484	474	536	514	451	411	369
	3	56935	58300	56424	58336	59465	60708	58357	57544	56788	60077	58219	56565	60540	66847	70505
	4	—	—	—	—	—	—	038	353	548	1149	2738	3216	4360	6872	16574
	5	—	—	—	—	—	—	—	—	—	—	—	1119	3650	5655	5417
	6	—	—	—	—	—	—	—	544	1581	1799	1718	1678	1825	1697	1593
	7	65120	65598	64935	66049	67484	69709	67150	63929	61821	66680	66016	65766	67743	65238	63617
	8	3838	3510	5217	6105	6172	6396	5902	5948	6459	7701	7988	9291	11831	15681	16653
	9	1164	1017	962	923	888	896	937	994	1217	1557	2008	2435	2863	2833	2838
	10	682	692	624	595	593	606	522	457	431	473	428	396	406	354	311
多边非优惠贷款	总额	102	34	416	1542	2963	3999	4061	4095	4245	5088	5180	5078	5025	4441	4830
	i	—	—	—	—	—	—	—	—	—	—	—	—	—	—	—
	ii	102	34	416	1542	2963	3999	4061	4095	4245	5088	5180	5078	5025	4441	4830
吉政府担保贷款		651	262	162	056	—	—	—	—	—	—	—	—	—	—	—
共计		212789	247558	261567	280263	303185	315869	343707	360109	374274	408983	382575	385073	421745	429830	448288

注：*2021年4月亚洲投资开发银行开始向吉尔吉斯坦提供优惠贷款，2021年优惠贷款额为313万美元，2022年优惠贷款额度达到了1025万美元。

双边优惠贷款：①中国进出口银行；②法国银行；③日本国际合作银行；④德国复兴信贷银行；⑤韩国进出口银行；⑥科威特阿拉伯经济发展基金；⑦俄罗斯；⑧沙特发展基金；⑨土耳其政府；⑩阿联酋阿布扎比发展基金。

双边非优惠贷款：(1)白俄罗斯；(2)丹麦"丹尼达"；(3)德国黑尔梅斯担保信贷股份公司。

多边优惠贷款：1. 国际货币基金组织；2. "欧佩克"石油输出国组织；3. 亚洲发展银行；4. 欧亚发展银行（欧亚经济共同体反危机基金/欧亚稳定和发展基金）；5. 欧洲投资银行；6. 欧盟；7. 世界银行集团国际开发协会；8. 伊斯兰开发银行；9. 国际农业发展基金；10. 北方发展基金。

多边非优惠贷款：i 中亚合作与发展银行；ii 欧洲复兴开发银行。

资料来源："Структура Государственного Внешнего Долга КР По Состоянию На 31.01.2020 Года", *Министерство Финансов Кыргызской Республики* (http://www.minfin.kg/ru/novosti/mamlekettik-karyz/tyshky-karyz/struktura-gosudarstvennogo-vneshnego-dolga-kyrgyzs)；"Структура Государственного Внешнего Долга КР На 2020 Год（в млн. долл. США）"，"Структура Государственного Внешнего Долга КР На 2021 Год（в млн. долл. США）"，"Структура Государственного Внешнего Долга КР На 2022 Год（в млн. долл. США）"（https://minfin.kg/pages/show/page/vneshniy-dolg）。

附件 4　　　　　　　　　　2006—2022 年吉尔吉斯斯坦外国投资流入量与流出量情况表　　　　　　　　　　单位：千美元

	2006	2007	2008	2009	2010	2011	2012	2013	2014	2015	2016	2017	2018	2019	2020	2021	2022
外国投资流入量																	
总额	2514011.6	3158033.0	4397733.7	4564775.1	3572451.0	4947985.9	4335854.0	5487045.7	5415672.0	5615352.8	5335050.4	5219899.8	6939125.6	7279947.0	6926781.8	6331356.0	9025556.8
非独联体国家	1544061.8	2230039.3	2615919.7	2962964.1	2746646.3	4091413.3	3414807.1	4286505.0	3666045.4	3275934.4	3343454.2	3793760.1	4830437.3	5530272.6	4783453.8	3801344.4	4276838.8
澳大利亚	5505.7	16098.0	30478.6	34003.3	47073.5	15317.0	10249.8	13029.0	43578.4	5744.6	4957.5	4403.0	7007.9	5748.3	3910.1	2853.7	34506.7
奥地利	101.1	15502.5	16356.8	373.9	891.0	1822.3	183.2	341.3	565.2	1841.4	227.4	229.7	34.1	4.3	12.9	33.1	145073.4
阿富汗	776.9	2287.2	12664.1	8781.5	2210.2	3553.8	4706.8	1990.4	2590.0	359.1	792.3	79.9	143.7	1347.7	1276.2	1496.5	750.4
比利时	803.8	399.1	739.3	1969.1	381.7	2607.2	264.4	5818.2	7914.9	1238.0	2206.9	7086.9	5062.0	1196.2	286.4	130.7	86359.7
玻利维亚	2.1	20.0	2.6	—	1.4	—	—	—	—	—	—	—	—	—	—	—	—
保加利亚	171.7	374.9	41.1	285.5	131.4	184.4	179.4	11.3	522.7	2567.7	1072.3	256.6	418.9	702.4	418.1	674.7	231.8
巴西	623.9	304.3	1769.2	406.7	180.0	—	81.7	—	52.7	—	59.4	—	—	—	—	—	—
英国	91577.7	119954.3	161417.5	154682.9	113932.1	131357.9	142064.8	180503.7	262536.7	283418.6	52670.6	73241.2	140332.9	128830.8	180685.4	121523.2	291811.2
匈牙利	664.2	11841.5	12058.3	978.2	211.3	312.0	88.3	56.4	15.1	1.6	0.7	564.0	1.5	0.1	110.0	1.4	—
英国维尔京群岛	9404.7	14510.2	190007.1	60238.9	78249.8	51472.7	43697.1	21309.1	37313.4	682.4	76613.4	25326.2	14810.8	17396.1	6223.8	7596.8	10073.1

续表

外国投资流入量

	2006	2007	2008	2009	2010	2011	2012	2013	2014	2015	2016	2017	2018	2019	2020	2021	2022
中国大陆	92721.5	57845.8	114069.3	254858.9	231550.4	356200.9	662149.4	883290.5	468781.8	1258393.5	781244.0	996325.7	690135.7	865291.3	435887.2	546922.0	865739.4
中国香港	—	—	1982.4	1540.7	3673.7	0.4	570.2	86.5	59.4	17.0	56.3	783.5	5602.7	19643.9	10891.6	2374.4	29055.6
德国	68310.8	49861.6	74558.0	37210.3	55256.1	83280.8	72528.0	42416.5	65295.1	45002.5	15257.1	70734.1	37311.5	29989.9	12329.6	24239.0	125640.7
希腊	0.4	185.2	—	—	37.6	—	81.4	512.9	32.3	3608.2	204.4	107.9	140.2	216.7	124.4	236.9	263.0
格鲁吉亚	—	—	—	496.5	620.9	1487.2	910.6	211.6	1373.7	830.9	418.5	1167.6	10305.3	21663.6	7204.2	1519.9	2193.3
丹麦	20.8	527.9	85.4	183.4	70.9	44.8	586.9	106.8	135.6	58.3	130.6	13.2	363.6	2.2	1464.0	877.9	3042.2
埃及	5.1	9.1	0.2	2.1	47.3	91.6	58.4	38.6	17.9	9.4	52.5	38.6	18.4	32.2	35.6	59.9	179.6
多米尼加	—	451.2	1311.8	1683.5	2127.3	659.6	1261.9	521.1	3737.0	5066.2	6010.9	2082.8	2910.9	3951.9	3159.0	3888.8	200.8
以色列	690.1	2240.9	2781.1	6767.5	329.7	743.9	1714.2	570.6	954.8	20.9	606.1	29.0	40.0	373.1	309.9	16.4	7801.5
印度	5413.8	2145.8	9544.6	1436.8	3684.9	12312.0	9877.9	6300.4	2323.8	392.1	4523.9	495.7	1254.7	796.6	2317.6	2485.4	7196.6
约旦	242.3	372.6	880.1	—	190.9	870.9	457.3	493.2	308.0	486.6	0.3	488.4	360.8	409.5	2072.0	1688.5	3241.7
伊朗	2653.9	3598.5	11630.6	5807.4	5799.8	9011.9	2975.4	4561.3	2329.8	2359.8	1055.8	10800.0	16819.7	489.1	687.8	572.1	909.0
爱尔兰	64.8	54.5	312.3	314.1	7780.9	1143.9	2245.9	3011.9	2403.6	963.6	7100.8	361.4	544.1	3483.5	1831.1	2477.7	1749.3
冰岛	1836.6	0.4	—	—	—	—		11.4	115.0	5.3	—	—	—	—	0.3	1.0	1.0

续表

外国投资流入量

	2006	2007	2008	2009	2010	2011	2012	2013	2014	2015	2016	2017	2018	2019	2020	2021	2022
西班牙	393.6	432.7	796.1	904.7	702.6	271.0	625.8	1270.4	1738.0	834.4	102.2	587.6	340.6	555.0	40.2	212.2	1454.9
意大利	3362.1	8308.4	1872.0	589.9	2846.4	1682.8	3656.6	2347.7	3509.6	783.6	4872.5	712.6	2484.8	1024.0	532.4	3396.3	42480.9
开曼群岛	—	—	—	—	—	—	503.7	378.3	2214.4	—	2226.5	390.3	6.5	278.1	2200.2	2831.4	3610.8
加拿大	852054.0	841453.1	1249096.9	1643610.4	1482179.6	2567952.9	1459080.0	1963444.0	1626460.8	956586.4	1384374.4	1480519.9	2930960.9	3582025.0	3461598.3	1782404.3	40913.2
塞浦路斯	33872.6	41102.8	43697.3	19746.3	43914.2	31853.7	11216.6	68546.1	39418.1	38415.7	29915.8	22433.9	44907.5	54449.3	13290.1	35072.4	105197.0
韩国	3991.0	20259.3	56011.7	24825.6	35566.0	15584.5	133185.3	53246.6	79665.6	24577.8	23566.0	15397.7	24317.6	5236.5	15919.1	42900.0	24189.3
古巴	—	0.6	2.6	—	1.1	—	—	11.4	—	—	237.6	—	43.8	73.8	—	—	—
科威特	461.1	1077.0	2138.2	4888.4	411.0	—	0.9	195.1	8.4	4288.3	4022.4	1528.5	22638.3	2560.3	752.8	4105.3	8858.9
拉脱维亚	2089.9	4182.3	18201.5	6132.5	7135.0	213836.7	7639.2	8720.3	5692.4	3467.7	1726.3	1653.3	1296.4	5965.2	847.5	1897.1	3672.4
立陶宛	1390.6	1568.8	870.1	267.9	1738.1	759.6	4766.4	5699.2	9985.4	3192.4	5232.9	2496.0	6193.5	2001.9	2190.6	1807.9	3850.8
列支敦士登	22.5	23.6	97.7	—	1250.0	—	1000.0	2500.0	1003.4	0.4	0.1	—	—	—	1070.9	48.5	—
马来西亚	—	42.6	77.4	1.3	0.4	528.4	1.4	433.6	1866.3	214.5	18.2	55.1	108.1	6440.8	1.1	—	14.8
卢森堡	—	5888.0	5262.5	12.8	2984.0	14314.3	20929.4	89091.6	77728.3	28446.6	19132.6	38824.0	31874.0	39363.3	29307.9	36072.1	12355.2
马耳他	—	13.9	—	80.5	89.6	—	—	5.7	81.5	400.3	—	—	14.6	353.4	223.4	178.3	628579.5

续表

	外国投资流入量																
	2006	2007	2008	2009	2010	2011	2012	2013	2014	2015	2016	2017	2018	2019	2020	2021	2022
摩洛哥	—	684.3	30.3	4072.5	0.1	68.4	0.4	4.4	12.3	4288.3	1.4	—	2.7	1.3	0.8	12.1	0.5
荷兰	209.4	4023.7	3658.1	3683.7	12095.8	32635.0	17991.8	33824.6	82504.6	67565.1	35811.8	61158.9	83222.5	93306.9	69747.7	88806.1	416637.2
阿联酋	17882.3	20387.7	29692.2	17582.1	23611.7	36215.5	25344.4	34366.9	31642.7	18394.2	26418.8	8227.7	24666.0	13064.3	19987.0	55292.3	178552.0
巴基斯坦	1823.6	3975.5	13133.1	1805.0	5996.9	5959.1	4802.7	6355.8	8652.4	4333.2	8538.1	3978.8	9096.9	2042.7	2408.4	1254.3	9589.9
波兰	1399.1	2307.3	4229.1	4345.1	60340.0	2079.5	2178.5	2737.5	3639.2	3177.7	1485.2	1020.0	2225.3	801.8	303.5	658.3	6304.2
葡萄牙	1029.7	1299.3	855.0	1172.6	1087.9	0.5	0.3	15.3	267.8	14.8	0.7	188.3	76.0	941.5	66.3	922.0	28.7
萨摩亚	—	1453.6	1265.9	—	—	—	—	—	—	—	—	—	—	7.1	—	139.9	—
斯洛伐克	196.8	8.6	1.3	1116.7	873.4	1783.6	374.6	174.5	1291.6	647.3	729.2	506.7	692.1	447.3	—	0.1	—
美国	102230.2	55310.2	43931.0	80744.4	49846.3	42005.9	71370.1	36418.6	102801.3	50948.1	132406.1	550517.7	182573.5	17599.9	16846.8	11304.9	89305.2
塞尔维亚	72.5	126.0	559.0	1780.7	50.2	—	—	—	138.0	13.3	77.1	13.6	47.8	62.3	1.2	—	254.1
沙特阿拉伯	691.1	0.1	10.0	6.8	103.3	0.6	1222.9	6428.9	2.8	2019.5	39.8	2230.8	9813.8	2538.3	869.5	711.4	971.4
塞古尔群岛	—	2.9	—	2544.7	42114.8	4143.5	30193.5	6018.9	7672.7	5180.0	1935.2	4875.1	20217.2	3153.6	4005.6	1185.1	19102.9
新加坡	1815.6	1.0	18.3	44.3	359.6	227.2	355.2	2139.4	2214.4	2061.8	1584.5	4662.9	3374.5	3116.5	1940.3	24282.2	19905.9
土耳其	29571.8	51817.7	80276.9	235112.9	76130.9	91129.3	140064.0	132313.9	163484.8	195655.5	91648.1	72601.9	186393.7	209733.8	116011.2	474060.4	440458.5

续表

外国投资流入量

	2006	2007	2008	2009	2010	2011	2012	2013	2014	2015	2016	2017	2018	2019	2020	2021	2022
法国	2232.3	2125.6	14425.2	2797.8	5118.0	4041.7	2365.8	21239.8	3944.7	8680.0	25854.8	19524.5	18300.3	19324.7	13115.7	14366.4	24624.1
捷克	769.4	780.3	721.3	203.4	694.9	488.1	753.1	1025.5	596.5	172.1	414.8	3968.4	215.3	608.9	1685.0	1359.9	1345.6
瑞典	308.1	816.0	20879.8	896.3	1920.7	1453.6	1460.8	9768.1	2814.6	1744.8	187.3	3.8	15.2	25.5	1313.1	1118.6	22566.1
瑞士	59575.3	17727.8	35458.6	27385.6	24267.9	40731.7	29913.7	35458.1	17231.5	57831.7	72465.2	18577.6	46676.2	126622.2	60530.6	18340.7	63781.1
日本	705.4	11947.8	8157.9	2117.3	1391.1	7810.1	2951.6	2880.9	128.2	1607.1	6013.3	20655.6	653.0	6316.1	927.0	761.9	78878.2
欧洲复兴开发银行	9824.3	11833.5	16276.6	26997.1	5909.1	30687.8	115830.2	10007.5	119093.5	8722.2	7626.2	4162.3	2387.1	5575.6	380.5	363.3	2876.1
独联体国家	969949.8	927993.7	1781814.0	1601811.0	825804.7	856572.6	921046.9	1200540.7	1749626.6	2339418.4	1991596.2	1426139.7	2108688.3	1749674.4	2143328.0	2530011.6	4748718.0
阿塞拜疆	207.3	1403.8	2476.0	1021.9	19.3	1771.6	1078.3	820.1	1774.7	756.4	3328.8	662.7	1514.3	5590.0	10127.1	355.5	4899.4
亚美尼亚	2.4	445.6	47.4	115.4	244.3	19.2	1.1	290.3	24.6	1.7	7.5	8.0	3.0	42.5	255.2	93.9	319.3
白俄罗斯	3032.3	3942.2	6931.0	4504.4	5431.4	2523.7	3294.8	28991.3	18303.3	45521.2	1930.7	17961.4	6877.8	7196.8	2490.2	5261.6	26119.4
格鲁吉亚	29.3	80.3	754.3	—	—	—	—	—	—	—	—	—	—	—	—	—	—
哈萨克斯坦	377252.9	380929.8	767878.1	425007.4	227572.8	318069.1	331912.2	414986.3	455514.9	250800.3	256472.2	291596.1	228783.7	297931.8	302132.3	357225.5	1166819.3

续表

外国投资流入量

	2006	2007	2008	2009	2010	2011	2012	2013	2014	2015	2016	2017	2018	2019	2020	2021	2022
摩尔多瓦*	8233.8	4331.8	451.2	270.8	248.5	807.4	7720.8	10775.8	25463.3	3367.5	15889.0	2084.8	1489.4	3263.5	22645.3	6131.0	2171.0
俄罗斯	501571.0	412239.5	807404.1	1039934.8	473438.9	394716.6	467859.4	593352.4	1104135.1	1976019.1	1657761.9	1063904.4	1804714.9	1387118.5	1763586.7	2100365.5	3382499.9
塔吉克斯坦	16769.1	13181.4	18607.3	7569.6	6052.1	31971.0	27673.4	27641.9	52638.7	17361.7	35775.4	13307.6	20783.9	15946.8	14594.6	12910.6	25581.5
土库曼斯坦	466.0	803.4	2902.7	1216.0	1026.9	1035.9	3041.1	2991.4	1739.2	427.3	660.4	280.0	2836.3	1481.6	1180.2	8087.3	36268.9
乌克兰	39820.7	31747.3	45959.4	32990.4	45212.6	38287.3	41820.8	87155.0	40133.3	14471.0	6040.6	6590.8	2572.4	1748.7	1475.5	4764.2	3741.9
乌兹别克斯坦	22565.0	78888.6	128402.6	89180.3	66557.9	67370.8	36645.0	33536.6	49899.5	30692.2	13729.7	29743.9	39113.0	29354.2	24840.9	33816.5	100297.4

外国直接投资流出量

	2006	2007	2008	2009	2010	2011	2012	2013	2014	2015	2016	2017	2018	2019	2020	2021	2022
总额	228566.3	228902.1	489208.5	471571.9	228499.9	155673.1	298069.4	338414.8	479137.5	431586.5	198087.1	724005.9	707521.0	673053.6	939072.4	779878.5	1147748.0
非独联体国家	180714.8	126936.2	198588.5	209093.7	165593.6	112396.5	270121.8	286661.8	436309.1	367092.0	162637.4	643334.2	512752.9	592755.9	831251.3	651940.8	1083305.5
澳大利亚	4002.5	865.8	115.1	1954.6	876.1	1733.0	282.5	5698.6	38454.9	1994.3	669.3	1333.1	4722.1	475.4	6439.4	10297.5	1242.2
奥地利	33.3	0.2	—	—	—	—	—	—	—	—	—	—	0.3	5.4	18.1	13.5	6.6
阿富汗	14.5	1.3	4010.4	22.9	185.0	36.2	10.0	—	—	—	13.2	—	274.3	—	0.1	42.1	—

续表

外国直接投资流出量

	2006	2007	2008	2009	2010	2011	2012	2013	2014	2015	2016	2017	2018	2019	2020	2021	2022
比利时	121.1	56.0	120.8	0.1	—	—	—	—	—	—	—	—	—	—	31.2	—	—
玻利维亚	2.1	20.9	2.6	—	1.0	2.1	—	—	—	—	—	—	—	0.1	—	—	—
保加利亚	6.1	—	—	—	—	—	—	—	—	—	—	—	—	—	—	486.4	11.5
巴西	—	—	3.1	—	—	—	—	—	—	—	—	—	—	—	—	—	—
英国	9019.0	33428.4	38413.2	68258.8	25550.1	10354.6	2652.7	1086.2	182.4	179840.7	508.2	53433.1	49084.2	30848.7	78927.9	40477.8	105522.1
匈牙利	—	—	8771.8	5444.9	—	—	—	—	—	—	—	—	—	—	—	—	183.0
英属维尔京群岛	5.0	621.1	155.3	442.5	52.8	1254.5	1670.6	3099.5	29804.4	3619.6	176.2	1986.7	503.1	259.9	269.4	641.1	4340.1
中国大陆	44059.0	10395.5	21637.6	28602.2	34183.8	17861.8	73042.6	90710.0	175497.7	113515.3	126385.1	267010.1	270899.8	395678.4	—	—	—
中国香港	—	—	—	—	5841.9	—	—	0.1	—	—	—	74.2	67.0	26.4	391.4	—	0.1
德国	45048.2	29611.8	53904.6	8408.9	17277.7	40554.5	19544.5	6509.2	18748.1	1919.4	1135.6	757.5	2501.3	4302.9	15182.8	14569.6	16003.4
希腊	—	0.2	—	—	—	—	—	—	—	—	—	—	—	—	—	—	—
格鲁吉亚	—	—	—	—	—	—	—	—	—	—	—	—	1.6	0.5	6.0	2.6	238.1

续表

外国直接投资流出量

	2006	2007	2008	2009	2010	2011	2012	2013	2014	2015	2016	2017	2018	2019	2020	2021	2022
丹麦	—	—	—	—	—	—	—	—	—	—	—	0.9	0.8	0.5	—	45.6	—
埃及	—	—	109.7	—	46.3	19.7	0.9	159.8	69.9	80.4	31.0	12.4	5.2	—	42.7	0.3	223.5
多米尼加	—	—	368.2	1121.1	1735.9	—	—	—	—	—	—	—	—	—	—	—	—
以色列	2904.2	2087.3	914.1	457.4	1713.2	624.8	51.4	47.5	149.5	—	—	—	604.1	35.0	715.0	226.7	135.1
印度	1301.6	452.8	825.4	740.8	39.1	68.6	782.8	158.0	115.6	—	38.3	51.9	97.8	4209.8	90.3	91.6	93.8
约旦	0.2	323.7	1070.4	—	—	—	—	—	107.9	—	—	162.8	—	348.1	281.4	1.0	0.1
伊朗	292.3	517.4	5791.4	4890.4	1776.2	2775.1	586.9	305.8	225.3	446.5	52.0	631.2	42.4	91.9	71.7	578.8	166.0
爱尔兰	—	108.9	—	—	—	—	12.9	—	—	82.6	—	—	3.4	—	67.2	534.6	—
冰岛	—	382.8	—	—	—	—	—	—	1051.5	—	—	—	—	—	—	—	—
西班牙	19.5	37.8	—	—	0.2	—	—	—	—	—	—	—	—	4.9	—	—	—
意大利	1332.7	1161.4	1128.3	1816.5	2229.0	1260.0	1272.9	—	32.5	980.0	2.8	—	34.7	1204.1	0.2	60.4	37.0
开曼群岛	—	—	—	—	—	—	—	—	—	—	—	—	11.7	37.1	20.7	107.7	131.4
加拿大	297.7	1056.5	48.3	1125.4	3489.9	27.3	123000.0	100000.0	62836.8	114.8	15804.6	183103.6	6193.0	5125.1	6415.3	123294.6	88305.9
塞浦路斯	24376.5	3655.5	5656.4	0.1	13.6	1299.8	382.3	9089.1	17468.9	1733.2	3298.0	8243.8	5931.7	59319.0	1076.0	13808.1	1411.4
韩国	1725.7	1759.7	3383.5	1083.1	1009.3	1786.6	28599.9	2304.7	7908.5	1349.2	28.4	5335.9	1568.0	4582.0	25466.7	4360.1	1623.8

续表

外国直接投资流出量

	2006	2007	2008	2009	2010	2011	2012	2013	2014	2015	2016	2017	2018	2019	2020	2021	2022
古巴	—	1.0	16.2	25.3	—	3.8	—	6.1	—	—	7.0	—	—	0.2	0.1	102.3	—
科威特	—	159.5	288.0	4675.9	—	55.6	—	690.4	495.8	6315.9	1495.4	—	—	15.4	0.8	29.7	11.5
拉脱维亚	1.8	—	44.0	2467.6	—	—	—	—	—	—	42.0	—	26.6	3.7	3.5	108.1	—
立陶宛	432.0	1268.0	828.4	193.6	213.8	178.7	225.0	99.4	158.6	203.8	60.4	—	707.9	63.7	10.6	44.9	0.3
列支敦士登	—	—	—	—	—	—	—	—	—	—	—	—	—	—	—	—	—
马来西亚	—	—	0.7	—	48.0	—	—	—	—	—	—	—	—	—	—	—	—
卢森堡	0.2	—	—	—	—	—	—	—	—	—	—	3278.0	5552.4	31.2	18.9	1019.9	3107.2
马耳他	—	—	—	—	—	—	—	—	—	—	—	—	13.0	21.3	471.6	99.0	40.5
摩洛哥	73.0	684.2	11.2	4170.8	—	255.7	—	—	428.7	4288.1	—	—	—	—	12.6	32.0	—
荷兰	—	—	—	7750.0	0.1	6.5	—	—	—	—	—	10260.5	9083.3	3778.0	2265.8	16174.9	10075.3
阿联酋	2055.5	1073.0	2018.1	9594.4	1069.9	20781.0	3253.1	11430.2	6319.7	4248.4	45.6	32.5	4432.1	81.5	394.8	244.8	3526.0
巴基斯坦	8.6	2040.1	6151.8	2052.4	163.8	79.3	12.2	187.5	861.3	2116.2	762.2	1855.6	7355.8	296.8	605.4	4868.8	3510.2
波兰	59.6	150.2	2287.4	306.6	190.3	—	54.7	918.2	1628.6	—	—	2.8	91.4	—	—	487.4	267.4
葡萄牙	2314.1	—	485.1	—	—	—	—	3161.4	—	—	—	—	—	—	—	—	—

续表

外国直接投资流出量

	2006	2007	2008	2009	2010	2011	2012	2013	2014	2015	2016	2017	2018	2019	2020	2021	2022
萨摩亚	—	1324.3	1369.4	1265.8	—	—	—	—	—	—	—	—	—	85.0	4.1	—	78.7
斯洛伐克	—	—	—	—	—	—	—	—	—	—	—	—	—	—	—	—	—
美国	4829.1	11762.0	7357.4	8383.1	11543.3	5072.7	460.6	5826.5	9178.4	3081.5	962.0	7032.9	15786.6	1620.8	1738.9	24809.2	6895.0
塞尔维亚	72.2	79.7	507.4	—	69.0	—	16.0	—	—	—	—	—	—	—	—	4.4	1.5
沙特阿拉伯	—	—	—	—	—	—	—	—	—	—	—	26.5	204.6	503.2	768.3	613.9	247.7
塞舌尔群岛	—	—	—	—	18.3	985.4		1116.3	45.0	1559.2	2612.8	66989.2	379.4	131.4	45.5	53.1	—
新加坡	—	—	—	—	—	—	—	—	—	—	—	—	13.0	4.0	120.4	—	—
土耳其	30407.3	9233.4	13610.4	23188.7	18829.6	4886.5	13647.0	25113.5	18176.5	38936.1	7630.4	7122.7	113676.0	101319.7	45623.1	72998.5	312340.3
法国	8.6	22.5	121.1	20.6	6.3	8.1	18.5	12434.9	50.6	2.8	5.0	259.6	209.7	12.2	91.3	16.1	184.9
捷克	66.6	—	—	—	—	—	—	—	—	—	—	1050.7	69.3	10.5	3059.3	711.6	0.8
瑞典	—	1.2	—	—	—	—	—	—	—	—	—	—	—	—	—	—	—
瑞士	1246.8	13.5	168.3	2665.7	876.6	182.3	518.5	6507.4	45744.4	663.6	862.4	660.2	5579.2	338.8	40003.1	5734.1	1348.5
日本	0.6	0.3	—	—	—	—	—	—	—	—	6.4	7838.8	78.1	46.9	28.3	24.5	5088.6
欧洲复兴开发银行	3957.9	11648.7	8758.1	857.1	—	74.9	6.1	0.5	188.8	0.4	3.1		—	—	—	—	670.0
独联体国家	47851.5	101965.9	290620.0	262478.2	62906.3	43276.6	27947.6	51753.0	42828.4	64494.5	35449.7	80671.7	194768.1	80298.6	107821.1	127937.7	64442.5

续表

外国直接投资流出量

	2006	2007	2008	2009	2010	2011	2012	2013	2014	2015	2016	2017	2018	2019	2020	2021	2022
阿塞拜疆	—	—	—	—	96.0	—	39.5	0.1	—	—	—	—	59.5	128.1	336.7	2677.0	139.4
亚美尼亚	—	—	—	—	—	—	—	—	—	—	—	—	—	—	—	—	112.7
白俄罗斯	76.6	801.0	3744.0	1251.6	15.0	2.0	749.5	10.4	1786.0	23119.0	17615.8	—	73.6	33.4	476.9	255.6	10.6
格鲁吉亚	—	0.6	9.2	—	—	—	—	—	—	—	—	—	—	—	—	—	—
哈萨克斯坦	40459.0	93894.3	256846.0	255384.2	15653.9	28321.0	19790.1	48387.7	18229.2	15529.0	7088.5	54309.4	62671.5	46280.3	22417.0	31776.7	27402.4
摩尔多瓦*	—	—	—	—	—	—	—	335.0	—	—	—	—	—	—	—	—	—
俄罗斯	7061.0	6409.7	25613.4	5689.0	47013.3	14761.2	7254.7	3019.8	22658.4	25813.3	10447.4	24174.4	131226.3	30262.6	83788.5	92498.6	36113.9
塔吉克斯坦	223.0	48.8	539.7	—	37.9	—	—	—	—	—	0.4	—	—	1616.5	60.8	0.4	0.3
土库曼斯坦	—	147.8	—	—	—	—	—	—	—	—	—	47.9	96.0	3.9	33.8	0.2	200.4
乌克兰	28.1	268.8	3166.5	—	21.8	—	113.6	—	154.6	33.2	212.3	102.0	80.6	423.6	449.5	19.5	21.7
乌兹别克斯坦	3.8	394.9	701.0	153.4	68.4	192.4	0.2	—	0.2	—	85.3	2038.0	560.6	1550.2	257.9	709.7	441.1

注释：* 摩尔多瓦于 2023 年 7 月正式退出独联体。

资料来源：吉尔吉斯斯坦国家统计委员会官网（http：//www.stat.kg/ru/statistics/investicii/）资料"4.04.00.03 Поступление Иностранных Инвестиций По Странам；Отток Прямых Иностранных Инвестиций По Странам"。

附件 5　2005—2022 年吉尔吉斯斯坦通过个人银行转账系统进行的汇款情况

单位：百万美元

	2005	2006	2007	2008	2009	2010	2011	2012	2013	2014	2015	2016	2017	2018	2019	2020	2021	2022
差额	270.81	430.30	625.55	1138.18	893.15	1124.95	1505.36	1768.51	1908.24	1811.86	1344.39	1634.26	2030.51	2142.82	1852.25	1888.93	2193.47	1727.52
流入量	297.70	470.02	688.21	1205.47	966.73	1252.59	1695.43	2017.89	2268.15	2235.87	1683.62	1991.30	2482.46	2685.11	2406.85	2377.16	2756.24	2928.19
独联体国家	262.78	436.67	648.79	1141.41	894.40	1199.29	1639.41	1980.44	2244.99	2188.35	1630.82	1941.96	2439.35	2640.49	2360.01	2332.51	2698.50	2794.02
哈萨克斯坦	0.15	0.04	6.95	27.86	31.44	35.00	41.20	33.80	25.38	20.09	8.35	3.46	4.22	2.21	1.27	6.07	5.59	9.49
俄罗斯	262.61	436.61	641.82	1113.46	862.94	1164.29	1597.51	1946.19	2219.11	2167.88	1622.34	1938.48	2435.13	2638.23	2358.47	2324.79	2690.84	2780.15
其他	0.02	0.02	0.01	0.09	0.01	0.00	0.70	0.45	0.50	0.38	0.13	0.03	0.00	0.05	0.27	1.6	2.07	4.38
非独联体国家	34.92	33.36	39.43	64.06	72.33	53.29	56.01	37.45	23.16	47.52	52.80	49.34	43.11	44.62	46.85	44.65	57.74	134.18
比利时	0.00	0.00	0.08	0.45	0.51	0.15	1.42	0.02	0.05	0.09	0.00	0.00	0.00	0.00	0.01	0.01	0.01	0.01
英国	0.92	0.91	0.90	1.76	1.37	1.41	1.47	1.19	1.52	1.55	0.11	0.01	0.00	0.01	0.58	1.14	1.10	6.03
德国	0.02	0.05	0.09	0.25	0.73	9.90	15.74	9.45	1.83	0.12	0.18	0.12	0.01	0.01	0.14	0.17	0.91	4.70
美国	33.94	32.25	38.33	61.37	69.45	41.73	36.09	24.97	16.62	12.02	30.52	38.23	24.17	26.73	30.76	26.33	43.18	54.94
土耳其	0.02	0.00	0.00	0.00	0.00	0.00	0.03	0.00	0.13	0.47	0.61	0.15	0.02	0.03	0.09	0.39	0.79	12.91
其他	0.02	0.15	0.01	0.23	0.26	0.11	1.27	1.81	3.02	33.28	21.38	10.84	18.91	17.87	15.27	16.62	11.76	55.58
流出量	26.89	39.73	62.67	67.29	73.58	127.64	190.07	249.38	359.91	423.99	339.23	357.05	451.95	542.29	554.60	488.23	562.77	1200.67
独联体国家	25.23	38.49	60.16	65.04	71.81	125.85	185.81	243.80	354.62	407.28	327.26	354.60	449.75	539.47	549.88	481.02	553.05	939.64

续表

	2005	2006	2007	2008	2009	2010	2011	2012	2013	2014	2015	2016	2017	2018	2019	2020	2021	2022
哈萨克斯坦	0.03	0.04	0.16	2.53	0.70	0.41	0.67	0.57	0.52	1.01	1.76	1.27	3.04	1.39	1.56	5.10	6.66	6.90
俄罗斯	25.17	38.42	59.97	62.51	71.11	125.43	184.85	242.79	351.01	404.28	324.99	353.19	446.70	538.08	547.77	474.41	542.45	927.65
其他	0.03	0.03	0.02	0.00	0.00	0.00	0.29	0.43	3.08	1.99	0.51	0.14	0.01	0.00	0.55	1.51	3.95	5.09
非独联体国家	1.66	1.24	2.51	2.26	1.77	1.79	4.27	5.58	5.29	16.71	11.97	2.44	2.20	2.82	4.72	7.21	9.72	261.03
比利时	0.00	0.00	0.10	0.07	0.17	0.46	0.62	0.27	0.44	0.21	0.01	0.00	0.00	0.00	0.03	0.00	0.00	0.00
德国	0.01	0.02	0.21	0.42	0.44	0.32	1.36	1.37	0.35	0.86	0.51	0.41	0.15	0.78	0.83	0.15	0.18	10.52
美国	1.14	1.08	2.13	1.70	1.07	0.86	1.99	2.52	3.02	1.67	1.29	1.29	1.08	0.28	0.24	0.06	0.18	11.58
土耳其	0.00	0.00	0.00	0.00	0.00	0.00	0.00	0.00	0.22	0.47	0.27	0.00	0.44	0.00	0.90	5.91	8.20	230.50
其他	0.50	0.14	0.07	0.06	0.08	0.16	0.29	1.42	1.26	13.50	9.90	0.74	0.54	1.76	2.73	1.09	1.17	8.44

资料来源：笔者根据吉尔吉斯斯坦国家银行官网资料（https://www.nbkr.kg/index1.jsp?item=1785&lang=RUS）"Денежные Переводы Физических Лиц, Осуществленные Через Системы Денежных Переводов"编制而成。

附件6 吉尔吉斯斯坦在世界主要指标排名中的情况

序号	排名名称	排名单位	排名	国家总数	排名时间	以往排名情况	排名时间
2	宽带互联网速度排名	宽带网络速度测试网站	81	176	2019	83/176	2018
3	电子政务发展指数	联合国	83	193	2020	101/193	2014
4	世界宽带网络用户数量排行榜	国际电信联盟	109	176	2019	119/230	2013
5	全球创新指数	欧洲工商管理学院波士顿顾问集团	94	131	2020	112/143	2014
6	知识经济指数	世界银行	95	146	2012	82/146	2000
7	研发支出排名	联合国	85	92	2017	67/84	2006
8	法治指数	世界正义工程	87	128	2020	78/99	2014
9	军费支出排名	斯德哥尔摩国际和平研究所	64	172	2020	108/154	2012
10	全球恐怖主义指数	经济与和平研究所	92	135	2020	112/162	2013
11	脆弱国家指数	和平基金会	73	178	2020	58/178	2014
12	国家实力综合指数	战争相关项目	128	193	2007	—	—
13	民主指数	经济学人智库	107	167	2020	106/167	2012
14	全球新闻自由指数	无国界记者	82	180	2020	97/180	2014
15	全球军事化指数	波恩国际军工转产中心	78	154	2019	54/152	2015
16	全球火力指数	"全球火力"网	91	137	2019	108/133	2017
17	旅游竞争力指数	世界经济论坛	110	140	2019	111/139	2013
18	促进贸易指数	世界经济论坛	113	136	2016	109/138	2014

续表

序号	排名名称	排名单位	排名	国家总数	排名时间	以往排名情况	排名时间
19	全球竞争力指数	世界经济论坛	96	141	2020	107/144	2014
20	基础设施总体质量	世界经济论坛	103	144	2014	—	—
21	经济自由度指数	美国传统基金会	78	178	2021	85/178	2014
22	经济复杂性指数	经济复杂性观察组织	68	125	2017	66/144	2012
23	全球营商环境报告	世界银行	80	190	2020	68/189	2014
24	综合物流绩效指数	世界银行	132	167	2018	149/160	2014
25	基尼系数排名	世界人口综述	152	165	2020	36/141*	2010

注：*此处数据为联合国公布数据。

资料来源：笔者根据表中各排名机构官网数据编制而成。

后　　记

　　经过几年努力，终于在2023年的深秋完成了本书的写作工作。回顾本书的写作历程，要感谢的人很多。感谢我的博士生导师、兰州大学中亚研究所所长杨恕教授的悉心教导，特别是在参与由他牵头的相关科研项目过程中，他在本书的写作上给予我巨大帮助和支持。感谢兰州大学中亚研究所、兰州大学政治与国际关系学院的同事，没有他们的鼓励和支持，本书的完成时间只会更晚。感谢我的家人，没有他们在生活上对我的照顾和包容，我不会有精力和时间从事自己热爱的教学科研工作。本书能够顺利完成，还要感谢中国社会科学出版社的编辑赵丽老师。自2021年12月签订本书的出版合同以来，赵丽老师一直与我保持联系，她严谨细致的指导和编辑工作让本书增色不少。

张玉艳
2023年12月